同濟教育研究

汪道涵

一九八七年五月

同济教育研究（第七辑）

面向未来的高等教育

同济大学高等教育研究所　编

同济大学出版社
TONGJI UNIVERSITY PRESS
·上海·

内容提要

本书分为高教发展、学科建设、教学改革、教育管理硕士论坛、立德树人、同济教育档案、高校统战工作等板块，从不同角度收录相关论文，不同专业背景的论文作者从不同角度论述了大学的责任和使命，回顾了我国高校几十年来在立德树人、大学治理、学科建设等方面的经验，展望了大学教育未来的发展趋势等。对于应该如何合理地解决我国高等教育发展过程中遇到的一些关键问题，作者们各抒己见，为高等教育的未来发展提供了新思路和新启发。本书内容丰富，理论和实践并重，适合高等教育领域的人士阅读，也可供关心教育事业发展的其他各界人士参考。

图书在版编目(CIP)数据

面向未来的高等教育 / 同济大学高等教育研究所编
. —上海：同济大学出版社，2023.10
（同济教育研究；7）
ISBN 978-7-5765-0948-9

Ⅰ.①面… Ⅱ.①同… Ⅲ.①高等教育—发展—研究—中国 Ⅳ.①G649.2

中国国家版本馆 CIP 数据核字(2023)第 197263 号

面向未来的高等教育

同济大学高等教育研究所 **编**

责任编辑 熊磊丽 **助理编辑** 孙铭蔚 **责任校对** 徐春莲 **封面设计** 陈益平

出版发行 同济大学出版社 www.tongjipress.com.cn
（地址：上海市四平路 1239 号 邮编：200092 电话：021-65985622）
经 销 全国各地新华书店
排 版 南京文脉图文设计制作有限公司
印 刷 江苏凤凰数码印务有限公司
开 本 787 mm×1092 mm 1/16
印 张 13.75
字 数 343 000
版 次 2023 年 10 月第 1 版
印 次 2023 年 10 月第 1 次印刷
书 号 ISBN 978-7-5765-0948-9

定 价 80.00 元

同济大学高等教育研究所是同济大学直属研究机构，前身是1983年成立的同济大学高等教育研究室，1986年正式更名为同济大学高等教育研究所。

同济大学高等教育研究所以“服务同济大学发展，服务高等教育进步”为使命，主要职能包括：开展高等教育学二级学科建设，支撑学校教育学一级学科建设；开展高等教育领域的研究生培养、科学研究与社会服务；开展服务学校改革与发展、教学科研等方面的相关校本研究；编辑出版“同济教育研究”丛书；发挥院校研究功能与智库作用，扩大学校在高等教育领域的影响力。

同济大学高等教育研究所坚持“小规模、高质量、重理论、强应用、促交叉、国际化”的原则，构建了一支专兼职合理的师资队伍，形成了院校研究的学科发展与研究特色，服务于国家与学校的教育改革与发展，培养了一批优秀的毕业研究生，在国内外取得了较好的学术声誉，曾先后四次获得“全国优秀高等教育研究机构”荣誉称号。

CONTENTS

目录

立德树人

同济教育档案

高校统战工作

高教发展

中国首批 12 所未来技术学院建设模式分析

◎姜　洁

摘　要　中国首批 12 所未来技术学院的建设目标紧紧围绕未来经济社会及国家发展重大战略开展，涉及人工智能、量子信息、集成电路、生命健康、脑科学、能源环境、空天科技等诸多领域，关系国家战略、国家安全、经济社会、人民生活等。各高校结合各自优势学科，结合未来社会发展可能遇到的问题和需求，前瞻性地布局未来技术方向，同时，结合学校特有的学术环境和人才培养改革经验，鼓励和支持多学科交叉融合研究及教学，形成有利于未来技术探索和研发的科研团队，建设创新型的未来技术领军人才培养方案，开展未来技术学院建设。

关键词　未来技术学院　建设目标　建设模式

2020 年 5 月，为深入贯彻全国教育大会精神和《中国教育现代化 2035》要求，落实《教育部　工业和信息化部　中国工程院关于加快建设发展新工科实施卓越工程师教育培养计划 2.0 的意见》，扎实推进新工科建设再深化、再拓展、再突破、再出发，推动高校加快体制机制创新，教育部制定出台了《未来技术学院建设指南（试行）》（以下简称《建设指南》），旨在做好未来科技创新领军人才的前瞻性和战略性培养。[1]

时隔一年，2021 年 5 月，教育部办公厅印发通知，公布中国首批未来技术学院名单，包括北京大学、清华大学、北京航空航天大学、天津大学、东北大学、哈尔滨工业大学、上海交通大学、东南大学、中国科学技术大学、华中科技大学、华南理工大学和西安交通大学 12 所高校。通知明确，未来技术学院建设要瞄准未来 10～15 年的前沿性、革命性、颠覆性技术，突破常规、突破约束、突破壁垒，强化变革、强化创新、强化引领，把握新工科“新的工科专业、工科的新要求”建设内涵，着力培养具有前瞻性、能够引领未来发展的技术创新领军人才，推动从“中国制造”到“中国创造”的转型升级，为建设高等教育强国、服务高质量发展、实现中华民族的伟大复兴奠定基础。[2]

作者简介　姜洁，同济大学发展规划与学科建设部政策研究岗副主管，硕士。

纵观首批 12 所未来技术学院的地域分布，其中 3 所在北京市，1 所在天津市，2 所在东北地区，3 所在长三角地区（包括上海市、江苏省、安徽省），1 所在湖北省，1 所在广东省，1 所在陕西省。本文收集整理首批 12 所高校未来技术学院的建设资料，试图从建设目标、未来技术特色、人才培养模式、产学研合作等方面分析其建设特点，以期为后期未来技术学院的建设提供建议和参考。

一、12 所未来技术学院的建设目标分析

《建设指南》对未来技术学院的建设目标提出了明确的要求，旨在“探索专业学科实质性复合交叉合作规律，探索未来科技创新领军人才培养新模式”“锻造一批在前沿交叉与未来技术领域具有重要影响的高水平教师团队，建设若干适应未来技术研究所需的科教资源平台和数字化资源，培育一批在前沿交叉科学与未来技术领域可能产生重大影响的原创性成果，形成一批具有代表性的体制机制范例，打造能够引领未来科技发展和有效培养复合型、创新性人才的教学科研高地”[1]。

纵观首批 12 所未来技术学院的培养目标，涉及人才培养模式改革、教学团队建设、产学研合作、原创性成果产出等方面，“产学研创新”“服务国家及地方需求”“学科交叉”“大工程”“问题导向”“未来科技”“全球视野”是出现频率较高的内容，个别高校也根据自身的特点提出了各具特色的人才培养目标。例如，北京大学提出“世界一流、中国特色、北大气派”，清华大学提出“为国选材、厚植强基、拔尖领军、创新未来”，北京航空航天大学提出“厚植情怀、强化基础、突出实践、科教融通”，东南大学提出“中国特色、全球视野、面向未来、引领发展”，中国科学技术大学则提出了“中国特色、中国风格、中国学派”（表 1）。

表 1　12 所未来技术学院培养目标

学校名称	培养目标
北京大学	秉承“兼容并包、追求卓越”的精神传统，坚持“世界一流、中国特色、北大气派”的品位追求，瞄准具有重大社会效益、经济效益的技术发展方向，依托产学研创新项目、国家重大工程任务和新兴产业的人才需求，联手转化研究基地和高科技企业等综合资源，探索形成产学研一体的技术创新体系和新型工科人才培养模式，培养“创新型、复合型、学科交叉型”领军人才
清华大学	“为国选材、厚植强基、拔尖领军、创新未来”，培养具有全球视野和家国情怀，数理和力学基础扎实、综合素养高、创新意识强，能将理论知识应用于工程科技创新，推进经济发展和社会进步的拔尖创新人才
北京航空航天大学	坚持创新驱动，坚持“厚植情怀、强化基础、突出实践、科教融通”的人才培养方针，按照“厚基础、重交叉、深浸养、强协同”的建设理念，厚植空天报国情怀，强化空天信融合，深化科教融通、产教融合，培养一批引领未来空天科技发展，具有想象力、洞察力、执行力、领导力等核心素质，德智体美劳全面发展的未来空天系统大师，探索拔尖创新人才培养的“北航范式”

（续表）

学校名称	培养目标
天津大学	以提供优质资源和营造良好氛围为抓手，以体制机制改革为保障，构建多学科交叉机制、探索多样化培养模式、提供多出口制度设计、促进多主体协同育人、催生多方位综合变革，打造能够引领未来科技发展和培养技术创新领军人才的教学科研高地
东北大学	瞄准技术颠覆和产业变革，探索未来科技创新领军人才培养新范式，着力培养立足未来、追求真理、勇攀高峰，具有服务国家、造福人类的责任感、使命感，掌握未来工业智能原创技术的创新性领军人才，推进东北大学“双一流”建设再上新台阶，有力增强民族产业核心竞争力
哈尔滨工业大学	融入工程教育新理念，结合学校发展，强化全校一盘棋的系统整合提升，构建学科专业新结构，实施分类发展新体系，探索人才培养新范式，追求教育教学新质量，深化多元主体协同育人，推进实施产学深度融合、多学科交叉融合，搭建跨学院、多学科、开放办学的教育培养新平台，着力培养具有前瞻性、能够引领未来发展的科技创新领军人才，为建设高等教育强国、实现中华民族伟大复兴奠定坚实基础
上海交通大学	整合学校相关理、工、医等优势力量，同时利用相关企业和社会的力量，发挥体制机制优势，打造卓越的办学团队，瞄准前沿科学，发展新兴交叉学科，培育原创性科研成果，培养未来科技创新领军人才，把学院建设成为大师云集和文化荟萃的科学殿堂、交叉学科和前沿科技的创新乐园，成为培养未来科技创新领军人才的摇篮，助力国家“卡脖子”关键核心技术研发
东南大学	围绕国家战略需求和未来技术发展的特点，立足“中国特色、全球视野、面向未来、引领发展”，构建“坚持思想引领、强化通识教育、夯实领域基础、注重交叉融通、延拓未知挑战”的本硕博贯通的一流人才培养体系，全面实施“三制五化”育人创新模式，深入推进基于大工程/大项目/复杂问题的研究型学习方式，深化与行业龙头企业的产学研合作，进一步引入全球优质教育资源，汇聚一支高端师资队伍，培养一批具有前瞻性、能够引领未来发展的科技创新领军人才，培育若干在前沿交叉科学与未来技术领域产生重大影响的原创性成果
中国科学技术大学	探索实质性学科复合交叉规律，形成量子科技创新领军人才培养新模式，培养一批在前沿交叉与未来技术领域具有重要影响力的未来科技创新领军人才，锻造一支在量子科技前沿交叉领域具有重要影响的高水平师资队伍，打造体系化、高层次量子科技人才培养平台，构建具有中国特色、中国风格、中国学派的学科体系、学术体系、话语体系
华中科技大学	聚焦未来革命性、颠覆性技术人才需求，发挥科教协同育人、产教融合的优势，围绕未来科技产业的核心“大工程 大健康”战略方向，着力培养具有大工程观、能在相关前沿交叉领域运用工程创新能力解决复杂工程问题，驱动科学研究、引领未来科技和产业变革的人才
华南理工大学	聚焦人工智能前沿技术与跨学科交叉，致力于培养学生的跨学科元知识泛化能力、跨学科问题解决及方案验证能力和探索创新精神，输出兼备工具理性与价值理性、复合知识与核心能力、家国情怀与全球视野、适应未来产业发展的复合创新型领军人才
西安交通大学	立足“四个面向”，以激发学生创新创造活力为着力点，坚持需求导向和问题导向，突破传统工程科学的人才培养框架，改善工程教育育人生态，搭建符合未来技术发展趋势及其对人才需求的人才培养平台，探索构建具有多样性、前沿性、模块化特征的，多元驱动式贯通制一体化的跨界融合人才培养新模式，打造引领未来科技发展、培养复合型创新性人才新高地

* 资料源于各高校官方网站。

可以看出，首批未来技术学院的建设目标的核心都聚焦于拔尖创新人才的培养，这也是我国多年来多个层面、多种类型的拔尖创新人才培养项目(包括珠峰计划、强基计划等)的延续,但不同于后者的是,前者在同样强调厚植基础之外,更加关注前沿性、革命性、颠覆性的未来关键核心技术,也就是关系到中国未来发展全局的国之重器[3],因此,建设目标是需求导向的,为国育才、服务国家发展战略和经济社会未来发展需求、助力国家"卡脖子"关键核心技术研发在各个未来技术学院建设目标中都被提及。其次,围绕人才培养目标的实现,各个未来技术学院也在教师队伍建设、人才培养模式改革与创新、教学与科研平台建设、原创性研究成果培育、产学研及国际合作等方面提出了自己的目标。

二、12 所未来技术学院的未来技术特色

未来技术学院建设是"新工科"建设的核心组成部分,是"新工科"2.0 阶段在建设思想和内容上的重要创新。[4]但不同于新工科的是,未来技术所具备的学科交叉融合、核心引领性和不确定性等[5]特征使得建设单位需要深刻把握未来发展领域,分析未来关键技术,深入凝练未来技术学科专业/方向的优势和特色。

纵观首批 12 所未来技术学院建设方向(表 2),共同特点在于面向未来发展,是"需求导向"和"问题导向"的,面向未来人类社会面临的挑战,致力于服务国家战略需求,引领国际学术前沿;其次,紧密结合本校原有学科优势,同时把握优势学科与未来经济社会及相关行业产业的发展联系,分析其构成要素、关联学科、属性特征和发展趋势,凝练形成新的发展方向;此外,充分重视学科交叉,整合调整校内各种学科专业资源,打破传统的知识体系和学科专业壁垒。

表 2　12 所未来技术学院技术方向/特色

学校名称	未来技术方向
北京大学	以未来生命健康及疾病防治技术为主要方向,整合了分子医学研究所、生物医学工程系、国家生物医学成像科学中心(筹)的人才队伍,并着手创建人工智能系
清华大学	以理论与应用力学为基础,聚焦多学科交叉的未来创新型工科前沿,包括智能科技、航空航天、未来车辆、土木水利工程、先进制造和国家安全等关键领域
北京航空航天大学	聚焦空天技术领域国家重大需求和国际学术前沿,汇聚全校信息大类、航空航天大类优势学科及专业,着力于引领科技革命趋势的未来新概念飞行器技术、服务人类未来发展需求的空间开发技术、支撑国家空天战略任务的基础科学与前沿技术等方向
天津大学	面向人类未来挑战和国家重大战略需求,聚焦未来智能机器与系统、储能科学与工程、智慧城市等高端高新未来技术
东北大学	依托学校在信息学科的优势,通过控制科学与工程、计算机科学与技术、软件工程、机器人科学与工程等学科和专业的交叉融合,专注于未来工业智能领域尖端技术和原创技术的创新和突破,设立未来工业智能实验班、人工智能未来实验班和智能钢铁未来实验班

（续表）

学校名称	未来技术方向
哈尔滨工业大学	重点建设突出未来技术特点、学科基础雄厚且与学校发展规划一致性强的人工智能、智能制造和生命健康三个技术方向
上海交通大学	依托相关理、工、医等优势学科，依托在材料与结构设计、智能制造、热/电管理、网络信息、自动化等领域的综合学科优势，着眼于未来能源和未来健康技术，开设可持续能源、健康科学与技术两个新专业
东南大学	围绕国家战略需求和未来技术发展的特点，充分发挥东南大学电子信息领域前沿研究的优势，聚焦芯片设计、信息材料、未来通信、智能感知四个方向中的未来技术
中国科学技术大学	依托中国科学院量子信息与量子科技创新研究院、合肥微尺度物质科学国家研究中心等的一流前沿基础交叉研究的科研优势，瞄准量子信息科技、智能技术、智能材料等前沿和关键领域
华中科技大学	聚焦未来革命性、颠覆性技术人才需求，依托机械工程、生物医学工程、光电信息科学与工程、自动化等专业，围绕未来科技产业的核心“大工程 大健康”战略方向，凝练先进智能制造、生物医学成像、光电子芯片与系统、人工智能四个未来交叉学科技术方向
华南理工大学	布局智能感知器件及设备、大数据与数字孪生、AI＋融合技术三大研究方向，建设人体感知及智慧健康、跨媒体感知和混合智能、大数据与数字孪生、数字普惠金融四个未来技术研究中心，设有人工智能、数据科学与大数据技术等本科专业
西安交通大学	立足“四个面向”，落实新工科建设要求，选择储能科学与工程、人工智能＋X(混合增强智能)、医工交叉(计算物理医学)三个主攻方向

*资料源于各高校官方网站。

在具体的未来技术方向上，人工智能、生命健康、能源环境、大数据、空天技术等成为热点研究方向。除北京航空航天大学以外，其余11所高校都在未来技术方向上提到了与智能科学的结合：北京大学的“生物医学人工智能”，清华大学的“智能科技”，天津大学的“智能机器与系统”，东北大学和上海交通大学的“工业智能”，哈尔滨工业大学的“智能制造”，东南大学的“智能感知”，中国科学技术大学的“智能技术、智能材料”，华中科技大学、华南理工大学及西安交通大学的“人工智能”。此外，北京大学、上海交通大学、华中科技大学、西安交通大学四所高校，结合大数据、信息技术、生物医学工程等，针对人类未来生命健康所面临的挑战，凝练出生物医学工程、健康科学与技术等方向。能源可持续发展也是一大热点，如天津大学和西安交通大学的“储能科学与工程”，以及上海交通大学着眼于未来能源的“可持续能源”专业。信息科学在未来技术学院建设中成为基础优势学科，多所高校结合自身信息学科优势建设未来技术学院，北京航空航天大学、东北大学、东南大学、中国科学技术大学、华中科技大学均结合自身信息学科优势发展出“信息材料”“未来通信”“量子信息科技”“光电子芯片与系统”等方向。未来10～15年对经济贡献最大的是大数据与各个产业的融合，因此，与大数据专业的结合也是不少高校的选择，如北京大学的“大数据与生物医学”，华南理工大学的“大数据与数字孪生、数字普惠金融”等。

三、12 所未来技术学院建设模式分析

未来技术具有前沿性、交叉性，未来技术学院的建设势必也要打破学科专业的壁垒，探索科研与教学相结合的新机制及学科专业的交叉融合规律。首批 12 所未来技术学院的建设模式各有不同(表 3)，一些高校设立实体学院，一些高校整合相关学院资源设立虚拟学院，一些高校选择依托现有的拔尖创新人才培养改革试验田建设。

表 3　12 所未来技术学院建设模式

学校名称	建设模式
北京大学	教学科研实体机构，下设“一所三系”。培养层次涵盖本科生、研究生、专业学位博士生、博士后
清华大学	依托现有的拔尖创新人才培养改革试验田[行健书院(实体教学单位)]，“一人一策，本博贯通”
北京航空航天大学	依托高等理工学院(实体机构)：实施八年制本博贯通、定制化学研一体
天津大学	以求是学部(实体机构)工程教育改革试验田为基础：项目式教学、本硕博一体化培养
东北大学	成立实验班(虚体)：建立校企合作双导师的 PBL 挑战课题实践教学体系
哈尔滨工业大学	以“虚拟学院”的形式将新工科专业及新基建相关专业联合，采用“学校＋学院”的共建共享机制，完成相应课程学习并通过考核的学生，获得未来技术学院的荣誉证书
上海交通大学	依托上海交通大学密西根学院(实体)的现有基础和人才培养实践经验：学生可跨专业选课，实行本硕博贯通培养
东南大学	以吴健雄学院(虚体)为依托进行建设：推进导师制牵引、本硕博贯通、基于大工程/大项目/复杂问题的研学一体学习模式
中国科学技术大学	依托中国科学院量子信息与量子科技创新研究院、合肥微尺度物质科学国家研究中心，本硕博贯通培养
华中科技大学	依托工程科学学院(实体)：本硕博贯通培养、一生一方案，三化三制，三化即个性化、小班化和国际化；三制是实行导师制、学分制和书院制
华南理工大学	在广州国际校区设立未来技术学院(实体)：实施跨学科培养方案，创新性采用“导论—元知识—关键技术课程—综合交叉实践”，“小班探究式”教学，全员导师制
西安交通大学	未来技术学院(虚体)：校企合作“双师型”导师队伍，“本硕博”贯通形式培养

* 资料源于各高校官方网站；实体与虚体的区别在于是否是独立建制及是否拥有独立的教学科研队伍。

不同高校根据自身的特点，以实体或虚体的形式建设未来技术学院。例如，北京大学的未来技术学院是一个实体机构，下设“一所三系”：分子医学研究所、生物医学成像科

学技术系、生物医学工程系、大数据与生物医学人工智能系，拥有独立的研究教学团队；中国科学技术大学的未来技术学院也与此类似。清华大学、天津大学分别依托原有的拔尖创新人才培养改革试验田(行健书院、求是学部)开展未来技术学院建设，书院和学部是实体教学单位，课程安排、培养方案定制、通识教育实施，都由书院和学部来落实。北京航空航天大学、上海交通大学、华中科学技术大学、华南理工大学则依托已经比较成熟的产学研合作或国际合作办学单位建设未来技术学院。而新工科院系建制较为完整的大学，如东北大学、哈尔滨工业大学、东南大学、西安交通大学则更多设置实验班或虚拟学院，没有独立的学科与教师，以项目制的形式开展课程教学，需要依赖其他专业学院的支持。

导师制、双导师制、一生一方案、本硕博贯通培养，是首批 12 所未来技术学院在人才培养方式上的特点。未来技术是在未来具有前沿性、革命性、颠覆性技术，因此，未来技术人才培养强调“研究型、创新型、复合型、学科交叉型”。导师制有利于学生制定个性化的培养方案，明确未来研究及职业发展方向；本硕博贯通式的培养，可以最大限度避免课程重复开设，教学内容重复、缺乏系统性的问题，从而有效压缩课程总学时、优化课堂教学效果，使学生有更多的时间和精力投入未来技术方向的探究和学术交流[5]；双导师制则有利于产学研融合，构建前沿性、前瞻性的课程体系，实施项目驱动的自主式、研讨式、探究式教学方法。

四、4 所未来技术学院人才培养体系分析

“创新人才培养模式”是《建设指南》提到的建设任务之一：“坚持学生中心，聚焦学生创新能力、审辩思维、持续发展、沟通合作等核心素养，结合关键核心科学技术问题，探索形成以科技前沿技术为驱动的面向未来技术的人才培养新模式。”[1] 未来技术学院建设不是单一的或者少数的人才培养要素调整，而是涉及整个人才培养理念的扭转，人才培养方式、方法、技术的改变，以及人才培养结果评价导向等场域的更新，因此，未来技术学院建设重在打造形成新的高等教育人才培养体系，生成新的颠覆式人才培养的“配方”，调制新的适于创新人才成长的土壤，通过整个人才培养体系的调整带动大规模拔尖创新人才的养成。[4] 笔者收集了首批 12 所未来技术学院中具有代表性的人才培养体系方案，并进行对比分析。

1. 清华大学行健书院

清华大学未来技术学院依托行健书院建设，秉承“培养肩负使命追求卓越的人”之育人目标，依托精心构建的书院培养体系，涵养创新思维，拓展成长空间，“力”助学生行健致远。聚焦智能科技、航空航天、先进制造和国家安全等关键领域，培养有志于服务国家战略需求的“宽口径、厚基础、广交叉、重创新”领军人才。

(1) 组织进阶式科研训练,提升创新能力

行健书院鼓励本科生尽早接触科研、开展进阶式研究学习。通过研究,学生能够大大加深对基础课程的理解、增强学习基础课程的动力,能接触到广阔的前沿学术领域,发掘和寻找自己的学术志趣,遇到志同道合的导师,并个性化设计自己的培养方案,促进创新成长。如图 1 所示,学生在大一、大二时就开始接触交叉创新挑战性问题,以问题驱动的方式开展专题研究及科研素养的训练,到大三开始开展自主创新研究,到大四则开始接触国内外顶尖实验室及产业,面对真实的科技挑战。

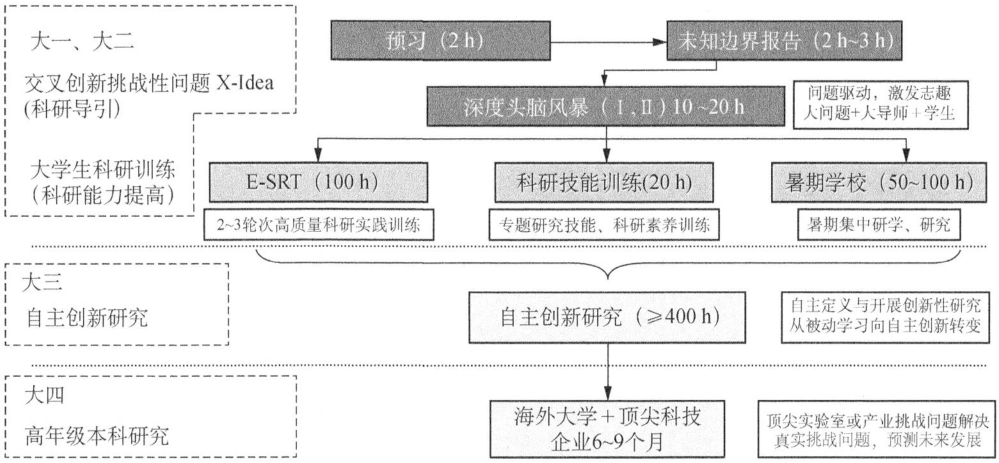

图 1　清华大学行健书院的进阶式科研训练

(2) 通过"一人一策"引导学生,尝试本博贯通,走向荣誉学位

"一人一策、本博贯通"是指以学生成长为本、以能力提升为要,根据每个学生的基础特点和志趣方向,由学生自主申请、老师引导配合,科学设置一人一策培养方案,探索本博贯通的培养模式(图 2)。"荣誉学位"是指遴选学有余力、具有突出科研创新志趣与潜力的学生,通过以挑战问题为牵引的个性化、开放式、进阶式研究学习与精深学习,培养科技创新人才。荣誉学位包括行健书院所有理—工双学位,面向钱学森力学班全体学生。行健书院将力学与航空航天类、土木水利与海洋工程、能源与动力工程、车辆工程等工程方向相衔接,在厚基础的背景下,聚焦多学科交叉的未来创新型工科前沿,发展以重大挑战性问题为牵引、进阶式研究学习、一人一策、本博贯通等培养模式,打造创新研究与人才培养长周期全链条。

行健书院是一个实体教学单位,课程安排、培养方案定制、通识教育实施,都由书院来落实。一方面,行健书院强调"从游"理念,鼓励大鱼前导、小鱼尾随,为学生提供成长关怀。行健书院的学生发现自己在跨学科环境中成长,在学术上和生活上都能得到班主任和导师的引导和帮助。另一方面,行健书院以学生为中心,注重因材施教,落实"一人一策,本博贯通",组建培养方案评审会,由专家进行专业指导,对学生进行个性化、开放式、进阶式培养。

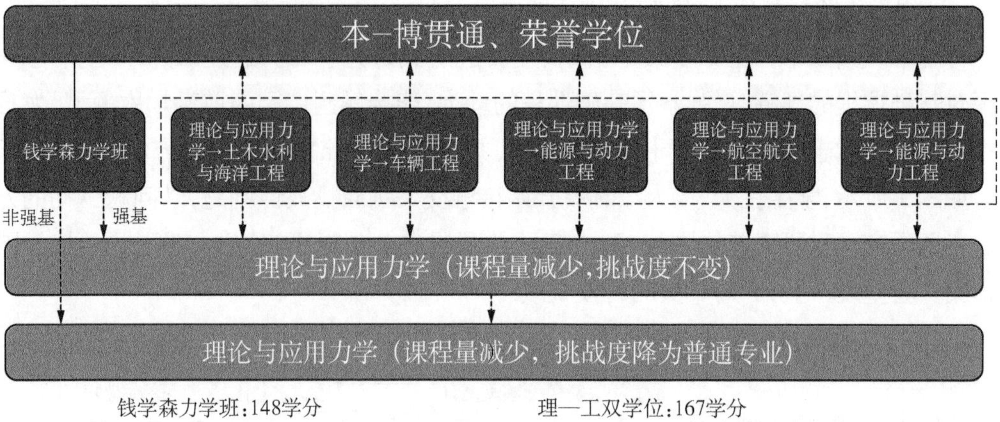

图 2　清华大学行健书院培养方案体系(六类四层矩阵结构)

2. **北京航空航天大学未来空天技术学院**

北京航空航天大学未来空天技术学院(简称“北航未来空天技术学院”)聚焦空天技术领域国家重大需求和国际学术前沿,面向未来航空航天技术发展趋势及共性科学问题和关键技术突破需求,在引领科技革命趋势的未来新概念飞行器技术、服务人类未来发展需求的空间开发技术、支撑国家空天战略任务的基础科学与前沿技术等方向上,培养系统总设计师和拔尖创新领军人才(图 3)。

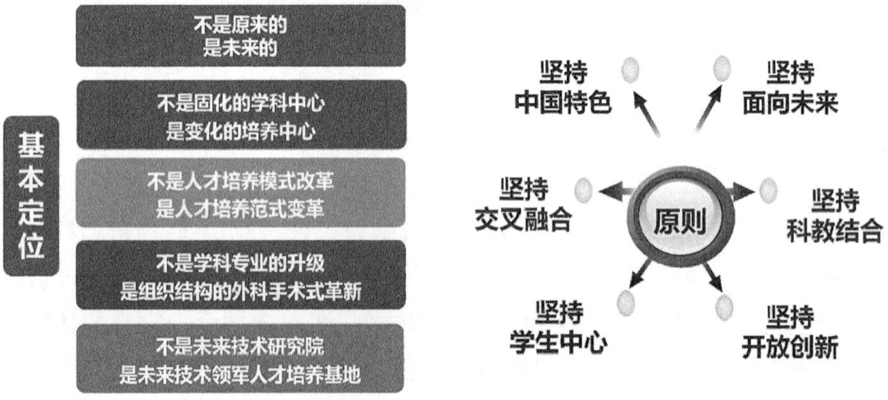

图 3　北京航空航天大学未来空天技术学院基本定位

(1) 三位一体,多方协同

北航未来空天技术学院汇聚校内外优质教学科研资源,聘请空天信融合领域的院士、总师等担任学生导师,开设名家精品课、大师讲座课、微纳研讨课,打造历时一年的新型科研项目课程,强化数理人文思维基础、注重学科专业交叉融通,本博贯通、因材施教,多元评价、动态流转,塑造面向未来的知识和能力结构,培养德智体美劳全面发展的复合型、创新型领军领导人才(图 4)。

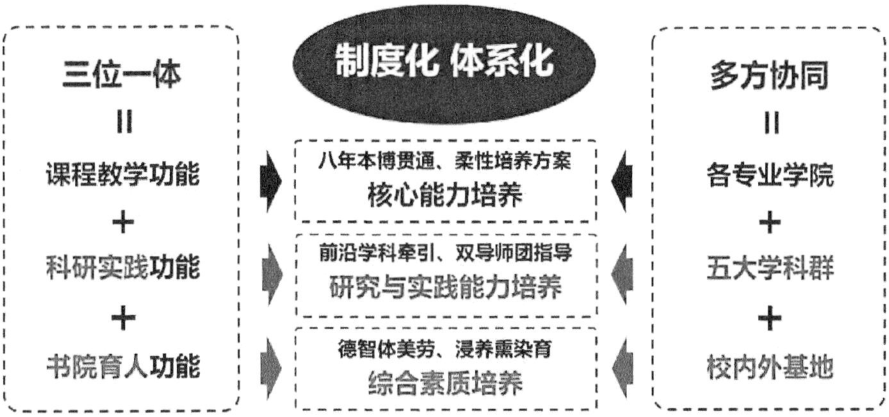

图 4　北京航空航天大学未来空天技术学院体系化设计

(2) 八年制本博贯通、定制化学研一体

北航未来空天技术学院 2021 年启动本科招生，专业是工科试验班类(未来空天领军计划)，强化空天信融合、理工文医交叉的学科融合生态，突出打破传统专业壁垒，面向全校信息大类、航空航天大类国家一流本科专业建设点等优势专业，根据个性化培养方案的达成度确定本科专业。低年级强化思想、知识和思维基础，高年级根据未来空天技术方向定制个性化的培养方案，突出目标牵引、需求牵引，注重研中学、学中研，培养创新和实践能力(图 5)。

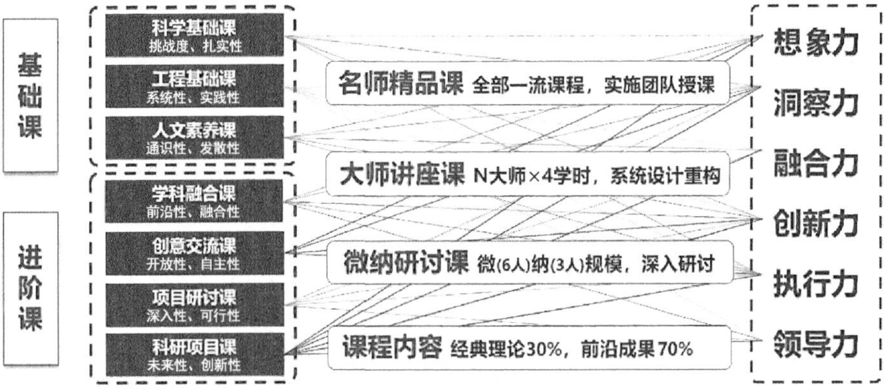

图 5　北京航空航天大学未来空天技术学院人才培养体系

3. 上海交通大学未来技术学院

上海交通大学未来技术学院(简称“上海交大未来技术学院”)依托上海交通大学密西根学院的现有基础和人才培养实践经验，瞄准和聚焦前沿科学，重点着眼于未来能源和未来健康技术，开设可持续能源、健康科学与技术两个新专业。其中，可持续能源方向将围绕新型能源技术、新一代信息网络技术与智能化的高度融合，为解决当今技术挑战和探索未来能源变革提供新思路与技术途径。健康科学与技术方向则将融合人工智能、医疗机器人、微观尺度通信、微纳控制等技术和新一代医疗技术/健康管理手段，促使以病人为中心的健康管理得到更大发展(图6)。

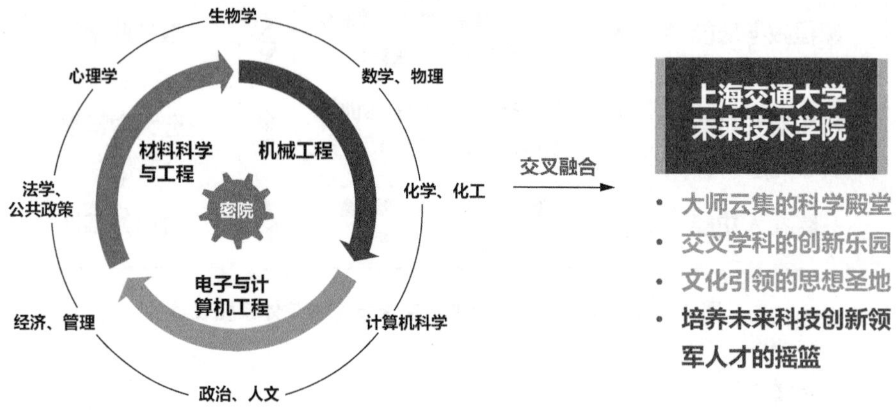

图6　上海交通大学未来技术学院建设模式

(1) 开展“E立方”(Experiential Engineering Education)体验式工程教育

上海交大未来技术学院在传统的课程教育模式基础上，加强基于科研和实践项目及课外活动的学习方式，聚焦学生数理知识的应用、工程问题的解决、创新设计、合作沟通、领导、批判性思维、人文素养、职业道德、社会责任意识、终身学习等能力的培养。上海交大未来技术学院还将打破现有传统专业之间的壁垒，为学生提供跨专业选课的便利。合理设计培养计划，真正以兴趣驱动为导向，提供细颗粒度模块化、定制化的课程选择，给予学生更加充分的自主选择权。同时，制定过程化、制度化人才培养质量控制体系，形成一套持续自我改进的机制，确保人才培养的质量。

(2) 打造本硕连读、本硕博连读的多样选择

学生大二开始选择感兴趣的前沿方向，参与课程设计或科研项目，创新考核模式，选拔优秀且对科研有浓厚兴趣的学生进入硕士或硕博连读项目。鼓励和支持博士生每年参加国际学术会议、发表高质量文章。打造深度的校企合作人才模式，与相关合作企业共建课程所需的系列教学实验室，设立学校和企业的双导师制，让学生深入企业开展科研、实践。

4. **东南大学未来技术学院**

东南大学未来技术学院以学校拔尖创新人才培养示范区——吴健雄学院为依托进行建设，聚焦芯片设计、信息材料、未来通信、智能感知四个方向中的未来技术，立足“中国特色、全球视野、面向未来、引领发展”，构建“坚持思想引领、强化通识教育、夯实领域基础、注重交叉融通、延拓未知挑战”的本硕博贯通的一流人才培养体系，全面实施“三制五化”育人创新模式，深入推进基于大工程/大项目/复杂问题的研究型学习方式。

(1) 本硕博贯通培养体系

东南大学未来技术学院本硕博贯通培养体系如图 7 所示。

3+1+X本研贯通培养方案

3：在导师指导下个性化学习阶段,全时段系统化研究训练
1：本研课程及实践衔接学习阶段,可提前修读研究生课程
X：硕/博士研究生学习阶段

图 7　东南大学未来技术学院本硕博贯通培养体系

(2) 面向未来的知识体系

东南大学未来技术学院面向未来的知识体系如图 8 所示。

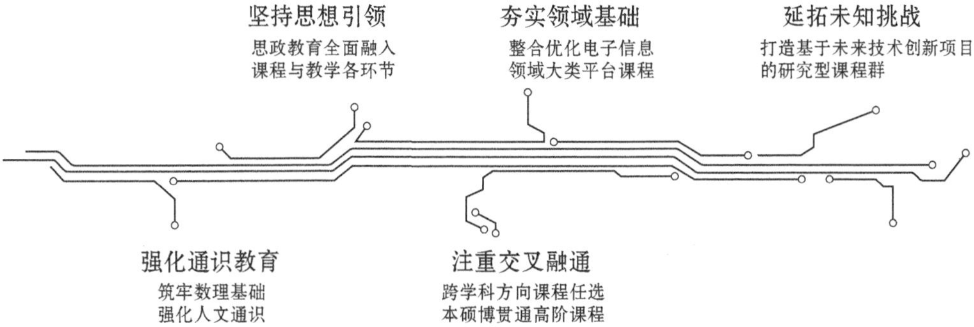

图 8　东南大学未来技术学院面向未来的知识体系

(3) 培养特色和优势

东南大学未来技术学院培养特色和优势如图 9 所示。

图 9　东南大学未来技术学院培养特色和优势

以上 4 所未来技术学院的人才培养体系建设,大部分依托本校原有的拔尖人才培养项目，在此基础上又进一步创新。这些项目大多涉及交叉学科前沿，结合学校学科优势，直接面向未来全球颠覆式、创新性人才竞争。未来技术学院本质就是要真正创新人才培养理念，重新设计人才培养过程，重新配置高等教育资源，破除一切限制创新人才成长的壁垒，打通颠覆式、创新性人才培养的关键点。[6]

五、首批12所未来技术学院产学研合作分析

“汇聚各方资源”是《建设指南》提到的另一建设任务：“汇聚科研院所、企业、投资机构等各方资源，为未来科技发展和未来科技创新领军人才培养提供有力支撑。促进未来技术发展、产业变革与创新创业教育深度融合，引入行业领军企业最优质资源，面向未来技术发展需求，将前沿科学技术有机融入人才培养全过程。”12所未来技术学院也在产业方面不断开拓资源。

北京大学未来技术学院的科研实践平台包括：分子医学南京研究转化院——围绕“高端生物医学成像设备”和“重大疾病创新药物”两大研发方向，搭建高端脑成像和新药研发平台，与南京市江北新区共同筹建“南京脑科学与类脑智能创新中心”；灵长类及大动物临床前研究——建立十余种人类重大疾病的动物模型，用于发病机理研究和新药临床前评估；代谢及心血管分子医学北京市重点实验室——以心血管病和代谢综合征等重大疾病为主题，集基础、转化、前临床研究于一体，致力于创新药物研发和高端成像装备研制；《新英格兰医学杂志》中国编辑部——在推动中国临床医学研究与世界最高水平接轨、在国际舞台上发出“中国声音”方面起到了“大使”和“桥梁”的作用。

天津大学以人工智能技术为核心，联合恩智浦半导体公司设立天津大学新工科实验班（恩智浦班）。恩智浦半导体公司作为全球领先的嵌入式应用安全连接技术领导者，拥有超过60年的专业技术及经验，在智能识别、汽车电子、通用微控制器、通信处理芯片等领域均处于世界第一位。恩智浦班融合天津大学和恩智浦半导体公司双方优势资源，探索新工科背景下校企协同育人新模式。恩智浦半导体公司提供雄厚的师资力量，委派高级管理人员、科研团队、一线工程师全程参与实验班“招生选拔—培养方案设计—课程讲授—实习实践—毕业”整个培养全过程。22门课程的部分学时及实习实践环节均由企业人员讲授并参与。恩智浦半导体公司高管定期来访，为学生开设科技前沿讲座并进行开放性交流和座谈。恩智浦半导体公司为学生提供实习机会，为学生科技立项、创新实践提供全方位支持，并计划在天津大学建立恩智浦实验室，供学生进行专业实验和实习实训。学生可享受恩智浦半导体公司在荷兰、美国、法国、德国等全球30余个国家的实验室资源，并有机会参与恩智浦全球研发中心实习。

东北大学与华为公司、东软集团、新松机器人等企业建立产教融合和科教融合基地。东北大学未来技术学院与华为北京研究所深入推进本博贯通培养体系建设，依托“博新计

划"开展博士后联合培养，进一步创新未来技术人才培养机制。通过将未来技术学院作为双方人才培养与合作的平台，吸引东北大学优秀人才加入华为"天才少年"计划和博士后联合培养工作站，建设东大—华为联合实验室，进一步为国家信息通信技术(Information and Communications Technology, ICT)产业和未来工业智能输送高质量人才。教育部—华为"智能基座"产教融合协同育人基地项目由东北大学未来技术学院承担，双方将聚焦鲲鹏、昇腾及华为云等技术领域，首批联合开展 22 门共建课程，融入华为鲲鹏、昇腾、华为云的知识体系，并在未来技术学院 Hero 奇点俱乐部、学生创新创业、课外实习实践等方面开展紧密合作，为培养引领未来技术发展的创新型人才注入新动力。同时与中车四方车辆研究所在人才培养、产教融合、科研合作、成果转化等方面开展开放多元互利共赢的全方位深度合作。"中车四方所"是国家级企业技术中心，立足轨道交通核心系统智能装备，承担行业标准制定与管理工作。

上海交通大学与宁德时代签署共建协议，根据协议，双方将共建清洁能源技术联合研究中心，结合国家重大战略任务进行部署，对标国际前沿技术发展，集聚高端创新资源，建立"研究创新"和"人才培养"的合作平台，并在此基础上将其打造成为清洁能源科学与技术领域中关键共性技术成果转化的重要载体和产学研联合创新高地。该研究中心旨在突破若干产业核心技术瓶颈，形成一系列达到国际先进水平的自主知识产权成果，共同为人类新能源事业作出贡献。

东南大学充分利用地方产业优势，与地方政府及华为、中兴等行业龙头企业、中国电子科技集团等研究机构开展了长期深入的产学研合作。与江苏省未来网络创新研究院和中国人民解放军战略支援部队信息工程大学团队等合作共建网络通信与安全紫金山实验室；与华为公司有近 30 年的深入合作，提前布局 6G 前沿技术的研究；与中兴公司、中国移动等通信业巨头建立战略合作，共同打造具有竞争力的领先技术、培养高科技人才、推动科技成果的转化和应用；与中国电子科技集团有限公司在材料、元器件、芯片、软件等多领域开展长期合作。

华中科技大学未来技术学院聚焦未来革命性、颠覆性技术人才需求，依托机械工程、生物医学工程、光电信息科学与工程、自动化四个国家一流本科专业，发挥武汉光电国家研究中心、国家数字化设计与制造创新中心等四个重大科学研究平台及国家集成电路产教融合创新平台科教协同育人、产教融合的优势，围绕未来科技产业的核心"大工程、大健康"战略方向，凝练先进智能制造、生物医学成像、光电子芯片与系统、人工智能四个未来交叉学科技术方向，着力培养具有大工程观、能在相关前沿交叉领域运用工程创新能力解决复杂工程问题，驱动科学研究、引领未来科技和产业变革的人才。

华南理工大学未来技术学院以学校优势工科为依托，主动对接国家战略需求及粤港澳大湾区战略性新兴产业(核心技术)发展需求，重点布局新兴交叉学科或学科新方向，在高端制造、生命科学、新材料、新一代信息技术、人工智能与数据科学、海洋科学与工程等领域，围绕人工智能前沿技术和跨学科交叉领域，主要布局智能感知、大数据、AI＋融合技术三大研究方向，建设人体感知及智慧健康、跨媒体感知和混合智能、大数据与数字孪生、数字普惠金融四个未来技术研究中心。推进与腾讯、华为、阿里、京东、百度、微软亚洲研究院、科大讯飞等国内知名企业的合作，通过知识推动和价值拉动的双引擎推进未来技术迭代演进，驱动前沿创新基础研究和技术落地，抢占未来科技发展先机，努力建成高水平的"人才蓄水池"、能引领的"创新动力源"、强有力的"创业助推器"。

西安交通大学未来技术学院创办能够引领未来产业提升的新专业，推动现有学科专业的交叉融合、现有专业的内涵升级，与江苏晟能科技有限公司、无锡胜脉电子有限公司、无锡市尚沃医疗电子股份有限公司等企业开展校企协同育人，企业导师、学生实践基地设立等合作。与江苏省无锡市高新区洽谈产学研合作事宜，共建"未来技术创新中心"、设立"未来技术太湖奖学金"、设立"未来技术太湖创新基金"；推动产学研合作及成果转化，建设"西安交通大学学生实践基地"。双方就未来技术学院人才培养新模式"理论授课＋项目研讨""团队化模块化教学组织方式""项目驱动＋探究式＋采集式"及"多方战略合作""市场和需求嵌入式研发出成果到用成果的升华"达成合作共识。

可以看出，与传统的强调基础性研究的拔尖创新人才培养不同的是，未来技术学院更加注重在新兴产业发展和未来产业布局中发挥人才和科技的支撑作用，以问题和实践为导向，既注重学科专业的融合，也注重知识能力的融合，以及技术与产业的融合、现实与未来的融合。未来技术学院建设是新工科再深化、再拓展、再突破、再出发的重要举措，是对未来科技创新领军人才的前瞻性和战略性培养，因此未来技术学院需要紧跟理论与技术前沿，在融合中创新，面向新兴产业、新建专业，瞄准未来产业超前布局，围绕未来可能产生的变革性技术进行前沿探索，抢抓科技发展机遇，培养具有前瞻交叉思维的科技领军人才，聚焦未来技术开展全产业链跨学科研究。这就需要高校能够与优质企业深度合作，成为未来产业的孵化器、未来科技和产业发展的制高点。

六、总结与展望

首批 12 所未来技术学院的建设目标紧紧围绕未来经济社会及国家发展重大战略展开，涉及人工智能、量子信息、集成电路、生命健康、脑科学、能源环境、空天科技等诸多领域，关系国家战略、国家安全、经济社会、人民生活等。各高校结合本校优势学科，结合未来社会发展可能遇到的问题和需求，前瞻性地布局未来技术方向，同时，结合学校特有的学术环境和人才培养改革经验，鼓励和支持多学科交叉融合研究及教学，形成有利于未来技术探索和研发的科研团队，建立创新型的未来技术领军人才培养体系，开展未来技术学院建设。

各高校合理配置各类资源和要素，通过加大资源、要素投入和重新排列组合资源要素，破除传统人才培养惯性，形成符合未来创新人才培养的新教育场域。此外，在产学研合作方面,注重与知名企业和公司的合作与交流,充分考虑国内和当地产业实际情况,面向"卡脖子"问题开展平台建设及合作培养工作,为促进科技创新与成果孵化提供人才支撑。

后期未来技术学院的建设需要把握这些重点内容,进一步在培养目标确定、未来技术特色凝练、建设模式创新、产学研合作等方面有所突破。具体建议如下:

第一,明确目标。未来技术学院的建设是通过国家动员、自上而下系统推进、以项目资金挂牌等方式进行竞争或激励的,所以更加需要建设未来技术学院的高校以服务国家重大战略需求为宗旨,以主动服务国家提出的一系列重大战略和支持实现国家 2035 年远景目标为己任,在强化国家战略科技力量,实现制造强国,进入创新型国家前列,实现中国经济高质量发展、战略性新兴产业发展,提升国家经济和国防安全等方面,分析研究对未来关键核心技术的需求,明确建设目标。

第二,凝练未来技术。未来技术学院的建设实质上是围绕人才培养和未来技术研究两项使命任务展开的,这两项使命任务的完成都必须面向国家未来发展的需要。因此,要在高等学校具有优势和处于领先地位的学科专业领域寻求与国家未来发展需要的结合点,针对性地分析和预测未来前沿性、革命性和颠覆性技术的发展趋势、发展方向和主要特征,开展未来技术的探索和研发,形成一批原创性的研究成果。[7]同时,预测未来发展对相关未来技术人才的需求,提前设置、建设和发展相关未来技术学科专业,为未来不确定性、引领前沿交叉科学和未来技术发展的领域提供科技领军人才支撑。

第三,创新人才培养体系。未来技术领军人才培养面临着诸多不确定性,因此,需要强调人才培养模式创新,探索形成以未来关键核心技术为驱动的前沿交叉科学和未来技术领域人才培养的新模式。一是充分发挥科研的育人优势,通过开放共享各类科研平台和资源,鼓励学生参与科技创新实践,提升学生的科研能力和创新能力;二是探索高校与科研院所联合培养未来科技创新领军人才的有效模式;三是完善导师制和学分制,试行书院制,探索"本硕博"贯通培养;四是积极挖掘国内外各种优质教育资源,探索高校与产业企业、境外高校和跨国企业的多方协同育人模式。

第四,促进学科交叉融合。未来技术的形成和未来技术人才的培养均要注重多个学科的交叉渗透和融合创新,这是由新技术产生和新学科形成的规律所决定的。因此,高等学校要依托自身的学科专业优势,聚焦少数未来技术领域,强化基础学科的"根基"作用,促进基础学科与应用学科的结合;要打破传统学科专业壁垒,推动不同学科专业之间的交叉融合,促进理工结合、科技交叉、工工交融、文渗入理、文融于工、医工融合等;要创新未来技术发展方式,引领前沿交叉科学和未来技术发展趋势;要探索未来技术领军人才培养模式,培养具有多学科交叉融合背景的未来技术领军人才。[8]

参考文献

[1] 教育部办公厅关于印发《未来技术学院建设指南(试行)》的通知[EB/OL].(2020-05-20)[2022-06-

10]. http://www.moe.gov.cn/srcsite/A08/moe_742/s3860/202005/t20200520_456664.html.
[2] 教育部办公厅关于公布首批未来技术学院名单的通知[EB/OL].(2021-05-26)[2022-06-10]. http://www.moe.gov.cn/srcsite/A08/moe_742/s3860/202105/t20210526_533701.html.
[3] 林健.未来技术学院建设:基础 目标 原则 保障[J].清华大学教育研究,2020,41(6):1-6.
[4] 刘进,李岳璟,林松月.新工科建设背景下未来技术学院高质量发展研究[J].重庆大学学报(社会科学版),2021,27(5):263-274.
[5] 林健.未来技术学院建设:未来技术领军人才培养[J].清华大学教育研究,2021,42(1):40-50.
[6] 刘继安,李岳璟,丁黎.未来技术人才培养:挑战与体系重构——基于中国科学院大学未来技术学院的案例研究[J].高等工程教育研究,2021(2):22-31.
[7] 林健.未来技术学院建设:教师队伍建设和未来技术研发[J].清华大学教育研究,2021,42(3):70-76.
[8] 刘进,林松月,吕文晶,等.未来技术学院如何引领未来[J].高等工程教育研究,2021(2):15-21,31.

长三角学术精英的成才周期及影响因素研究

◎ 薛琪薪　薛琪瑜

摘　要　精英人才的成才周期和成才规律，一直是学界关注的热点问题。本文通过搜集长三角 628 名“长江学者”特聘教授的职业履历，讨论了该群体获得最高学历到当选“长江学者”的成才周期及影响因素。研究发现，学术精英的平均成才周期为 13 年，接近国外研究发现的“十年成才”规律；成才周期存在显著的学科差异，自然科学学者的成才周期最短。从影响因素来看，性别、出生年代、申报机构类别等因素影响不显著，而学科类别具有显著影响；留学和海外工作经历具有显著的正向影响，且海外工作经历的影响力度更加显著，但这种影响随着工作流动次数的增加而有所减弱；国内的教育流动则延长了成才周期。最后讨论了研究发现对当前精英人才引进政策的启示。

关键词　学术精英　成才周期　影响因素

对学术精英的定义，目前学界还没有形成公认的标准。在相关研究中，分别采用教育精英、学术领军人才、高被引科学家等相似的表达，国内研究者大多以博士学历或高级职称作为学术精英的门槛[1]。随着我国高等教育事业的不断发展及各类人才规划与政策的实施，学术精英的人才队伍不断扩大，精英人才的流动与集聚过程也不断加速。作为我国科研院所和学术精英人才的重要集聚地之一，长三角地区在精英人才流动中占据着重要的地位。以长三角的学术精英为研究对象，采集详细数据分析其流动过程，有利于加深对精英人才流动过程的认识，剖析人才流动中可能存在的障碍与问题，进一步优化人才发展的生态环境。

本文中的学术精英，指的是在教育科研部门工作，并取得了业界认可的较高学术成就的人才，具体以长三角地区的“长江学者”特聘教授为样本群体。通过筛选“长江学者奖励计划”创立以来至最后一次公开发布时（1998—2017 年）的全体名单，得到推荐高校位于长

作者简介　薛琪薪，上海市青少年研究中心助理研究员，博士。
薛琪瑜，安徽铜都双语学校，高中语文教师，班主任。

三角地区(江浙沪皖三省一市)的 628 名学者信息。在此基础上,采用履历分析法(Curriculum Vitae),通过官网学者介绍、学术作品作者简介、访谈记录、个人传记等途径收集了长三角学术精英的教育流动和工作流动的各种数据,从而建立包括人口学特征、高等教育阶段流动信息、工作阶段流动信息等内容的长三角学术精英数据库,进而开展本文的分析。

一、长三角学术精英的成才周期

学术精英的发展历程,既是他们在学术系统里成长和成才的过程,也是他们获得各种学术荣誉,并被学术共同体认可的过程。相关研究对学术精英的成长发展规律、成才周期、发展影响因素等问题进行了大量研究,力求总结精英人才的成长发展模式。但已有研究对成长发展历程的阶段划分还没有形成统一的意见,有的研究把学术人才从幼时到工作后进入精英门槛(获得诺贝尔奖等重要奖项或者担任两院院士等)的长时段都认定为成长发展过程[2-4];有的研究则仅把精英人才从获得最高学历到获得重要学术荣誉(当选"长江学者"或两院院士)这一较短时段列为成长发展阶段[5,6],或者把从本科入学到获得重要学术荣誉(当选"长江学者"或两院院士)这段时间列为成长发展阶段[7];有的研究则做了更细致的区分,将学术人才的生命经历分为成长阶段(本科入学到博士毕业)、发展阶段(博士毕业到获得重要学术荣誉)、成才阶段(进入精英门槛之后)三个阶段[8]。本文认为,学术精英大多是具有职业使命感,并以学术为志业的精英人才。但他们在获得最高学历之前,可能因为种种原因从事过非当前学科或非学术部门的工作,以本科毕业作为衡量其成长发展过程的时间起点,容易混入其未确定自己是否从事当前学术职业的时段。因此,本文参照陈晓剑、田起宏等人的研究[5,6],以学术精英获得最高学历到当选"长江学者"的时长年限作为衡量其成才周期的指标,并评估影响学术精英成才周期的相关影响因素。

国内研究对学术精英的成长成才周期进行了较多研究,如陈晓剑等人分析了"973 计划"首席科学家的发展历程,发现该群体从博士毕业到入选首席科学家的平均周期为 15.33 年[5];田起宏、刘正奎的分析则发现,学术精英从博士毕业到获得"杰青基金"的平均年限为 10.96 年,接近国外人才研究中提出的"十年规则"[6];王帆等人的研究指出,人文社科学者从本科毕业到当选"长江学者"的成才周期为 27 年左右[9];杨得前等人的研究指出,学术精英从本科毕业到当选"长江学者"的平均期限为 25.3 年[7]。根据本文的统计,长三角学术精英从获得最高学历到跨入精英门槛——当选"长江学者"的平均期限为 13.1 年,不同学科的学者成为精英人才的时长差别较大。如表 1 所示,当选"长江学者"平均时长最短的学科分别是医学、理学和农学,其成才周期平均为 11.7 年、11.8 年和 12.1 年;而当选"长江学者"平均时长最长的学科则分别是历史学、文学和哲学,其成才周期为 21.7 年、20 年和 18 年。

表 1　长三角学术精英分学科领域成才周期统计表

学科领域	人数	比例	当选“长江学者”平均时长(年)
法学	20	3.2%	16.0
工学	252	40.1%	12.4
管理学	24	3.8%	16.6
教育学	12	1.9%	18.1
经济学	16	2.5%	15.2
军事学	2	0.3%	14.5
理 学	174	27.7%	11.8
历史学	6	1.0%	21.7
农 学	14	2.2%	12.1
文 学	27	4.3%	20.0
医 学	69	11.0%	11.7
艺术学	1	0.2%	12.0
哲 学	11	1.8%	18.0

从学科大类来看，如表 2 所示，自然科学学者平均成才周期最短，其次是社会科学和人文科学的学者，其成才周期分别为 12.1 年、16.3 年和 19.6 年[9]。正如相关研究已经发现的，自然科学学者的晋升周期明显短于人文社会科学学者，这一学科差异长期存在。当然，本文中自然科学学者占比达 81.4%，超过 8 成，故长三角学术精英整体的成才周期为 13.1 年，向自然科学学者的平均成才周期靠近，也接近国外研究中指出的精英人才从正式进入一个研究领域到取得公认重要成就的“十年成才”特征[10]。

表 2　长三角学术精英分学科大类成才周期统计表

学科大类	人数	比例	当选“长江学者”平均时长(年)
自然科学	511	81.4%	12.1
社会科学	72	11.5%	16.3
人文科学	45	7.1%	19.6
总体	628	100.0%	13.1

二、影响学术精英成才周期的因素

对于影响学术精英事业成功或成才周期因素的研究，学界主要从两方面展开。一方面，定性研究侧重于通过分析学术精英的发展经历来总结影响其成才的主要因素，如朱克曼对美国诺贝尔自然科学奖得主的研究发现，精英高校的培养、优秀导师的指导、国际性的研究交流促进了精英人才发展[2]；Simonton 则强调个人特质、教育训练、榜样作用和师承关系对于学术精英成功的重要性[11]；Ziegler 的"资优行动"模型指出人才的成长环境、行为目标与最终的事业发展和荣誉取得高度相关[12]；Ronthenberg 对诺贝尔自然科学奖得主成长经历的研究发现，家庭环境与早期经历对其成为精英人才有重要影响[13]。另一方面，定量研究则主要探索影响学术精英成才周期或发展时限的因素，如有研究讨论了流动经历对成才周期的影响，指出在本科、研究生、留学等求学阶段有过流动的学者晋升速度更快[14]；海外工作经历加速了他们的优势扩散，有利于他们的职业晋升和学术荣誉的获得[15]，海外工作经历延长了非重点高校出身的学者当选"长江学者"的年限，对其发展具有负面影响[16]；在求学阶段、工作阶段的跨机构流动频次、出国学习交流是影响学术精英人才发展的关键因素[17]；也有研究分析了学科类别、机构类型的影响，指出理工科学者的成才时间更短，学科间差异显著[7]。

相关研究从不同角度讨论了影响精英人才成为精英的因素，但对影响因素的定量分析还有待继续深入。社会学家罗伯特·金·默顿(Robert King Merton)提出的优势积累理论(cumulative advantage)[18]认为，人才个体的自我选择与社会制度的结构选择互相发生作用，影响了个体在特定职业领域的机会可能性，个体从获得某一个微小优势开始，不断积累和扩大其发展的机遇，从而促成其工作上的成就[19]。即学术精英在之前阶段的发展情况与发展水平，将影响其之后的职业生涯的发展速度及其能否成为精英学者[20]。根据优势积累理论，可以推论出学术精英在教育流动和工作流动过程中，如果流向排名等级更高的机构，将获得某种事业发展方面的优势，有利于其职业发展并缩短其成才周期。研究指出，学术人才拥有的全职海外经历明显缩短了其获得学术成就的时间，且海外经历越丰富，这种加速职业发展的效应越明显[21]。因此，本文以优势积累理论和生命历程理论为指导，主要从人口社会学特征、组织特征、流动经历等方面来讨论这些因素是否具有加速发展即缩短成才周期的效用。

基于已有的对精英人才发展路径和成才周期的研究，本文最终选择性别、出生年代等人口学特征，学科类别、申报机构属性等组织特征，教育流动次数和留学经历，工作流动次数及境外工作经历等作为解释变量，探讨其对精英人才成才周期的影响。排除缺失值后，最终获得 626 名学者的有效样本数据。各变量的描述和统计特征见表 3。

表 3　变量统计特征描述

指标	观测值	平均值	标准差	最大值	最小值	变量描述
成才周期	626	13.120	4.434	32	1	年
性别	626	0.936	0.243	1	0	1=男;0=女
出生年代	626	1.490	0.749	2	0	1=20 世纪 70 年代及之后;2=20 世纪 60 年代;0=20 世纪 50 年代及之前

（续表）

指标	观测值	平均值	标准差	最大值	最小值	变量描述
教育流动	626	1.369	1.277	4	0	1=流动1次(均境内);2=流动1次(境内外);3=流动2次(均境内);4=流动2次(境内外);0=不流动
是否曾留学	626	0.307	0.451	1	0	1=是;0=否
工作流动	626	1.877	1.563	6	0	1=流动1次(均境内);2=流动1次(境内外);3=流动2次(均境内);4=流动2次(境内外);5=流动3次及以上(均境内);6=流动3次及以上(境内外);0=不流动
是否曾在境外工作	626	0.677	0.469	1	0	1=是;0=否
学科类别	626	1.623	0.579	2	0	1=自然科学;2=社会科学;0=人文科学
申报机构类别	626	1.073	0.517	2	0	1=双一流大学;2=双一流学科高校;0=一般高校

本文以成才周期为解释变量，用 developper 表示；gender 表示性别二分类变量；birthyears 表示出生年代，为三分类变量；subject 表示学科类别，为三分类变量；organization 表示申报机构类别，为三分类变量；edumobility、eduabroad、undergraduDoc、workmobility、workabroad、DocCJ 是本部分研究的核心变量，分别表示是否有教育流动、是否留学、本博学校等级类别变化、是否有工作流动、是否曾在境外工作、博士毕业与当选“长江学者”时学校等级类别变化等变量，具体变量描述见表3。其中 B_0—β_{10} 为截距，分别代表各因素影响成才周期的程度，μ 为随机干扰项，包括没有观测到的其他因素。

对相关变量进行多元回归分析，可以得到表4的回归结果。其中模型1是以成才周期为因变量的全因素模型，模型2和模型3则是对个别变量的回归结果。总体而言，性别、出生年代、申报机构类别等因素对成才周期影响不显著，而学科类别对成才周期具有显著影响。如模型1所示，相较于人文学科来说，自然科学学者当选“长江学者”的时长要缩短7.6年，社会科学学者当选的时长则缩短3.3年。流动相关因素对成才周期具有显著影响。

表4　长三角学术精英成才周期的多元回归分析结果

变量	成才周期		
	模型1	模型2	模型3
性别(参照组:女性)			
男性	−0.510 3(0.336 2)	−0.493 3(0.349 5)	−0.611 6(0.354 2)*

（续表）

变量	成才周期		
	模型 1	模型 2	模型 3
出生年代(参照组:20 世纪 50 年代及之前)			
20 世纪 70 年代及之后	0.124 2(0.231 1)	0.154 4(0.243 7)	0.162 2(0.211 4)
20 世纪 60 年代	0.173 3(0.242 1)	0.184 5(0.225 8)	0.195 5(0.247 6)
学科类别(参照组:人文科学)			
自然科学	−7.604 1(0.230 4)***	−7.687 4(0.213 2)***	−7.731 3(0.227 3)***
社会科学	−3.324 1(0.235 4)***	−3.354 1(0.245 8)***	−3.414 1(0.221 9)***
申报机构类别(参照组:一般高校)			
双一流大学	0.225 4(0.298 6)	0.173 6(0.287 9)	0.159 7(0.297 5)
双一流学科	0.183 7(0.354 1)	0.175 6(0.346 3)	0.158 2(0.358 7)
教育流动次数(参照组:流动 0 次)			
流动 1 次(均境内)	1.110 4(0.334 1)***	1.263 7(0.354 6)***	
流动 2 次(均境内)	1.226 1(0.345 2)***	1.346 1(0.353 2)***	
流动 1 次(境内外)	−1.212 5(0.354 1)***	−1.363 2(0.362 7)***	
流动 2 次(境内外)	−0.453 4(0.349 7)***	−0.593 1(0.358 2)***	
是否留学(参照组:不留学)			
留学			−1.556 5(0.753 3)***
工作流动次数(参照组:流动 0 次)			
流动 1 次(均境内)	1.235 6(0.324 7)		1.355 7(0.324 7)
流动 2 次(均境内)	1.256 7(0.345 2)		1.396 2(0.349 1)
流动 3 次及以上(均境内)	1.358 8(0.375 5)		1.498 2(0.376 7)
流动 1 次(境内外)	−1.657 6(0.368 7)***		−1.798 7(0.345 8)***
流动 2 次(境内外)	−1.203 4(0.354 7)***		−1.342 1(0.366 1)***
流动 3 次及以上(境内外)	−0.687 3(0.313 8)***		−0.896 7(0.365 8)***
是否曾在境外工作(参照组:未曾在境外工作)			
境外工作		−2.035 7(0.798 5)***	
常数	28.131 6(0.536 7)***	27.933 2(0.524 7)***	28.315 4(0.529 7)***
R^2	0.253 4	0.248 7	0.241 3

注:括号内为标准误。***、**、* 分别表示在 0.01、0.05 和 0.1 水平上显著。

从模型 1 可以发现,教育流动经历对学术精英的成才周期具有显著影响,其中在境内进行教育流动的发展效应为负,即在国内进行教育流动拉长了学术精英当选“长江学者”的时长;进行跨境教育流动的发展效应为正,即留学经历缩短了学术精英当选“长江学者”的时长。根据模型1的结果,求学期间,在国内流动1次的学者,其成才周期比不流动者增加1.1年;在国内流动2次的学者,其成才周期增长1.2年。但跨境流动者,流动1次成才周期则缩短1.2年,流动2次成才周期则缩短0.5年。以是否留学为解释变量,对比模型1和模型3,可以发现留学经历缩短了约1.6年成才周期,具有显著性。在本文的访谈中,学术精英们也多次提到境外学习经历对提升科研技巧、开阔学术视野、培育创新思维的积极作用。“海归”学术精英接受了前沿方法和系统训练,更容易结合国际眼光和本土实践做出创新性的研究,加速其学术事业的成功[7]。

对于工作流动对成才周期的影响,从模型1可以发现,国内的工作流动对于成才周期影响较弱,而跨境工作流动则显著缩短了成才周期,具有正向的发展效用,但流动次数增多,这一效用有所减弱。其中跨境工作流动1次的学者当选“长江学者”的时长比不流动的学者缩短1.7年,跨境流动2次的学者的成才周期则缩短1.2年,跨境流动3次及以上的学者的成才周期则缩短0.7年。以是否在境外工作过为解释变量,对比模型1和模型2,可以发现境外工作经历缩短成才周期约2年,具有显著性。根据本文的梳理,长三角学术精英的境外工作经历包括境外博士后、境外教职和境外企业工作经历,这些经历都有助于学术精英增加理论积累和技术实践经验,掌握国际上最前沿的研究方法,扩展其跨国学术合作网络,促进其学术生涯的成功。

三、结语

本文发现,对于长三角学术精英来说,从获得最高学历到当选“长江学者”的平均成才周期为13.1年,接近国外研究中指出的学术精英从正式进入一个研究领域到取得公认重要成就的“十年成才”特征。学术精英的成才周期存在显著的学科差异,自然科学、社会科学和人文科学学者的平均成才周期呈逐渐增长趋势。从影响因素来看,性别、出生年代、申报机构类别等因素对成才周期影响不显著,而学科类别对成才周期具有显著影响。教育流动和工作流动经历对成才周期具有显著影响,其中跨境教育流动和工作流动具有显著的正向效应,且海外工作经历比海外留学经历对发展的促进作用更加明显,但这种发展效应随着工作流动次数的增加而有所减弱。而国内的教育流动经历则具有负向效应,延长了学术精英当选“长江学者”的年限。这些发现提示我们,我国当前的精英人才引进政策可能需要审慎评估和适当调整。从人才培养政策来看,有必要加强对海外留学和国内贯通制教育的支持力度,精准促进学术研究人才的成长和成才;从人才引进政策来看,则要提升海外工作经历在人才评估环节的优先级,审慎引进职业流动次数较多的“流动人才”。

参考文献

[1] 薛琪薪.流动的精英:教育精英人才流动研究综述[J].管理现代化,2021,41(1):117-120.

[2] 哈里特·朱克曼.科学界的精英——美国的诺贝尔奖金获得者[M].周叶谦,冯世则,译.北京:商务印书馆,1979:204.

[3] 豪尔吉陶伊.通往斯德哥尔摩之路[M].节艳丽,译.上海:上海科技教育出版社,2007:85.

[4] CONG CAO. China's scientific elite[M]. New York:Routledge,2004:184-185.

[5] 陈晓剑,李峰,刘天卓.基础研究拔尖人才的关键成长路径研究——基于973计划项目首席科学家的分析[J].科学学研究,2011,29(1):44-48,17.

[6] 田起宏,刘正奎.国家杰出青年科学基金获得者的一般特征和早期成长因素探析[J].中国高教研究,2012(10):21-24.

[7] 杨得前,姜群.长江学者特聘教授成长路径研究[J].高教探索,2018(5):27-35.

[8] 李素矿,姚玉鹏.我国地质学青年拔尖人才成长成才过程及特征分析——以地球科学领域国家杰出青年基金获得者为例[J].中国科技论坛,2009(1):98-101.

[9] 王帆,郭洪林,张冉.人文社会科学领军人才成长特征研究——基于长江学者特聘教授的分析[J].中国人民大学教育学刊,2015(4):128-145.

[10] SIMONTON D K. When giftedness become genius: how does talent achieve eminence[M]//Nicholas N COLANGELO, GARY A DAVIS. Handbook of gifted education. London: Allyn & Bacon, 1977: 457.

[11] SIMONTON D K. Scientific creativity as constrained stochastic behavior: the integration of product, process, and person perspectives[J]. Psychological Bulletin, 2003,129(4):475-494.

[12] ZIEGLER A. The actiotope model of giftedness[M]//STERNBERG, DAVIDSON J. Conceptions of giftedness. New York: Cambridge University Press,2005:411-436.

[13] ROTHENBERG A. Family background and genius Ⅱ: Nobel Laureates in Science[J]. Canadian Journal of Psychiatry,2005,50(14): 918-925.

[14] 瞿振元,韩晓燕,韩振海,等.高校如何成为拔尖创新人才培养的基地——从年轻院士当年的高等教育经历谈起[J].中国高教研究,2008(2):7-11.

[15] 高勇.长江学者学术成长路径研究[D].北京:清华大学,2014:77.

[16] 李峰,孙梦园.本科出身决定论?——学术精英的职业流动和职业发展分析[J].高教探索,2019(10):108-114.

[17] 郭美荣,彭洁,赵伟,等.中国高层次科技人才成长过程及特征分析——以“国家杰出青年科学基金”获得者为例[J].科技管理研究,2011,31(1):135-138.

[18] MERTON ROBERT K. The sociology of science: theoretical and empirical investigation[M]. Chicago: University of Chicago Press,1973:273.

[19] THOMAS A DIPRETE, GREGORY M EIRICH. Cumulative advantage as a mechanism for inequality: a review of theoretical and empirical developments[J]. Annual Review of Sociology,2006,

32(1):271-297.
[20] 萧鸣政,唐秀锋.哲学社会科学人才如何评价——基于长江学者成长影响因素的实证研究[J].行政论坛,2018,25(5):106-116.
[21] 李峰,唐莉.海外经历能否加速职业发展:以长江学者为例[J].科研管理,2022,43(1):192-199.

新工科视阈下“双一流”高校毕业生职业期望影响因素的实证研究

◎ 平　川

摘　要　本文以部分“双一流”高校的新工科专业毕业生为研究对象探究职业期望的影响因素，通过问卷调查收集的数据使用感知重要性—实际表现性分析方法(Importance-Performance Analysis，IPA)，分析新工科专业毕业生职业期望的总体状况和基本特征。研究结果显示，被试的实际表现性均低于感知重要性，反映新工科专业高等学校毕业生的职业期望与现实存在距离，在此基础上提出了相应的政策建议。

关键词　新工科　职业期望　IPA　双一流高校

一、引言与文献综述

新工科建设是“四新”(新工科、新医科、新农科、新文科)建设的领头雁，是高等教育“质量革命”的重中之重，是推动我国“双一流”建设、实现高等教育强国梦的关键举措。2017年4月，工科优势高校新工科建设研讨会在天津大学举行，会上教育部高等教育司公布的《新工科建设行动路线》提出：新工科的建设与发展不应单纯以学科为导向，更应该适应产业需求和行业需求。以人工智能、机器人、物联网、无人驾驶技术、3D打印技术、纳米技术、生物技术、新能源存储、量子计算等为代表的新突破性技术、颠覆性技术不断产生和广泛应用，在数字、物理和生物技术共同推动下，不同学科之间相互促进、不断融合，催生了新的产业，这迫切需要新的人才作为支撑。习近平总书记也多次强调，“实现中华民族伟大复兴的宏伟目标，高水平科技自立自强是关键”“综合国力的竞争说到底是人才竞争。人才是衡量一个国家综合国力的重要指标，国家发展靠人才，民族振兴靠人才”“当前我国比历史上任何时期都更加渴求人才”。新时代的新工科人才要顺应国家重大战略的导向，为高等教育人

作者简介　平川，山东大学商学院博士研究生。

才培养提供示范和引领，深入探索新工科专业与传统工科专业相结合的人才培养路径和模式，打破二者之间的隔阂，提升新工科专业人才与市场的匹配度。

新工科专业的相当一部分毕业生已进入就业市场。根据智联招聘发布的 2021 年高校毕业生就业景气报告，我国云计算工程师、云架构师、数据挖掘工程师等新工科专业岗位的缺口非常大。以机器学习、算法工程、深度学习、自然语言处理、图像算法为代表的人工智能职位月薪普遍在 1.8 万元以上，这也反映出劳动力市场对新工科专业的人力资源需求十分旺盛。

职业期望是求职者对某项职业的期待与向往，指劳动个体对职业的态度倾向，一般被视为组织文化和形成员工组织承诺的前因变量。职业期望与员工工作态度、工作动机、工作绩效和后续职业生涯管理都有密切关系。

国外职业期望相关的研究经历了一个从个体层面到社会层面的发展过程，早期的员工职业期望的研究主要围绕入职期望、职业期望趋势和职业期望调整展开。Buckley 等研究发现，企业为了满足自身对人才的需要，往往夸大企业的优势条件，工作中的职业期望是一个动态调整的过程，会受到组织认同程度的影响，基于组织目标与组织价值观，组织内的员工会基于情绪表达，不断调整自身的职业期望，从而尽可能减少个人目标与组织目标的冲突[1]。Atkinson 认为，人力资源组织通过提供符合求职者职业期望的组织管理措施，进而能够满足组织承诺和提高员工工作绩效[2]。Gottfredson 从劳动者个体的自我认知和自我定位出发，认为职业期望是个体能力、兴趣与工作机会、社会需要等外部环境因素的中介变量，对自我职业期望过高会产生认知偏差，由此引起员工职业懈怠、组织忠诚度下降和有离职倾向等[3]。

近年来，随着中国民营经济的蓬勃发展，中国人力资源管理和组织行为学管理实践中对员工职业期望的研究逐渐增多。李祥飞、张再生认为，新入职员工的职业期望目标实现与否，决定着员工对自己工作的满意度，也间接影响员工离职倾向的程度[4]。张西超等的研究发现，员工的职业期望越高，说明员工对组织的态度越积极，相对应的组织犬儒主义越低[5]。刘取芝对比了男女研究生职业期望的差异，探究了外部环境因素尤其是社会经济地位、家庭经济水平对研究生职业期望的影响[6]。胡晓玲以女研究生为被试，通过职业期望的差异性分析发现，女研究生最为看重的相关因素是福利和稳定性、自我实现和声望地位[7]。彭湘莹等探究了大学生职业期望与父母教养方式之间的关系，发现非独生子女比独生子女的职业期望更高，尤其是在职业声望地位、职业稳定等方面[8]。朱晓文等结合国际比较视角，认为职业期望在代际流动中具有重要作用，家庭背景可以显著影响青少年的职业期望，这种影响在青少年中存在性别差异[9]。王宁、段巍基于 STEM（科学、技术、工程、数学）教育理念进行研究后发现，媒体、学校教育、非正式教育等通过提高学生的科学自我效能感，从而提高学生的职业期望[10]。

当前国内高校在读学生和毕业生职业期望相关研究并不系统，针对这一特定群体职业期望的评估工具也不尽统一，尚无以新工科为研究背景，探究“双一流”高校新工科专业高等学校毕业生职业期望的影响因素的研究，缺乏定性研究更缺乏实证研究，有鉴于此，本文基于本土新工科教育的现实基础，探究新工科专业毕业生职业期望的影响因素，兼具理论价值和现实意义。

二、量表的开发、问卷的设计与发放

为了加强研究的针对性，在进行量表开发之前，笔者采用质性研究中访谈的方法采访了一部分高等学校创新创业学院的专家，与此同时，也访谈了几位企业的人力资源部总监或主管。一部分受访者表示，新工科与传统工科在人才方面的区别是，新工科专业人才不仅需要学业优秀，而且还需要具备多学科思维，能够运用新技术解决问题，符合新兴产业的发展需求，不单纯满足对知识型员工的要求，要树立全方位的人才观。

借鉴李祥飞、张再生[4]和宫安铭[11]的研究，职业期望相关的变量和因子考虑员工自身的职业发展、工作舒适度、物质利益和声望地位等。在具体设计的调查问卷中，涉及的问卷题目都使用李克特 5 级量表，数字 5、4、3、2、1 分别代表“非常重要(非常满意)”“重要(满意)”“一般”“不重要(不满意)”“非常不重要(非常不满意)”。

调查问卷一部分是被试的人口统计学信息等基本资料，另一部分是职业期望量表。调查问卷既有纸质版，也有通过网络渠道发放和收集的版本。将调查问卷链接发到受调查的部分“双一流”高等学校的网络社区和论坛、一些人数在 50 人以上的 QQ 群、学校百度贴吧、哔哩哔哩网站。同时也在抖音、快手等短视频平台账号的主页设置调查问卷链接。调查时间段是从 2021 年 10 月 1 日至 2021 年 12 月 30 日，共发放问卷 2 000 份，回收 1 920 份，回收率 96%，剔除无效问卷之后最后进入数据分析的问卷总数是 1 850 份。

三、实证分析

IPA 方法，即感知重要性—实际表现性分析，被广泛应用于服务性要素的衡量与评价。通过相应的评价指标来测量期望值(感知重要性)。

用 SPSS 软件对样本进行信度检验，问卷量表的 Cronbach's α 值是 0.812，表示量表具有很好的信度，可以进行进一步的分析。经过配对样本 T 检验，各个题目之间均存在显著性差异，因此适合进行 IPA 分析。

通过描述性分析可以了解“双一流”高等学校新工科专业大学毕业生的职业期望的总体状况和基本特征，如表 1 所示。

表 1　样本的人口统计学信息

变量		频数	百分比
性别	男	789	42.7%
	女	1 061	57.3%
年龄	18 岁及以下	33	1.8%
	19 岁	212	11.5%
	20 岁	444	24%
	21 岁	508	27.5%
	22 岁	334	18.1%
	23 岁	177	9.6%
	24 岁	27	1.5%
	25 岁及以上	115	6%

根据访谈和问卷调查的结果，利用统计软件分析了研究变量的感知重要性、实际表现性得分和差值，详见表 2。

表 2　感知重要性与实际表现性得分、差值

变量	感知重要性	实际表现性	差值
收入高	4.21	3.17	1.04
福利优	4.21	3.25	0.96
职业稳定	4.14	3.32	0.82
受教育机会多	3.90	3.25	0.65
出国机会多	3.48	2.96	0.52
社会地位较高	3.74	3.07	0.67
利于施展才能	4.16	3.30	0.86
医疗养老住房公积金齐全	4.23	3.35	0.88
工作环境好	4.06	3.22	0.84
契合兴趣爱好	3.99	3.21	0.78
机会公平	4.23	3.04	1.19
晋升机会多	4.04	3.06	0.98
受雇单位知名度高	3.55	3.14	0.41
受雇单位规模大	3.50	3.16	0.34
学以致用	3.84	3.25	0.59
交通便利、信息畅通	3.85	3.30	0.55

（续表）

变量	感知重要性	实际表现性	差值
工作自由	3.91	3.07	0.84
工作有挑战性	3.60	3.19	0.41
容易成名成家	3.19	2.93	0.26
受雇单位级别高	3.43	3.00	0.43
受雇单位在大城市	3.52	3.14	0.38

根据表2，在职业期望的相关影响变量中，感知重要性得分最高的是医疗养老住房公积金齐全（得分4.23）、机会公平（得分4.23）。说明这两个变量是新工科专业毕业生最为看重的两个变量。这反映提供满足和利于员工职业成长和发展的相关工作福利和工作条件，也有利于组织激发员工的潜能，从而提高员工工作绩效。

接下来通过IPA模型图来更直观地展示各变量感知重要性和实际表现性的状态。以所有变量感知重要性均值（3.84）和实际表现性均值（3.16）的交点划分上下两个对称轴，分为纵、横轴，构建一个两维度四象限的矩阵图，如图1所示。

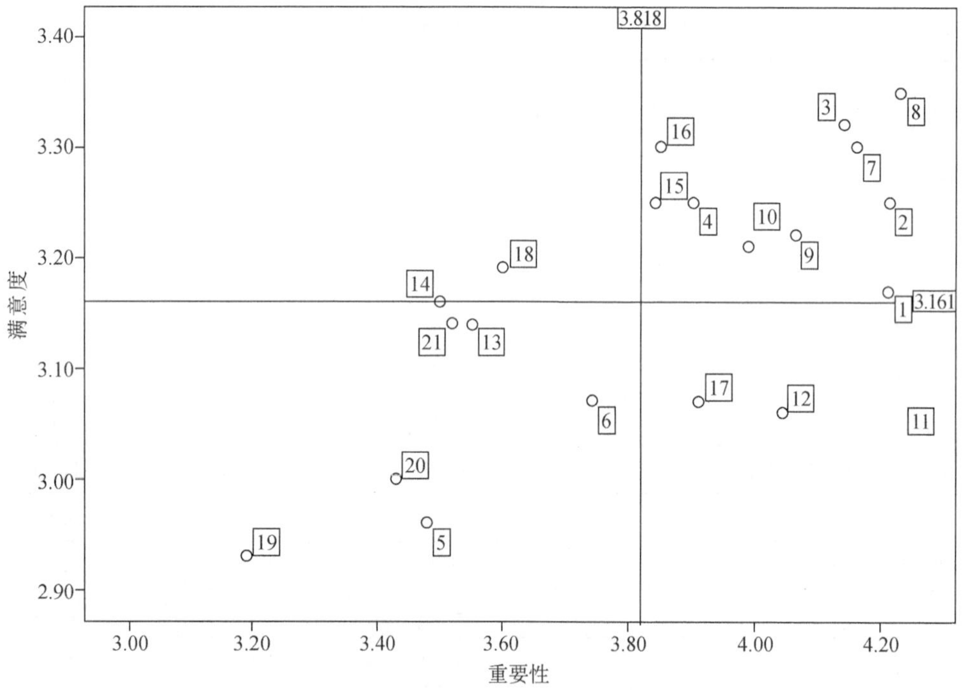

图1 职业期望感知重要性与实际表现性的IPA模型

（注：1. 收入高 2. 福利优 3. 职业稳定 4. 受教育机会多 5. 出国机会多 6. 社会地位较高 7. 利于施展才能 8. 医疗养老住房公积金齐全 9. 工作环境好 10. 契合兴趣爱好 11. 机会公平 12. 晋升机会多 13. 受雇单位知名度高 14. 受雇单位规模大 15. 学以致用 16. 交通便利、信息畅通 17. 工作自由 18. 工作有挑战性 19. 容易成名成家 20. 受雇单位级别高 21. 受雇单位在大城市）

图 1 的右上部分是优势区，这一区域的变量的感知重要性和实际表现性的得分值都在 3.15 以上。一共有 10 个职业期望的相关变量落入该区域，包括：收入高，福利优，职业稳定，受教育机会多，利于施展才能，医疗养老住房公积金齐全，工作环境好，契合兴趣爱好，学以致用，交通便利、信息畅通。

图 1 的左上部分是保持区，这一区域变量的感知重要性得分值较低，但实际表现性得分值较高，相关变量并不适合刻意追求提高。这一区域的 2 个变量是受雇单位规模大、工作有挑战性。说明这 2 个变量不是新工科专业毕业生职业期望的主要影响变量。

图 1 的左下部分是改进区，这一区域的变量感知重要性得分值和实际表现性得分值都较低。有 6 个职业期望的相关变量落在该区域，分别是：出国机会多、社会地位较高、受雇单位知名度高、容易成名成家、受雇单位级别高和受雇单位在大城市，这说明这些方面需要针对性提高。

图 1 的右下部分是弱势区，这一区域是感知重要性得分值高而实际表现性得分值低的区域。这说明，机会公平、晋升机会多、工作自由这三个职业期望相关变量实际表现性的得分值最不理想，需要重点努力。

四、研究结论与政策建议

本文通过对“双一流”高等学校新工科专业毕业生职业期望构成要素的多维度的度量，分析了新工科专业毕业生职业期望的总体状况和基本特征，结果显示，部分“双一流”高校的新工科专业毕业生的职业期望的实际表现性与感知重要性存在一定的距离。当前，我们正处于“两个一百年”奋斗目标的交汇点，围绕“双一流”高等学校新工科专业毕业生职业期望，探求有针对性的策略的重要性不言而喻。

政府和教育行政主管部门要坚持国际视野和中国特色，既要吸收当前新科技革命的先进理念，也要扎根中国大地，增加政策供给，加强政策协同，形成政策合力，强化产教融合、产学合作，以产业和技术发展的最新趋势和需求推动新工科建设，以新工科建设引领高等教育质量革命，不断优化新工科相关领域专业结构，渗透到人才培养的各个要素、环节和阶段，同时要改革新工科人才培养机制，进一步丰富人才质量标准体系的有效路径，形成包容性、开发性、科学化和多元化的新工科人才培养的质量标准和人才培养机制，从而延伸技能人才的职业上升通道。

作为“新工科”发展的主阵地，“双一流”高等学校应该立足于培养面向全球工程发展的新时代工程人才的战略定位，借鉴国际工程教育的经验，精准把握政策动向，发挥基层首创精神。一方面，对外要适应行业需求和产业需求，拓展产学研合作空间，提高产学研合作协同育人项目质量。另一方面，对内要挖掘潜力，深入开展新工科课程体系改革和实践教学改革，升级人才培养方案。通过新工科学科发展来孕育新技术和催生新产业。加强学科交叉和学科融合，既促进学科交叉也拓宽研究领域，不断以研促学、以教促研、以学促教，提升服务贡献。

“双一流”高等学校新工科专业的大学生应理性评估自身能力素质与理想职业的匹配程度，动态校正和调整职业期望和职业发展目标，积极主动开展新工科创新创业。在当前自由宽泛的就业大环境下，新工科专业求职者要转变择业观念，深刻理解自身专业优势的发挥不能只单纯依靠理论知识，更需要具备创新能力和综合实践能力，努力培养开发自己的新思维和新创意，树立清晰的职业发展目标，从专业角度拥抱新科技、提升新技能，有本领才能有担当。

参考文献

[1] BUCKLEY M R, DB FEDOR, VERES J G, et al. Investigating newcomer expectations and job-related outcomes[J]. Journal of Applied Psychology, 1998, 83(3):452-461.

[2] ATKINSON CAROL. Career management and the changing psychological contract [J]. Career Development International, 2002, 7(1):14-23.

[3] GOTTFREDSON L S. Applying Gottfredson's theory of circumscription and compromise in career guidance and counseling [M]//S D BROWN, R W LENT. Career development and counseling: putting theory and research to work. Hoboken: John Wiley & Sons, 2005:71-100.

[4] 李祥飞，张再生. 高校毕业生职业期望的满足对离职倾向的影响作用研究[J]. 天津大学学报(社会科学版)，2012，14(2)：156-162.

[5] 张西超，韦思遥，姜莉，等. 新入职员工的职业期望与组织犬儒主义的追踪研究[J]. 经济科学，2014，(4)：106-115.

[6] 刘取芝. 研究生的职业期望及其与家庭经济压力、自尊的关系[J]. 研究生教育研究，2014(4)：21-26.

[7] 胡晓玲. 女研究生职业期望问题研究[J]. 教育探索，2015(4)：77-79.

[8] 彭湘莹，刘惠娟，李长庚. 父母教养方式与大学生职业期望的关系：独生子女的调节作用[J]. 中国健康心理学杂志，2016，24(7)：1032-1035.

[9] 朱晓文，李玉磊，成昱萱. 青少年职业期望的中美比较[J]. 青年研究，2021(5)：35-50，95.

[10] 王宁，段巍. 什么因素影响中学生的科学职业期望[J]. 湖南师范大学教育科学学报，2021，20(4)：39-48.

[11] 宫安铭. 基于IPA法的大学生职业期望衡量评估——以山东省某重点高校为例[J]. 技术与创新管理，2013，34(5)：438-441，469.

知识与市场：大学知识生产的市场走向*

◎ 陈　乐

摘　要　学术与市场从冲突走向共生是大学在当今时代最重要的特性之一。20 世纪中叶以来，大学与市场建立了更加紧密的联系，在这一过程中大学的确有所获得，但也面对着“学术”与“市场”之间的冲突。大学不断为其知识寻找“市场”并融入“市场”的过程，也可能是大学知识组织不断变革乃至重构的过程。尽管当下的大学必须面对时代、面对市场，但作为人类文明精华的保存者，大学依然需要为那些“无用知识”提供庇护，这是大学永恒的职责，与时代无关、与市场无关。

关键词　大学　知识生产　学术　市场

大学在 20 世纪 80 年代前后所经历的变革与其在 19 世纪 80 年代前后所经历的转型一样具有深刻的历史意义。后一时期以约翰·霍普金斯大学、芝加哥大学等新型大学的创建及哈佛大学、耶鲁大学等传统大学的现代化转型为标志，推动着现代研究型大学的成形；前一时期则以大学走出象牙塔为象征，驱动着现代大学逐步贴近市场。学术性已不再是大学的唯一价值取向，市场性也逐渐被纳入大学的知识事业。

一、“第二次学术革命”

对于现代大学及其知识事业而言，20 世纪 80 年代是众多学者眼中的转折期。比如，迈克尔·吉本斯(Michael Gibbons)等人认为，“20 世纪 80 年代之交是美国和西欧的大学技术转换历史上的一个分水岭”——传统上，知识通过毕业生雇佣、期刊论文发表、大学咨询等方式从大学流向产业界，而 20 世纪 70 年代末以来，大学设置专利办公室，通过知识产权、市场性合作项目、业界赞助研究等方式，产生了新的转换机制。[1] 或者，如希拉·斯劳特

* 本文系 2021 年同济大学研究生教育研究与改革管理类项目(项目编号：2021GL19)的研究成果。

作者简介　陈乐，同济大学高等教育研究所助理教授，博士研究生。

(Sheila Slaughter)和拉里·莱斯利(Larry L. Leslie)所言:“20世纪80年代是一个转折点,这时教学科研人员和院校被纳入市场到达了一定程度,专业工作开始出现实质上而不是程度上不同的模式。”[2]大学的学术研究者及其学术活动走向市场的一个隐含因素在于缓解经费不足给科研和教学带来的困境,这受制于大学作为资源消耗性组织的特性及现代大学对资源的高度依赖——正如罗杰·盖格(Roger L. Geiger)所指出的:“学术机构是资源消费者,并在很大程度上与募集和分配资金的组织经营方面分离开来。”[3]就美国的情况而言,当时联邦政府提供的研究经费长期未能增长,外加通货膨胀等因素,使得一部分学术研究者转向别处寻求资金,并促使产学关系日益紧密。[4]经费紧缩加剧了大学的组织动荡,促使大学教学科研人员及行政管理者通过研究与服务寻求外部资金。[2]传统上,大学自身作为非营利性组织,高度依赖外部资金的投入方维持持续运行,大学由于缺乏企业那样强大的营收能力和造血功能,一旦面临外部资金的缩减就容易陷入生存危机,而现代商业社会给大学提供了知识市场化的空间和可能性,因而走向市场成为大学应对自身资金危机的一种“理性选择”。

当然,推进知识生产市场走向的因素不唯有大学的资金诉求,同时也出于知识本身所具有的价值,这种价值在知识社会中得以进一步彰显。实际上,“现代经济增长既是一个资本积累的过程,也同样是一个知识集聚的过程”。[5]寻求新知识和新技术以占据市场优势,是企业参与激烈竞争的一种重要武器。大学的知识供给与企业的知识需求形成一股强劲的双向拉力,促进了彼此之间的紧密联结。大学与企业之间逐渐形成一种“交易”,一方面,企业在不断地寻求新产品并将其转化为成功的商品;另一方面,大学则借由市场机会弥补不断减少的公共资金;于是,大学与商业界的联系更加紧密,而且此种举动日益获得鼓励和赞许。[6]大学与企业之间似乎在围绕知识进行一场双赢的“交易”——“在大学和市场与其他类型组织之间形成了一个‘交易空间’,这个空间的流通货币是‘知识’。大学与这些参与主体之间基于知识进行相互之间的交换和交易。”[7]的确,在大学与企业的“交易空间”当中,还存在其他参与主体,例如政府。政府从企业那里获得税收,并对大学进行投资,显然,政府亦将从大学与企业的“知识交易”中有所获得,因而政府也将是这种“交易”的推动者和鼓励者。大学、企业、政府等组织由此紧密地联结在一起。20世纪中后期,埃茨科维兹(Henry Etzkowitz)所指称的“学术—产业—政府‘三螺旋’”日渐明显,从而在研究与教学相结合的“第一次学术革命”之后,出现了“第二次学术革命”。[4]如果说研究与教学的结合推动了现代大学登上历史舞台,那么学术与产业的结合则使现代大学逐步走向社会舞台的中心,随着走向社会之程度的不断加深,现代大学再也不是封闭的象牙塔了。而且,大学的知识生产与社会经济等方面密切联结,传统的科学研究概念逐步让位于以解决问题为主的知识生产。[8]

在知识经济时代,知识的市场价值得以进一步彰显,吸引着众多主体参与知识的生产与供给,并催生知识生产模式的重大转型。吉本斯等人指出,传统的知识生产模式(“模式

1”)是学科性的、认知语境中的，而新兴的模式(“模式 2”)则是一种在应用情境中的、跨学科的、异质性的知识生产。[1]源自工商业的激烈的国际竞争驱动着市场化知识供给与需求的增长，并使得知识市场不断扩张、科技市场化程度加深，从而体现在“模式 2”中，知识的发现与应用被紧密地整合起来。[1]不断扩张的知识市场带来不断增长的知识需求，由此驱动知识供给的增长，除了作为传统的知识供给者的大学，出现了日益多元化的非大学类知识生产者与供给者——“知识在许多不同的场所——大学、智囊团、政府实验室等中制造出来”。[1]大学之外的知识生产机构的繁荣，离不开大学向其不断输送受过训练的知识生产者，这得益于高等教育大众化带来研究人才的大量供给，此外，“大众高等教育也为各种各样的新文化产品创造了一个不断扩大的市场”。[1]在某种程度上，正是由于高等教育大众化与普及化带来知识群体规模的扩大，知识产品的消费者群体也相应地得以扩大，换言之，知识产品的消费市场得以扩大，于是需求与供给、生产与消费的相互促进使得知识市场得以循环流通。

在现代社会，知识日渐生产于市场关系当中，而且伴随着专业性知识市场的形成，游戏规则不断发生改变。[9]一方面，知识日渐成为一种“商品”，成为交易的对象。“知识面临着一个重要的‘外化’过程，知识与有知者的分离成为趋势，知识必须走出个人的书斋，进入知识流通领域，被出售、被消费。”[10]另一方面，在知识产品的生产过程中，知识使用者变得日益重要。[11]知识使用者或知识消费者的重要性既体现在为知识生产提供不断扩大的需求市场，亦体现在他们通过市场关系影响着乃至“控制”着知识生产的模式、场所、过程和动向。此外，知识消费者也将不再是单纯的消费者，他们也可能成为知识的生产者。“知识社会中的每一个人、每一个机构都既是知识的消费者，也是知识的生产者。”[12]而且，“网络时代每个人都可以是知识的生产者和传播者，而且知识在传播的过程中还能实现再生产……知识生产的成本在多元化主体分立的今天已经不高，于是就有诸多的知识主体开始生产那些满足不同人需求的知识。”[13]互联网、自媒体、即时通信工具的高度发展，使得知识生产群体的边界进一步扩大，知识生产的门槛不断降低，知识产品的形式更加多元化，市场性因素更多地融入进来，更多人参与知识生产，原先的知识消费者也变成了知识生产者。具有专业性和创造性的个体将成为新的知识生产模式体系下的重要的知识生产主体。换言之，知识消费者与知识生产者之间的界限正在变得模糊。在此种情境下，知识生产已不再是垄断性行业，它已成为一个庞大的体系，大学只是这个庞大体系中的一个节点，而且这个体系的很大部分在以市场性逻辑运行，竞争性则是市场体系当中的重要特征。杰勒得·德兰迪(Gerard Delanty)指出：“后现代大学将不再是精英们的领地，它生产的知识将必须同其他类别的知识竞争。”[11]克拉克·克尔(Clark Kerr)也强调：“大学越发不再是精英分子的专业性的、阶级取向的机构，而更多是大众的一个市场取向的工具。这是一个基本的结构重组。”[14]市场性的知识生产机制已经在挑战传统学术知识的生产和传播方式。传统的知识生产者需要转变观念，传统的知识生产模式要想维持活力，或需融入部分市场要素。就大学而言，其知识生产在微观层面需依托具体的学科展开，大学知识生产卷入市场的过程也将把各个具体的学科卷入市场。在某种程度上，大学的学科建设应妥善协调学术与市场两种逻辑，维持知识发展的内在逻辑与知识资本转化的外在逻辑之间的协调。[15]当下的大学，即便不主动走向市场，也已沉浸在市场体系当中。倘若大学的知识生产全然脱离市场环境，那么大学可能就会缺乏市场性和商业性知识生产机构所具有的那种对市场的敏感性及由此带来的竞争力。因而，将自身置身于知识市场或者为知识寻找“市场”将是现代大学提高时代适应性的重要凭借。

二、为知识寻找“市场”

“在学术职业里，正如在许多其他职业一样，有一种‘行会心态’。行会是疏离于社会的，忠于生产者主权而不是消费者主权，坚守行会规章而不是迅速适应大众要求。”[14]大学在中世纪诞生伊始便是作为一种“行会”而存在。爱米尔·涂尔干(Émile Durkheim)在谈到巴黎大学的诞生时指出，同一行业的劳动者联合起来形成社团，才能更好地确保获得存在的合法权利，这种权利实质上包含着某种垄断。当然，享有这种垄断(权利)的同时也要承担相应的义务，社团会用义务来约束其成员；当时授课教师们的处境与其他行业的师傅相似，也需要以类似的方式组成社团来确保职业和生存。[16]教师或者师生组建行会或社团为他们的生存提供了一种庇护，这种庇护也有可能使得大学具有一种区隔于社会的象牙塔特征，这种特征有时候也因其封闭性而遭受批判。然而，实际上大学从未真正脱离于社会，而是深深地嵌入社会中，与社会尤其是城市社会整合在一起，只不过在不同的时代这种整合的方式及其紧密性有所不同而已，“象牙塔”的隐喻或许未能涵盖大学的全部特征。“客观而言，从中世纪到今天，大学也从来没有成为真正意义上的象牙之塔，完全脱离现实环境的大学过去未曾有过、将来更不可能出现。”[17]况且，近千年来，大学也从未停止过变革，其与社会的整合方式也在经历不断的变迁，从近两个世纪来看，这种变迁比以往更加剧烈，并表现出大学与社会之整合的紧密性日益加强的趋势。

19世纪中叶，约翰·亨利·纽曼(John Henry Newman)在《大学的理念》中提出了他对大学的看法：“(大学)是教授普遍知识的地方……如果大学的宗旨在于科学发现和哲学探索，我就看不出它为何需要学生。”[18]纽曼心中的大学注重传授而非探究知识，强调心智训练而非职业训练。然而今天，纽曼所赞同的和不赞同的事物可能同时在大学中存在。20世纪30年代，亚伯拉罕·弗莱克斯纳(Abraham Flexner)在《现代大学论》中指出：“大学必须保护和培养思想家、实验家、发明家、教师和学生，让他们在不承担行动的责任的情况下，对社会生活的现象进行探究从而努力解释这些现象。”[19]不同于纽曼，弗莱克斯纳认可大学应该从事研究，而且要对社会中存在的各种问题和现象进行探究，但他强调这种探究是在“不承担行动责任”的前提下进行的，大学的责任在于“解释这些现象”。换言之，弗莱克斯纳并不十分赞同大学的知识探究直接服务于社会及其实用性目的或功利性目的。然而在今天的大学,将知识成果转化为产品和经济效益已成为政策鼓励的方向。20 世纪 80 年代,德里克·博克(Derek Bok)在《走出象牙塔》中指出:

第二次世界大战以后,大学的作用发生了根本性的变化……大学是象牙塔的说法过时了。相反,有一张庞大而复杂的关系网把大学和社会其他主要机构连接起来。[20]

正如博克所言,如今的大学不仅不疏离社会,而且在以各种方式加强与社会的交往。不同时代的学者对大学的不同看法在某种程度上根植于大学的时代性。纽曼身处 19 世纪的大学,强调传授普遍知识而非进行科学研究;弗莱克斯纳其时所看到的大学可能还不如后来的大学那般广泛地承接政府与产业的项目,因而他强调大学"摆脱社会责任"而进行知识探究;博克所参照的是第二次世界大战以后广泛参与政府与企业项目的大学,他看到了大学"走出象牙塔"承担社会责任。从纽曼的时代到弗莱克斯纳的时代,大学经历了现代化的转型,研究作为大学的一项重要职能被广泛承认;从弗莱克斯纳的时代到博克的时代,大学经历了与社会、政府、企业更广泛的直接互动,尤其是经历第二次世界大战之后,大学已充分融入社会。我们今天所置身的大学,既不是纽曼那个时代的大学,也不是弗莱克斯纳那个时代的大学,甚至也不同于博克那个时代的大学,而是我们所处的这个特定时代的大学。我们这个时代的大学比以往任何时候都更充分地卷入社会、融入市场,比以往任何时候都更加强调知识的转化——这不仅仅是大学自身的诉求,同时也是政府和企业对大学的期待。

然而,即便大学已走出象牙塔,但它也还是一个教育机构、学术场所、知识组织,在任何时候,我们都不能将大学简单地等同于商业公司。因而大学及其知识生产所要融入的"市场"并非纯粹的"商业市场",大学的知识溢出也并非纯粹的"商品交易"。此种"市场"和"交易",至少内含着两种不同的向度。一方面,这个过程的确可能存在商品交换或商品消费,如大学及其师生通过专利转化获得资金或者通过创业活动实现知识的商业变现;另一方面,这个过程也可能存在精神交换与精神消费,如大学的文化输出等。此种"市场"特性实际上与知识自身的属性有关。一方面,知识产品具有"非实体性"和"可转化性",知识生产不同于物质生产,知识产品不同于有形的、实体的物质产品,但非实体性的知识可以转化为实体性的物质产品;另一方面,知识产品也是"商品性"和"非商品性"的统一。[21] 埃里克·古尔德(Eric Gould)指出,高校在"商品知识"和"象征性知识"两种学术力量之间进行"文化战争","商品知识"主要指"能在工作中发挥作用的知识,包括职业培训和为职业做准备的培训、政策开发、发明及专利","象征性知识"则是"价值观判断、道德伦理、文化、审美、哲学思辨,以及与思想科学相关的知识"。[22] 古尔德同时也强调"知识既是商品也是一种象征物"[22],并区分了知识的两种不同的价值,即"交易价值"(exchange value)和"象征意义价值”(symbolic value)[22]。古尔德认为,大学所参与的那个市场的经济是以知识为导向的,在这个市场中,知识变得功利,知识的交易价值更受重视,而且“更浓重的市场价值色彩加于知识的商品价值,大学中的学术价值和商品价值之间的鸿沟因此被扩大了”[22]。古尔德可能对知识的功利化及大学的学术价值与商品价值的冲突、对立与割裂(尤其是交易性价值有盖过象征性价值的倾向)略带批判。如果说“商品知识”和“象征性知识”是两种不同的知识,“交易价值”和“象征意义价值”是知识的两种不同价值呈现,那么它们之间的对立是否存在整合的可能,是否存在某种知识既是商品知识也是象征性知识,是否存在某种知识既具有交易性价值也具有象征性价值?如果能够让象征性知识获得商品性或交易性价值,那么这种整合就顺理成章了——在市场的语境当中,这种整合的可能性是存在的。在传统的观念看来,实用的硬科学与市场的距离更近,非实用的软科学则离市场很远。而在吉本斯等人看来,文化生产与财富创造之间的联系并没有人们想象的那么弱,在物质得到极大满足的社会中,文化的生产与消费将成为一种日益重要的经济活动。[1]文化的生产与消费显然与软科学关系密切,因而随着文化生产与文化消费的需求不断扩大,软科学领域的知识也将找到自身的“市场”。由此,知识的象征性价值与商品性价值之间的整合或许就能在一定程度上得以实现了。

“市场”既是一种产品交易的“场所”,也是一种配置资源与调节行动的机制,同时也是一种“文化”。古尔德也提到了“市场文化”[22]的概念。一旦大学沉浸在“市场”的“文化”中,或者将“市场”的“文化”融入大学的学术文化,大学的一系列活动(包括知识生产也包括教育活动)的运行逻辑可能会不同于单纯以学术逻辑为主导的时代,甚至大学自身的结构和形态也会因此发生转变。大学为知识寻找“市场”及将知识生产不断纳入“市场”的过程,也将是一个不断调整乃至重构其知识生产组织体系的过程,并最终可能重构大学自身的形态和功能。回顾近两百年来大学的变迁可以看到,当实用知识被纳入大学后,大学的课程体系和课程制度发生了巨大变化;当研究功能被纳入大学后,大学的组织结构发生了巨大变化;当社会服务功能被纳入大学后,尤其是第二次世界大战以来,大学与产业之间建立起了紧密的互动。在传统上,大学和企业是相当不同的两种组织,如今大学已具备了企业的某些特征。如果大学深度走进市场,充分融入整个社会知识生产体系,那些不同于传统学术机构的知识组织方式和知识生产模式,是否有可能改变乃至重构大学的知识生产组织形式?

三、从“金字塔”到“蜘蛛网”

在高等教育全球化的进程中,大学参与知识生产将进一步得以深化,大学将不断参与分散性知识生产(distributed knowledge production)体系当中,一方面,大学将与更多机构开展合作,另一方面,也将需要建立新机构。[9]吉本斯指出“生产者服务”(producer services)

公司将以专业知识提供问题解决方案，这些公司或部门能够对知识进行整合与重复生产，这个过程需要“新型工人”来参与，而能够发挥这些人的作用的组织形式不是等级制的，而是能够促进彼此密切交流的一种组织形式。[9] 这种组织形式具有怎样的特征？吉本斯指出：

> 生产者服务公司具有蜘蛛网一样的特点。每一个结点都是由掌握不同技能的人结合起来的解决问题的团队。这些结点通过无数交流渠道与其他结点联系在一起……它们相互联结起来，就形成了一个具有分散性知识生产特点的服务体系……无论你是探讨科学和技术的前沿问题，还是高附加值产业的问题，开展研究的组织不像金字塔而是像蜘蛛网。[9]

吉本斯的“金字塔”和“蜘蛛网”的比喻为我们理解知识组织的不同形式及其之间的转变提供了重要视角。“金字塔”实际上代表的是一种等级性、垂直化的组织体系，而“蜘蛛网”则是一种平级性、扁平化的组织形式。金字塔的结构具有更强的权力层级性，上下层级之间的互动是一种指令与执行范式的互动。蜘蛛网或许也存在权力中心，但其网状的结构使得组织成员可以进行多方位、平级性、迅捷性的互动，信息传递、经验传播也会更加快捷，因而组织整体的学习和进步也更为迅速。此外，金字塔的结构更为稳固，组织成员在不同层级之间的转换也更为困难，这种稳固的结构在面对迅速变化的市场环境时或许反应不够灵敏，因而也可能更容易错失良机，甚至使组织陷入危机。蜘蛛网的结构则更为灵活，组织成员在网络中的位置可以根据需要灵活调整，而且蜘蛛网也可以随时拆散重组，从而更为敏捷地面对不同的市场环境及不同的研究项目。蜘蛛网的组织形式或许更看重个体所具有的特定专长，它可能不会把一群同质性的个体组织在一起，而是按照研究项目的需要招选具有不同专长的个体，并将他们配置在蜘蛛网中的不同位置，从而尽可能地发挥每个个体的优势，并促成研究团队的高效运转。具有特定专长的个体同样具有高度的灵活性，他们可以参与围绕某个特定研究项目组织起来的蜘蛛网，也可以重新参与其他的蜘蛛网，继续发挥他们的专长。而且，参与不同的蜘蛛网，与不同个体合作共事也是相互学习的方式，因而个体在保有自身特定专长的同时也可不断拓宽自身的视野。因而蜘蛛网的结构可能既有利于平等互动、信息流通，也有利于灵敏高效地研究问题，更有利于组织成员快速学习。在高度竞争的市场情境中，对效益与效率的追求不断上演着“优胜劣汰”的剧目，为了寻求生存与发展，就需要对市场保持高度的敏锐性，因而市场性的知识生产机构或许将会日益青睐蜘蛛网的组织模式，至少在知识生产的基层团队中构建蜘蛛网的组织结构。此外，在互联网时代，人与人之间迅速互动成为可能，因而蜘蛛网可以在更大的范围内延伸，在蜘蛛网中共事的人员的物理位置可能分散在世界各地，通过互联网的联结，蜘蛛网完全可以将分散在全球任意角落的个体整合在同一项研究活动中，并高效地开展研究。

实际上，这种研究的组织模式早已广泛存在，只不过还需更进一步地制度化。然而，大学在很大程度上还延续着层级化的金字塔式科研组织模式，在这个结构的不同层级当中分布着资深教授、青年学者、研究生等群体，每个群体还可以进一步划分出更加精细的层级，他们在一个等级体系中从事知识生产，彼此之间依据资历、职位、职称等进行劳动分工，研究任务在成员之间一级级分配，绩效的分配也与之类似。这种结构具有较强的层级控制性，处于较高层级的个体对处于较低层级的个体可能存在较强的支配性，这种支配性可能会构建出一种知识生产的代理与被代理的关系。而在蜘蛛网结构当中，知识生产者之间是相对平级的，他们在一个扁平的网状结构中从事知识劳动，他们的劳动分工可能主要不是基于个体的资历和职位，而是基于个体的专业性，将具有特定专长的个体配置在最能发挥其效能的位置上，从而尽可能让组织的效力达到最优化。而且，平级的蜘蛛网可能更有利于信息在不同团队和个体之间传播，促进紧密的交流，增强非正式互动，从而助益于知识生产与知识创新。

提高大学知识生产对市场的敏锐性，或许需要构建一些蜘蛛网的组织形式。此种知识生产的组织方式可能更适合面向市场而非面向学术，其评价方式也可能更倾向于应用导向而非学术导向。当然，大学终归不是纯粹的商业组织，它依然需要保持学术性，因而在未来，大学不可能是单一的市场性组织，也不会是纯粹的学术组织，更可能是多种模式、多种逻辑共存的极具多元化和包容性的组织，这种包容性也是大学不断面临挑战与危机却能不断转型以适应时代发展并延续近千年而依然屹立不倒的重要原因。

四、结语

大学的知识生产经历了不断组织化、制度化、专业化及近来在某种程度上的商品化和市场化，使其容纳了诸多特性，有些特性之间甚至是相互冲突的。在市场浪潮中浸润已久，大学吸收了企业的某些特征。传统上大学作为“学术组织”的特征与当下大学所具有的“商业组织”特征或是一对矛盾体，虽然它们被大学整合在一起，并且似乎也能够在大学里共存。然而学术导向的价值体系与市场导向的价值体系之间内在地存在某种对立：学术导向的科研强调知识成果公开化和社会效益，市场导向的科研则强调知识成果的私有化和经济效益。[23]“随着大学越来越多地参与工业活动，知识会越来越多地获得专利，这有效地排除了他人对知识的分享。”[11]市场逻辑的引入，或已根本性地改变了大学的内在属性。现代大学或已抛弃了对学术理想的浪漫想象，而变得更加理性、更加世俗，它开始以牺牲部分学术理想来换取市场中的大量资金，当然在这个过程中大学也的确有所获得，不仅变得更加富有，而且也变得对社会而言日益不可或缺。然而，如果那些由公共资金支持的大学在不断地追求市场价值导向，那么这些大学还将是公共的、非营利性机构吗？如何在学术与市场之间维持妥善的平衡是当下大学的重大命题，且市场价值日渐挤压学术价值已然遭受广泛的批判。

当然,大学并非僵化和停滞的,传统大学虽有一定的保守倾向,但也从未停止过变革。处在当前的时代特性之下,大学不可避免地要面对社会、面对市场,决然排斥社会和市场亦不可取。事实上,大学正是在不断接纳新的知识、新的功能、新的特征的过程中,才不断演变成今天这种形态,成为社会中一种不可或缺的机构。今天的大学,不是单一的教学机构,不是单一的科研机构,也不是单一的服务机构,更不是单一的商业机构,而是融合了所有这些特征。传统观念习惯将大学视作资源消耗性组织,而实际上,现代大学既是一个消费机构,也是一个生产机构,它既生产无形的精神产品,也可能生产有形的物质产品,同时它自身也是精神产品和物质产品的消费者。现代大学已变得日益复杂,从单一的视角看不清它的全貌。现代大学犹如克拉克·克尔(Clark Kerr)所描绘的具有多个群体、多个灵魂的“巨型大学”[14](multiversity)[24]。而且查尔斯·韦斯特(Charles M. Vest)也阐述了现代大学这种身兼多重角色的特征,他指出,当下大学通过更加广泛的活动造福社会,除了承担传统上大学的知识的发现者、保存者、阐释者和传播者等角色之外,还进行新技术乃至新产品的开发,并与政府、产业界、慈善家等合作,为改善经济、促进安全、提高生活质量等作出直接的贡献。[25]可以感知到,现代大学是一种极具包罗性和复杂性的机构,在某些层面上它可以表现得很保守、很封闭、很传统、很学术,而在另一层面上它又可以表现得很革新、很开放、很现代、很商业;它可以在探究“无用的知识”上不遗余力,也可以大张旗鼓地开展实用的、商业的研究项目。现代大学就像是一个“矛盾体”,诸如学术逻辑和商业逻辑、象牙塔和企业等似乎相互矛盾的角色特征都能在大学里共存。

然而,大学所具有的功能或被赋予的角色是否可以无限地增加?换言之,大学的功能是否有边界或者是否需要给大学的功能设定边界?亦即,大学是否需要有所取舍或是它什么活动都可以开展、什么角色都能够扮演?在某种程度上,大学如果还能继续被称为“大学”的话,那么它就依然能为高深知识及其活动和活动参与者提供一种庇护。有些知识面对市场浪潮会显得很脆弱很乏力,它们不是为商业和市场而生,但它们的存在具有至高的意义和价值。大学需继续成为人类文明精华的保存者,继续守卫那些“无用的知识”,这是大学永恒的职责,与市场无关、与时代无关。尽管已经过去近百年,弗莱克斯纳的话依然具有警示意义:“大学不是风向标,不能什么流行就迎合什么。大学应不断满足社会的需求,而不是它的欲望。”[19]

参考文献

[1] 迈克尔·吉本斯,卡米耶·利摩日,黑尔佳·施瓦茨曼,等. 知识生产的新模式:当代社会科学与研究的动力学[M]. 陈洪捷,沈文钦,等译. 北京:北京大学出版社,2011.

[2] 希拉·斯劳特,拉里·莱斯利. 学术资本主义[M]. 梁骁,黎丽,译. 北京:北京大学出版社,2014.

[3] 罗杰·盖格. 大学与市场的悖论[M]. 郭建如,马林霞,等译. 北京:北京大学出版社,2013.
[4] 亨利·埃茨科维兹. 三螺旋创新模式:亨利·埃茨科维兹文选[M]. 陈劲,译. 北京:清华大学出版社,2016.
[5] 世界银行. 构建知识社会——第三级教育面临的新挑战[M]. 国家教育发展研究中心,组译. 北京:高等教育出版社,2007.
[6] 罗杰·金,等. 全球化时代的大学[M]. 赵卫平,主译. 杭州:浙江大学出版社,2008.
[7] 卢盈. 大学公共性的知识解读[J]. 江苏高教,2017(3):20-24.
[8] 马万华. 研究型大学知识生产模式的变革与学术研究的多元发展机制[J]. 北京大学教育评论,2009,7(1):44-51,189.
[9] 迈克尔·吉本斯. 从英联邦的角度看高等教育全球化[M]//皮特·斯科特. 高等教育全球化:理论与政策. 周倩,高耀丽,译. 北京:北京大学出版社,2009.
[10] 朴雪涛. 知识制度视野中的大学发展[M]. 北京:人民出版社,2007.
[11] 杰勒得·德兰迪. 知识社会中的大学[M]. 黄建如,译. 北京:北京大学出版社,2010.
[12] 王建华. 知识社会视野中的大学[J]. 教育发展研究,2012(3):35-42.
[13] 李海龙. 重思大学的知识危机[J]. 现代大学教育,2018(4):1-9,112.
[14] 克拉克·克尔. 大学之用[M]. 高铦,高戈,汐汐,译. 北京:北京大学出版社,2008.
[15] 黄文武. 知识生产与学术创业的整合:学科建设的应然取向[J]. 高校教育管理,2020,14(6):77-85.
[16] 涂尔干. 教育思想的演进[M]. 李康,译. 北京:商务印书馆,2016.
[17] 阎光才. 理解大学——关于大学的几点断想[J]. 教育研究,2002(3):33-38.
[18] 纽曼. 大学的理念[M]. 高师宁,等译. 北京:北京大学出版社,2016.
[19] 亚伯拉罕·弗莱克斯纳. 现代大学论:美英德大学研究[M]. 徐辉,陈晓菲,译. 杭州:浙江教育出版社,2001.
[20] 德里克·博克. 走出象牙塔:现代大学的社会责任[M]. 徐小洲,陈军,译. 杭州:浙江教育出版社,2001.
[21] 王骥. 大学知识生产方式研究[M]. 北京:中国社会科学出版社,2014.
[22] 埃里克·古尔德. 公司文化中的大学:大学如何应对市场化压力[M]. 吕博,张鹿,译. 北京:北京大学出版社,2015.
[23] 李宁. 学术资本主义时代的大学价值体系和知识生产[J]. 江苏高教,2014(1):33-36.
[24] KERR C. The uses of the university[M]. Cambridge: Harvard University Press,1963.
[25] VEST C M. The American research university from World War Two to World Wide Web: government, the private sector, and the emerging meta-university[M]. Berkeley: University of California Press, 2007.

学科建设

中国高等教育学科发展分析报告(2017—2021年)
——基于CNKI中国引文数据库

◎ 姜 洁

摘 要 2017—2021年,是我国高等教育迅速发展的5年。本文基于CNKI中国引文数据库,选取核心期刊,以2017—2021年为分析周期,根据高等教育学科领域的科研论文统计数据,结合当前国家战略与政策重点,分析近年来高等教育领域的研究热点及趋势,以衡量该学科的产出能力与创新力,以及相关学者在其研究领域的学术影响。2017—2021年发表在高等教育学科领域核心期刊上的论文表现出以下特征:发文量呈平稳发展的态势,论文被引量呈直线上升趋势;在国家创新驱动发展的背景下,加强了大数据、人工智能与"新工科"等方向的研究;高产量及高被引学者持续关注国家战略与政策的重大改革方向;高被引论文的研究主题与高等教育领域的发展及改革热点紧密相关。

关键词 高等教育学科 中国引文数据库 学术研究趋势

2017—2021年,是我国高等教育迅速发展的5年,从中国共产党第十九次全国代表大会召开,到中国共产党成立100周年,"十三五"规划收官,"十四五"规划开启,我国不断坚定中国特色社会主义的道路自信、理论自信、制度自信、文化自信,开启了全面建设社会主义现代化国家新征程,不断完善形成自主的科技创新体系,教育特别是高等教育被放在推动国家繁荣、民族复兴的重要位置上。2021年4月,习近平总书记在清华大学建校110周年考察时强调:"百年大计,教育为本""抓住历史机遇,紧扣时代脉搏,立足新发展阶段、贯彻新发展理念、服务构建新发展格局""想国家之所想、急国家之所急、应国家之所需"。[1] 2017—2021年,我国高等教育在深入推进内涵式发展、"双一流"建设、"新工科"建设、交叉学科建设、职业教育发展等方面不断突破与创新,高等教育领域的研究也出现新的热点和趋势。

作者简介 姜洁,同济大学发展规划与学科建设部,副主任科员,硕士。

本文基于CNKI中国引文数据库①,选取核心期刊②,以2017—2021年为分析周期,对高等教育学科③领域的科研论文进行统计分析。数据获取路径为:在CNKI中国引文数据库中,进入“学科分析器”,选择“社会科学Ⅱ辑”—“高等教育”,将出版时间设置为2017—2021年,引用时间设置为2017—2021年,期刊库设为“核心期刊”。根据发文量、论文被引量、发文来源、优秀学者发文量及其成果被引情况等数据,结合2017—2021年国家及地方的战略与政策重点,分析高等教育领域的研究热点及趋势,以衡量该学科的产出能力与创新力,以及相关学者在其研究领域的学术影响。

一、2017—2021年高等教育学领域学者发文统计分析

教育学学科领域的研究规模在所有哲学社会科学中一直处于前列[2]。其中,高等教育学科的学术影响力不容小觑,在CNKI中国引文数据库的高被引学科排名中,高等教育学科排在第八位,此外,该领域的发文量也不小,排在各学科领域第六位,研究规模庞大。

从表1和图1可以看出,2017—2021年高等教育学领域基金发文量及总发文量呈平稳发展的态势,年均发文量在1.1万篇左右。2017年的基金发文量及发文总量排在近5年之首,同年1月,教育部、财政部等联合印发了《统筹推进世界一流大学和一流学科建设实施办法(暂行)》,同年9月首轮“双一流”建设高校名单正式公布[3],高等教育领域发文量攀升高峰,迎来了一次研究热潮。而在论文被引频次方面,2017—2021年高等教育学科领域论文的被引量呈直线上升趋势,说明发文质量越来越高,学者们关于热点问题的讨论越来越多。这使得高等教育学科持续保持着很强的学术生产力,且学术生产力总体呈上涨态势。这同时也与国家在战略及政策层面越来越重视高等教育有很大关系,2017—2021年,国家出台发布了一系列与高等教育有关的政策文件,包括《统筹推进世界一流大学和一流学科建设实施办法(暂行)》《关于加快建设高水平本科教育全面提高人才培养能力的意见》[4]《高等学校人工智能创新行动计划》[5]《中国教育现代化2035》[6]《深化新时代教育评价改革总体方案》[7]《交叉学科设置与管理办法(试行)》[8]《未来技术学院建设指南(试行)》[9]等,这些政策文件的发布不仅为高等教育的发展与改革提供了指导,也引发了更多高等教育领域的研究热点。

---

① 中国引文数据库数据源于CNKI收录数据库(包括中国期刊全文数据库、中国博硕士学位论文全文数据库、国内外重要会议论文全文数据库)及部分未收录重要期刊的文后参考文献和文献注释。目前中国引文库已有2.21亿条引文链接数据,并以每年2 000万条的速度扩增。提供中、英文引文数据检索,包括Elsevier、Springer、Taylor & Francis等140余个著名国外数据库的英文数据。目前可检索8种文献类型引文数据,包括期刊(中外文)、图书、学位论文、会议论文、专利、标准、报纸和年鉴。本次检索时间为2022年3月4日。

② CNKI所标注的核心期刊是北京大学的《中文核心期刊要目总览》(2020年版)收录的期刊。

③ “高等教育”学科被归在中国引文数据库社会科学Ⅱ辑之下。

表 1　2017—2021 年高等教育学科发文量和被引频次统计

出版年	基金发文量(篇)	发文量(篇)	被引频次(次)①	基金发文量占总发文量比例
2017 年	7 104	12 652	1 391	56.15%
2018 年	6 606	11 043	9 591	59.82%
2019 年	6 531	10 761	19 411	60.69%
2020 年	6 773	11 361	28 639	59.62%
2021 年	6 821	11 511	38 289	59.26%
总计	33 835	57 328	97 382	59.02%

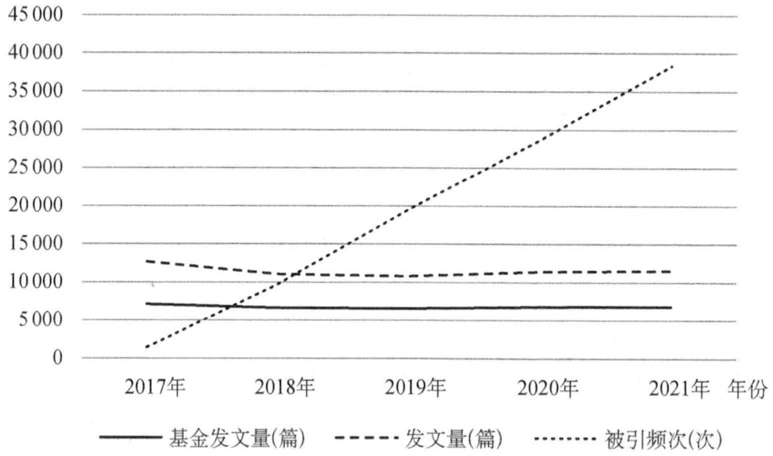

图 1　2017—2021 年高等教育学领域发文及被引情况趋势

从表 1 可以看出，2017—2021 年，高等教育学科基金发文量占总发文量的 59%左右，基金发文比例比较均衡。基金的发文量及发文被引量也反映出基金成果的质量。表 2 列出了 2017—2021 年高等教育学科领域发文和被引排名前十位的基金，可以观察到各基金对高等教育学科的贡献和发文质量。

表 2　2017—2021 年高等教育学科领域发文排名、被引排名前十位的基金

排名	发文基金名称	发文量(篇)	被引基金名称	被引频次(次)②
1	国家社会科学基金	2 870	国家自然科学基金	5 591
2	国家自然科学基金	2 747	国家社会科学基金	4 577
3	全国教育科学规划课题	2 072	全国教育科学规划课题	4 329

① 指该学科文献各年被核心期刊引用的频次（“其他类型”引文不参与分析）。
② 指该学科文献被核心期刊引用的基金排名（“其他类型”引文不参与分析）。

(续表)

排名	发文基金名称	发文量(篇)	被引基金名称	被引频次(次)②
4	教育部人文社会科学研究项目	1 974	教育部人文社会科学研究项目	2 294
5	江苏省教育厅高等学校哲学社会科学基金项目	611	江苏省教育厅人文社会科学研究基金	567
6	中央高校基本科研业务费专项资金项目	500	江苏省教育厅高等学校哲学社会科学基金项目	529
7	江苏省教育厅人文社会科学研究基金	275	中央高校基本科研业务费专项资金项目	500
8	江苏省高等教育教学改革研究课题	256	中国博士后科学基金	426
9	江苏省社会科学基金项目	228	江苏省高等教育教学改革研究课题	318
10	中国博士后科学基金	222	国家留学基金	271

从表2可以看出,国家社会科学基金、国家自然科学基金、全国教育科学规划课题、教育部人文社会科学研究项目对于高等教育学科的贡献最大,发文质量(被引频次)也最高,这也是因为这四大基金项目是全国性的,影响面也大。值得注意的是,江苏省的社会科学基金对高等教育学科的贡献一枝独秀,发文质量也较高,相较于2017年前的数据[10],2017—2021年江苏省的社会科学基金在发文量前十的基金中占了四席,在排名前十的被引基金中也占了三席,将其他省(自治区、直辖市)的社科基金贡献挤在了前十之外,说明2017—2021年,江苏省对于高等教育领域研究的高度重视。另外,中央高校基本科研业务费专项资金项目和中国博士后科学基金也对高等教育学科发文有一定的贡献。

在CNKI中国引文数据库中,通过基金分析器,查询"国家社会科学基金"和"国家自然科学基金"在高等教育领域核心期刊的发文量,二者在基金发文量中分别排在第24和72位,分别占相应基金总发文量的1.34%和0.33%,可以看出,在国家社会科学基金和国家自然科学基金中,高等教育领域的研究相对偏少,但发文量和发文质量都比"全国教育科学规划"高。而"全国教育科学规划"高等教育领域发文量排在第二位,发文比例占19.99%,仅次于教育理论与教育管理,说明高等教育领域的研究在广泛的教育研究领域得到持续的关注和重视。

二、2017—2021年高等教育学科的引用排名和被引排名

通过CNKI中国引文数据库中的学科分析器可以分析出某一学科引用排名(即该学科论文引用各学科论文的频次排名)和被引排名(即该学科论文被各学科论文引用的频次排名)。

表 3　2017—2021 年高等教育学科引用、被引排名前十位

排名	引用学科名称	引用频次(次)	被引学科名称	被引频次(次)
1	高等教育	196 672	高等教育	66 839
2	教育理论与教育管理	38 870	教育理论与教育管理	8 879
3	计算机软件及计算机应用	13 345	计算机软件及计算机应用	7 812
4	医学教育与医学边缘学科	13 147	医学教育与医学边缘学科	5 080
5	企业经济	9 488	职业教育	4 135
6	宏观经济管理与可持续发展	7 858	图书情报与数字图书馆	3 376
7	化学	7 729	工业通用技术及设备	2 480
8	中国政治与国际政治	7 182	化学	2 303
9	图书情报与数字图书馆	7 095	新闻与传媒	1 776
10	新闻与传媒	6 425	自动化技术	1 707

从表 3 可以看出,高等教育学科领域引用的论文大多数来源于高等教育学科(占总引用量的 39.8%),一部分来源于教育大学科领域(包括教育理论与教育管理、医学教育与医学边缘学科),一部分来源于其他学科领域(包括计算机软件及计算机应用、企业经济、宏观经济管理与可持续发展、化学、中国政治与国际政治、图书情报与数字图书馆、新闻与传媒),可见高等教育学科领域研究对于其他相关学科领域研究有不同程度的借鉴,其中计算机软件及计算机应用对高等教育研究的影响相对较大。

同样,引用高等教育学科领域的论文大多数来源于高等教育学科(占总被引量的 45.6%),一部分来源于教育大学科领域(包括教育理论与教育管理、医学教育与医学边缘学科、职业教育),小部分来源于其他学科领域(计算机软件及计算机应用、图书情报与数字图书馆、工业通用技术及设备、化学、新闻与传媒、自动化技术),可见高等教育领域的研究也在不断被其他学科重视,影响其他学科的研究和发展,特别是计算机软件及计算机应用。

高等教育学科引用其他学科的论文的频次明显高于被其他学科引用的频次,说明高等教育学科相较于其他学科有更强的综合及跨学科倾向,但其学术影响力弱于其他学科对高等教育的学术影响力,高等教育引用其他学科和被其他学科引用的数量都相对较少。总体来看,高等教育学科应该在学科交叉方面做更大的努力。

值得注意的是,“计算机软件及计算机应用”“图书情报与数字图书馆”和“新闻与传媒”领域的论文在引用高等教育领域论文频次和被引频次方面都居前列,这也与近年来“人工智能+教育”“大数据”及“教育信息化”的提出不无关联。高等教育研究在应对人工智能时代的信息化诉求时加强了在大数据、教育技术、人工智能与教育融合等方向的研究,这些前沿方向受到高等教育研究者的特别关注和追随。

此外,化学学科也排在引用学科和被引学科的前列,这与近年来我国大力发展“新工科”有关,许多高校都在试图对于传统工业(包括化工工业、有机化工、无机化工等)的人才培养进行改造升级,这也必然涉及高等教育领域的理论与研究。另外,经济领域的研究(包括企业经济、宏观经济与可持续发展)也受到高等教育的关注,近年来,高等教育与国家战略结合得越来越紧密,也持续关注国家经济发展。中国政治与国际政治新出现在高等教育引用排名前十当中,这与2017—2021年国家对于思想政治教育工作的高度重视不无关联,其中包括思政课程建设及思政教师队伍建设。2019年3月18日,习近平总书记在京主持召开学校思想政治理论课教师座谈会并发表重要讲话。他强调:“办好思想政治理论课,最根本的是要全面贯彻党的教育方针,解决好培养什么人、怎样培养人、为谁培养人这个根本问题。”[11]思想政治教育对建设社会主义现代化强国、实现中华民族伟大复兴具有重大战略意义,也越来越受到高等教育领域研究的关注。

三、2017—2021年高等教育学科作者发文排名和被引排名

学者是科学研究的主体,他们的学术影响的广度和深度主要取决于他们所发表的研究成果,以及成果被他人重视、认可和引用的情况。一般说来,学者的成果发表得越多、被引用得越多,就越能说明其在学术领域产生的影响。

2017—2021年,共有上千位作者在高等教育学科领域的核心期刊发文。下面通过CNKI中国引文数据库,选取核心期刊,分析高等教育学科领域作者发文排名和被引排名。表4为2017—2021年高等教育学科领域发文和被引排名前十位的作者。

表4　2017—2021年高等教育学科领域发文、被引排名前十位的作者

排名	发文作者及单位	发文量(篇)	被引作者及单位	被引频次(次)
1	王战军,北京理工大学	58	林健,清华大学	489
2	沈文钦,北京大学	50	吴岩,中国教育部高等教育司	342
3	王建华,南京师范大学	49	别敦荣,厦门大学	330
4	钟秉林,北京师范大学	48	杨秋波,天津大学	273
5	冯刚,北京师范大学	48	吴爱华,中国教育部高等教育司	270
6	别敦荣,厦门大学	44	郝杰,中国教育部高等教育司	267
7	陈洪捷,北京大学	43	冯刚,北京师范大学	257
8	周海涛,北京师范大学	43	钟登华,中国教育部	254
9	马永红,北京航空航天大学	41	李立国,中国人民大学	227
10	李立国,中国人民大学	41	王建华,南京师范大学	223

从表4可以看出,在发文量和发文质量上都位居前列的研究者包括:厦门大学别敦荣,其发文的主要关键词包括高等教育普及化、高等教育质量、高等教育内涵式发展、“双一流”

建设等;北京师范大学冯刚,其发文的主要关键词包括思想政治教育、思政课建设、立德树人等;南京师范大学王建华,其发文的主要关键词包括创新创业、"双一流"建设、大学评价等;中国人民大学李立国,其发文的主要关键词包括大学治理、大学制度、破"五维"、教育与区域经济等。特别值得注意的是,教育部高等教育司有三位作者(吴岩、吴爱华、郝杰)在高被引作者中排名前十,其发文的主要关键词包括一流本科、"新工科"、创新创业等,说明高等教育领域的研究也越来越重视对于最新的国家政策的解读。

此外,全面振兴本科教育,推动高等教育内涵式发展,是自 2018 年 6 月新时代全国高校本科教育工作会议以来[12],特别是全国教育大会以来,教育部努力实现的一个目标。建设一流本科,提升高等教育质量,深化体制机制改革,推进高等教育治理体系和治理能力现代化成为高等教育领域学者关注的焦点。

四、2017—2021 年高等教育学科 H 指数

2005 年,美国加利福尼亚大学圣地亚哥分校物理系的乔治·赫希(Jorge Hirsch)教授提出了主要用于评价科学家个人学术成就的 H 指数:"某科学家的 H 值是指其所发表的 n 篇论文中有 h 篇论文每篇至少被引用了 h 次,而其余论文每篇至多被引用了 h 次。"仿照赫希的定义,将学科 H 指数界定为"某学科的 H 指数是指该学科有 h 篇被引 h 次以上的论文"。[13]

由于 H 指数综合考虑了论文质量的高低和数量的多少,且适用于分析学者、团队、高校、学科、期刊、地区的学术影响力,可以恰当反映高等教育学科的学术影响力。[14]

通过 CNKI 中国引文数据库,可以得出 2017—2021 年高等教育学科有 110 篇核心期刊论文被引用了 110 次以上,H 指数为 110(图 2)。而 2017—2021 年 H 指数排名最高的"企业经济"学科的 H 指数为 155。可以看出,高等教育学科具备较强的学术影响力。

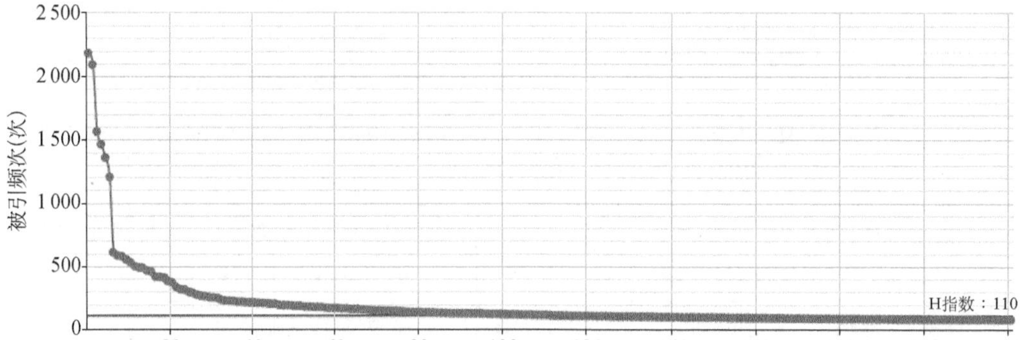

图 2　2017—2021 年高等教育学科 H 指数分布

表5展示了2017—2021年高等教育领域高被引论文中,被引频次排在前十位的论文,从中可以看出,高等教育领域2017—2021年研究的热点聚焦在“思政课建设”“新工科建设”“本科教育”等。

表5 2017—2021年高等教育学科高被引论文前十位

排名	题名	被引频次(次)
1	从思政课程到课程思政:从战略高度构建高校思想政治教育课程体系	2 183
2	新工科建设的内涵与行动	2 091
3	建设中国“金课”	1 564
4	课程思政:有效发挥课堂育人主渠道作用的必然选择	1 463
5	加快发展和建设新工科主动适应和引领新经济	1 357
6	面向未来的中国新工科建设	1 202
7	课程思政建设的关键问题与解决路径	607
8	新工科建设与发展的路径思考	583
9	在新时代全国高等学校本科教育工作会议上的讲话	576
10	“新工科”建设复旦共识	551

2019年8月,中共中央办公厅、国务院办公厅印发的《关于深化新时代学校思想政治理论课改革创新的若干意见》指出:“教育是国之大计、党之大计,承担着立德树人的根本任务。”[15]贯彻党和国家的教育方针,落实立德树人根本任务吹响了高等教育“为党育人,为国育人”的号角,思政课程是落实立德树人根本任务的关键课程,发挥着不可替代的作用[16]。思政教育体系的建设也成为高等教育领域研究的热点。

此外,2017年2月以来,教育部积极推进新工科建设,先后形成了“复旦共识”“天大行动”和“北京指南”,并发布了《关于开展新工科研究与实践的通知》《关于推荐新工科研究与实践项目的通知》,全力探索形成领跑全球工程教育的中国模式、中国经验,助力高等教育强国建设。2020年5月,为落实《教育部 工业和信息化部 中国工程院关于加快建设发展新工科 实施卓越工程师教育培养计划2.0的意见》(教高〔2018〕3号)[17],教育部研究制定了《未来技术学院建设指南(试行)》,全力推进未来技术学院建设工作。未来技术学院建设也被誉为新工科建设的升级版,涉及交叉学科的“新工科”建设、未来技术学院建设,也成为国家创新发展的驱动力,“新工科”与经济发展,本科教育内涵式发展等成为高等教育领域研究关注的焦点。

五、结语

作为一门社会科学,高等教育学科在发展过程中研究的应用性是其主要特征之一。[18]

高等教育领域的研究不得不关注高等教育实践的发展，同时结合国家及地方层面的战略与政策，为实践中的问题提供理论指导。2017—2021年间发表在高等教育学科领域核心期刊上的论文即体现了这一特征：① 发文量呈平稳发展的态势，论文被引量呈直线上升趋势；② 在国家创新驱动发展的背景下，加强了大数据、人工智能与“新工科”等方向的研究；③ 高产量及高被引学者持续关注国家战略与政策的重大改革方向；④ 高被引论文的研究主题与高等教育领域的发展与改革热点紧密相关。

随着“十三五”规划收官，以及“十四五”规划的开启，国家开始向第二个百年奋斗目标进军，开启全面建设社会主义现代化国家新征程。在新发展阶段，贯彻新发展理念，融入新发展格局，推动高质量发展，高等教育需要将发展科技第一生产力、培养人才第一资源、增强创新第一动力更好地结合起来，更好地为改革开放和社会主义现代化建设服务。高等教育领域的研究紧随着国家创新驱动发展改革的步伐，发展出新的关键词和研究热点。高等教育治理体系和治理能力现代化、“双一流”建设、“新工科”建设、人工智能＋教育、高等教育内涵式发展、思政教育体系建设、一流本科建设等，成为2017—2021年高等教育研究的核心，许多优秀的学者和研究机构也在各方面发挥着他们的影响力和创新力。

参考文献

[1] 习近平在清华大学考察时强调坚持中国特色世界一流大学建设目标方向为服务国家富强民族复兴人民幸福贡献力量[EB/OL]. (2021-04-19)[2022-03-05]. http://www.xinhuanet.com/politics/leaders/2021-04/19/c_1127348921.htm.

[2] 肖宏，张义川，伍军红，等. 从文献大数据看近十年我国哲学社会科学学术发展状况(2006—2015)[J]. 中国社会科学评价，2017(1)：90-124，128.

[3] 统筹推进世界一流大学和一流学科建设实施办法(暂行)[EB/OL]. (2017-01-24)[2022-03-05]. http://www.moe.edu.cn/srcsite/A22/moe_843/201701/t20170125_295701.html.

[4] 教育部关于加快建设高水平本科教育全面提高人才培养能力的意见[EB/OL]. (2018-10-08)[2022-03-05]. http://www.moe.gov.cn/srcsite/A08/s7056/201810/t20181017_351887.html.

[5] 教育部关于印发《高等学校人工智能创新行动计划》的通知[EB/OL]. (2018-04-10)[2022-03-05]. http://www.moe.gov.cn/srcsite/A16/s7062/201804/t20180410_332722.html.

[6] 中共中央、国务院印发《中国教育现代化2035》[EB/OL]. (2019-02-23)[2022-03-05]. http://www.moe.gov.cn/jyb_xwfb/s6052/moe_838/201902/t20190223_370857.html.

[7] 中共中央 国务院印发《深化新时代教育评价改革总体方案》[EB/OL]. (2020-10-13)[2022-03-05]. http://www.moe.gov.cn/jyb_xxgk/moe_1777/moe_1778/202010/t20201013_494381.html.

[8] 国务院学位委员会关于印发《交叉学科设置与管理办法(试行)》的通知[EB/OL]. (2021-12-03)[2022-03-05]. http://www.moe.gov.cn/srcsite/A22/s7065/202112/t20211203_584501.html.

[9] 教育部办公厅关于印发《未来技术学院建设指南(试行)》的通知[EB/OL]. (2020-05-20)[2022-03-

05]. http://www. moe. gov. cn/srcsite/A08/moe_742/s3860/202005/t20200520_456664. html.

[10] 姜洁. 国内高等教育学科发展分析报告(2013—2017)——基于CNKI中国引文数据库的文献研究[J]. 上海教育评估研究,2019,8(2):75-79.

[11] 习近平主持召开学校思想政治理论课教师座谈会[EB/OL]. (2019-03-18)[2022-03-05]. http://www. gov. cn/xinwen/2019-03/18/content_5374831. htm.

[12] 坚持以本为本推进四个回归建设中国特色、世界水平的一流本科教育[EB/OL]. (2018-06-21)[2022-03-05]. http://www. moe. gov. cn/jyb_xwfb/gzdt_gzdt/moe_1485/201806/t20180621_340586. html.

[13] HIRSCH J E. An index to quantify an individual's scientific research output[J]. PNAS, 2005,102(46):16569-16572.

[14] 胡小平,奉国和,莫幸清. 我国高等教育研究者学术影响力的实证分析——基于h指数综合赋权模型[J]. 高等理科教育,2021(4):82-89.

[15] 中共中央办公厅国务院办公厅印发《关于深化新时代学校思想政治理论课改革创新的若干意见》(2019-08-14)[2022-03-05]. http://www. moe. gov. cn/jyb_xxgk/moe_1777/moe_1778/201908/t20190815_394663. html.

[16] 中华人民共和国教育部. 2019年中国高等教育年度热点[J]. 中国高等教育,2020(2):4-13.

[17] 教育部工业和信息化部中国工程院关于加快建设发展新工科实施卓越工程师教育培养计划2.0的意见[EB/OL]. (2018-10-17)[2022-03-05]. http://www. moe. gov. cn/srcsite/A08/moe_742/s3860/201810/t20181017_351890. html.

[18] 胡建华. 中国高等教育学科发展40年[J]. 教育研究,2018,39(9):24-35.

同济大学交通安保环保学术团队与低碳行动

◎ 曾小清　艾思羽

摘　要　本文对同济大学交通安保环保学术团队的构成、职能进行了介绍，并从普及和提高两方面分别探讨了团队在国家"双碳"大背景下，积极实施双碳行动的工作途径。希望本文的经验能对同类学术团队的建设有所裨益。

关键词　学术团队　安保　环保　低碳行动

一、交通安保环保学术团队的建设

1. 团队成立的背景及概况

近年来，随着经济社会的持续快速发展，交通流量迅速增长，道路交通运输日益繁忙。在交通运输量快速增长的同时，环境污染与能源消耗问题成为大众重点关注的话题。实际上，交通运输领域一直是能源消费大户，也是碳排放大户[1]。据测算，2019 年，我国交通运输领域碳排放总量为 11 亿吨左右，占全国碳排放总量的 10%左右，其中铁路占 8%左右、公路占 74%左右、水路占 8%左右、民航占 10%左右。我国交通运输正处于较快发展阶段，未来交通运输需求仍将在较长时间内呈现增长态势，推动交通行业的低碳转型势在必行。同济大学交通安保环保学术团队聚焦交通热点问题，顺应时代需求，开展了一系列的研究和技术开发，旨在用专业知识不断推进交通的绿色发展。

同济大学交通安保环保学术团队是同济大学交通信息控制联合实验中心核心研究队伍，简称"交通二保团队"（网址为 jtkz. tongji. edu. cn）。交通信息控制联合实验中心于 2003 年在同济大学交通运输工程学院平台上开始组建，于 2013 年成立，主要由日本东京工业大学计算机系、美国亚利桑那州立大学等机构的科研人员联合组建，主攻道路交通信息控制、

作者简介　曾小清，同济大学交通信息控制联合实验中心，教授，博士生导师，工学博士。
艾思羽，同济大学交通信息控制联合实验中心，硕士研究生。

轨道交通运行自动化方向，并逐步在交通信息工程、交通系统控制管理、城市交通实时自适应控制系统及交通诱导、智能交通系统（Intelligent Transportation System, ITS）、安保环保技术开发研究等方面获得更为宽广的发展空间与领域。团队的核心任务，就是为实现以人为本、可持续发展的交通强国战略献计献策。团队导师曾小清教授及成员具有数学、土木、交通、计算机等学科的学术背景，截至 2022 年年底参与及承担的国家级项目、省市级项目超过 50 个，具有极强的研究开发及实践能力，为许多城市带去了更为便捷、舒适、安全的交通。

2. 团队的技术体系

交通安保环保技术体系如图 1 所示。

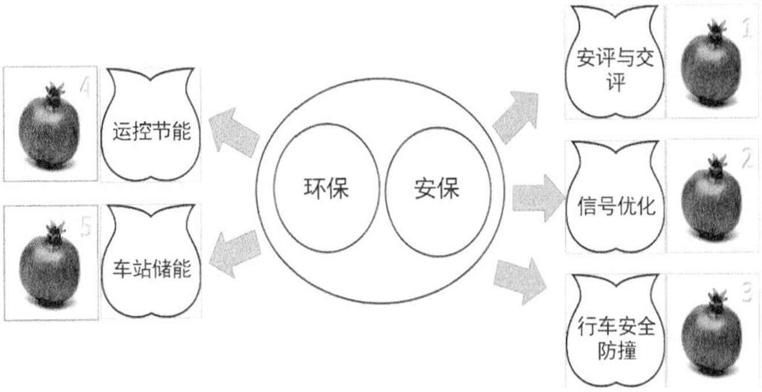

图 1　交通安保环保技术体系

安评与交评的有效执行是对工程质量的负责和保障。安全评价是利用系统工程方法对拟建或已有工程、系统可能存在的危险性及其可能产生的后果进行综合评价和预测，并根据可能导致的事故风险的大小，提出相应的安全对策，以达到工程、系统安全的过程；交通影响评价是对城市土地开发或土地使用性质变更的项目可能对城市交通所产生的影响进行定量评估并制定解决方案的过程，主要分析由此导致的交通量增加及项目周边道路的拥挤程度和环境负荷的变化。

信号优化包含两个方面：一是道路交通信号配时优化，对城市道路交叉口时空资源进行特性分析，研究交叉口空间几何设计及信号配时优化的方法及理论，从而确定交叉口时空资源的联系及需要相互协调的时空参数设置，在获取交通数据的基础上，开展时空资源协同优化控制策略研究；二是轨道交通信号系统优化，通过调试及调整信号系统包括区域控制、联锁控制、行车控制及行车监控等所有子系统在内的功能设备的相关参数，确保系统整体性能和可靠性在各种状态下满足城市轨道交通现行设计标准和要求，提高系统工作效率，并保证在初期运营后满足正常的运营需求，为城市轨道交通线路的高质量开通提供保障[2]。

行车防撞技术属于主动交通安全技术，通过对视觉图像的处理检测前方车辆，辅助以激光雷达对前方障碍物进行确认。在检测到前方车辆的基础上,从视频信号中提取前方车距信息,与雷达测得的车距信息进行融合滤波,能够较好地检测到本车道前方车辆,并能准确地测得主车和前方车辆之间的距离,提高测距精度,可应用于道路交通和轨道交通。

城市轨道交通运行控制节能技术研究。城市轨道交通站间距短、行车密度高,列车运行过程中存在频繁的出站牵引与进站制动工况,存在较多的再生制动能量。在诸多提高再生制动能量利用的节能优化方法中,考虑既有运行图约束,进行多列车站间运行轨迹协调控制,是对日常运营与运输组织影响较小、无需大规模设施投入、适用于既有城轨线路的一种从列车运行角度出发的节能优化方法。

城市轨道交通车辆储能技术研究。城市轨道交通的车站之间距离较短,车辆需要频繁地制动,其在运行过程中对于车辆储能技术提出了更高的要求。近年来,飞轮储能、锂电池储能及超级电容器等成为国内外城市轨道交通车辆采用的主流储能技术,这些技术之间有着较大的区别,在城市轨道交通车辆中的应用也产生了不同的效果。我们需要对这三种储能技术进行分析及研究,通过性能对比,提出新时期城市轨道交通最优储能技术[3]。

交通二保学术团队以上述技术为核心,深入开展调研,精心推动实施,以实际行动推动交通强国建设向前迈进,为实现"双碳"目标贡献自己的一份力量。

二、团队在低碳行动上开展的工作

1. 倡导低碳环保的日常办公理念

首先,从"普及"的层面,交通二保团队工作时时倡导低碳环保的日常办公理念。

近年来,全球温室效应加剧,地表温度逐渐升高,地球的生态正面临着严峻挑战,"碳减排"也逐渐成为全球重要国家的共识。我国在 2020 年 9 月明确提出了"双碳"目标:中国在 2030 年前实现"碳达峰",2060 年前实现"碳中和"。"双碳"目标是党中央经过深思熟虑做出的重大战略决策,事关中华民族永续发展和构建人类命运共同体,既是我国对国际社会做出的庄严承诺,也是我们为之奋斗的目标。聚沙成塔,滴水成渊,"双碳"目标的实现离不开企业、民众的共同努力,离不开每个人的责任担当。

交通二保团队始终牢记使命,结合多种形式积极宣传低碳理念。交通二保团队导师曾小清教授在传承经典红歌作品《三大纪律八项注意》的基础上,结合时代要求,于 2019 年建军节时创作了《新版三大纪律八项注意》(图 2),并在团队文化建设活动中、新生导师见面课程中推广传唱,在提振士气、倡导绿色生活方面取得了好的效果,并计划后续在思政教学、上海市创造学会的科普讲座中向青少年学子及学会的会员学者们宣传。

生活在科技高速发展的现代社会,我们无疑是幸运的,享受着科技带给我们的舒适、便

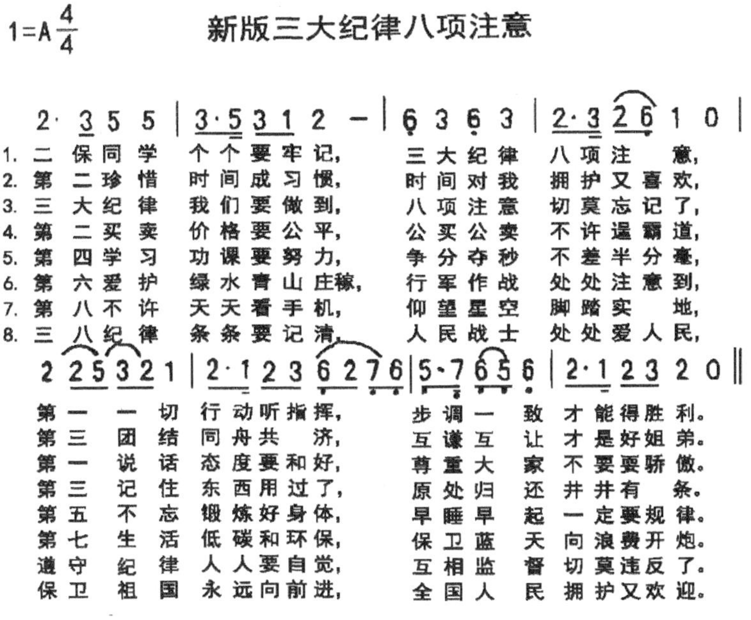

图 2　新版三大纪律八项注意

捷:电脑、手机等科技产品的出现大大提高了办公效率;空调、冰箱等必备电器的使用进一步提升了办公的舒适程度;电梯的普及解放了我们的双腿,节省了我们的时间和精力。所谓"福兮,祸之所伏",在享受科技给我们带来的欣喜之余,我们是否思索过谁在为我们的快乐买单?据不完全统计,电脑年平均间接排放 10.5 kg CO_2,冰箱年平均间接排放 23 kg CO_2,电梯平均走动一层便释放 0.218 kg CO_2,使用纸巾每人每年排放 0.57 kg CO_2,喝一瓶瓶装水排放 0.044 kg CO_2。如若是正常的按需使用,倒也算是情有可原,可在实际生活中,浪费现象处处可见。我们每天应回答的问题有:离开办公室之前是否关闭了总电源,是否上/下一层楼都搭乘了电梯,是否将没用的单面打印的 A4 纸直接丢入垃圾桶。或许这些事情看起来微不足道,不值一提,但倘若你我都对这些小事视若无睹,对环境累积起来的伤害就是巨大的。

"绿色校园,低碳办公"不仅仅是一句口号或警示,更多的是我们每个人的责任和担当。我们要力争将建设绿色校园的目标作为办公行事的准则,力求将低碳办公的意识注入工作中的点点滴滴。如打印时尽量选择双面打印,提高纸张的利用效率,或将错打、多打的单面纸张合订成草稿本,做到物尽其用;离开办公室时应做到随手关闭电脑电源、饮水机电源,充电完毕及时将充电器拔出,白天光线充足的情况下不要开灯;上下班时,勤于爬楼梯,减少等待时间长、避免拥挤的同时,活动筋骨,强身健体;多使用自备水杯和手帕,干净卫生、绿色环保……

这些“小善”行为实施起来并不复杂，只要有心，举手之劳就能让我们的生活更低碳。

2. 在交通行业内开展的绿色低碳行动

交通二保团队从“提高”的层面在交通行业内开展了绿色低碳活动，充分利用成员的专业能力，在本研究领域内开展了相关工作。

2021 年底，交通二保团队开启国家自然科学基金项目“双碳目标驱动下的地铁列车运行控制节能方法研究”的申请工作。地铁运能与能耗逐年递增，由此造成碳排放增大，在国家“双碳”政策驱动下，针对目前地铁碳排放路径模糊和能量转移消耗方式不清的现状，拟从地铁运行角度出发，实现系统碳排放模型建立与低碳运行优化，开展了如下工作：①构建基于本体论的地铁全生命周期碳排放模型，利用人工智能实现系统全生命周期碳排放预测评估；②列车低碳运行在线优化控制，研究低碳运行轨迹优化机理，提出面向最优时间与节能参数分配的在线优化控制求解算法；③基于再生制动能量产生、转移和消耗机理机制，构建多列车低碳节能协调在线控制优化模型，实现计算效率和求解质量的有效均衡；④开发采用自律分散系统机理的多列车低碳节能协调控制单元群，建立面向耦合目标最优的多列车低碳节能协调优化方法，实现在线扩展、在线维护和在线容错的低碳节能运行。研究旨在有效分析评估地铁系统碳排放路径和能量流动机理，构建列车协调运行和优化的低碳运行系统和节能节碳方法，实现系统碳排放降低和能量消耗减少。

交通二保团队将直接面向国家和经济社会需求开展学术研究工作。地铁作为城市公共交通体系的骨干迎来了爆发式发展，线网不断扩大，运行过程中消耗的能源不断增多，二氧化碳排放量也不断上升。在“2030 碳达峰，2060 碳中和”的背景下，《中共中央 国务院关于完整准确全面贯彻新发展理念做好碳达峰碳中和工作的意见》指出，要加快推进低碳交通运输体系建设，到 2025 年，绿色低碳循环发展的经济体系初步形成，行业能源利用效率大幅提升。《“十三五”节能减排综合工作方案》强调，单位国内生产总值二氧化碳排放比 2020 年下降 18%。地铁总能耗中，因列车运行而产生的牵引能耗占 55%以上，占各项能耗的比例最高；而列车运行主要包括车上的驾驶运行控制及地面的动态调度，考虑动态调度调整，进行列车运行节能优化控制是当下节能减排的有效途径。单列车与多列车站间运行轨迹协调节能减碳控制，是一种对日常运营、运输组织影响较小、无需大规模设施投入、适用于地铁线路的一种从列车运行角度出发的节能优化方法，是实现减少碳排放的重要方式，具有显著现实生产需求。以节能减碳模型为重点研究对象，从列车节能运行控制角度进行理论创新，在上海地铁 17 号线进行实验推广。

交通二保团队的工作拟突破“双碳”瓶颈相关问题：如何科学、有效地计算地铁系统碳排放量，建立一套精准完美的地铁系统碳排放模型是科学问题之一；降低地铁运营总能耗关键在于降低所占能耗比例最大的列车牵引能耗，瓶颈问题是怎样建立地铁系统综合控制和系统能量转化模型；地铁系统整体有数百台列车同时运作，协调难度指数上升，如何解决大规模列车集群优化协同节能控制是又一难题。

交通二保团队制定了明确的研究目标,通过对地铁系统碳排放路径和能量转移模式的研究,构建地铁系统全生命周期碳排放和能量消耗转移模型,对不同碳排放节能方案实现量化评估,形成地铁系统低碳运行节能方案体系,开发单列车低碳运行在线优化控制系统,在此基础上实现基于再生制动的多列车节能协调控制优化,研究基于自律分散系统的大车群节能系统构建与应用示范,突破关键技术瓶颈。

交通运输部原总工程师周伟在2021年举办的绿色"一带一路"与2030年可持续发展议程主题论坛上指出,由于中国国民经济和交通运输仍将保持快速增长的态势,交通发展的技术水平和能源结构还未发生根本性转变,交通运输领域的碳减排工作形势严峻[4]。从某种意义上讲,交通领域甚至有可能成为中国最后实现"碳达峰"的产业领域之一。"双碳"为交通行业碳减排带来了机遇和挑战,如何实现行业内的低碳绿色转型也成为学术界聚焦的热点问题。

目前,行业内已经有了一些学术成果。同济大学交通安保环保学术团队[5]对城市轨道交通车辆储能技术和城市轨道交通运行控制节能技术展开研究,为轨道交通领域的节能减排提供了思路。张宇鸿[6]对中国道路交通结构中存在的问题进行了分析,提出了一些有助于中国实现道路交通运输结构性节能减排的对策。孙晓伟[7]等人提出了一种集装箱码头节能减排优化模型,为水运领域实现"双碳"目标提供了思路。中咨泰克交通工程集团有限公司的詹伟[8]研究高速公路隧道照明节能减排对策,为推动高速隧道照明技术的进一步环保化作出了贡献。

三、结语

未来,交通制造、能源供给、超级计算、数字交通等都将被纳入新业态、新模式、新技术的范畴,以"双碳"为牵引,整个交通系统或将迎来一次颠覆性的变化[4]。作为交通人,交通二保团队会时刻牢记新时代赋予我们的使命,紧紧围绕"交通强国"国家重大战略需求和最新科技发展前沿,秉承"绿色交通"的技术开发理念,始终坚持人民交通为人民,不忘初心、牢记使命,在推动交通运输高质量发展、建设交通强国的伟大征程、实现"双碳"目标的道路上焕发勇担职责使命、积极干事创业的精神气。

参考文献

[1] 杨雷,计艳平.碳中和债走热 绿色交通"钱"景广阔[N].中国交通报,2021-06-24(7).

[2] 司徒博文.浅谈城市轨道交通信号系统调试及优化[J].智能城市,2019,5(18):139-140.

[3] 胡志强,游谭.城市轨道交通车辆储能技术研究[J].科学技术创新,2019,(6):139-140.

[4] 王硕.关于"双碳"我们能做些什么?[J].中国公路,2021(19):18-23.

[5] W WANG, X ZENG, T SHEN, et al. Energy-Efficient Speed Profile Optimization for Urban Rail Transit with Considerations on Train Length[C]. Maui: 2018 21st International Conference on Intelligent Transportation Systems (ITSC), 2018.
[6] 张宇鸿.道路交通运输结构性节能减排研究[J].能源与节能,2021(2):77－78.
[7] 孙晓伟,李海波.集装箱码头节能减排优化模型[J].中国水运,2021(10):89－91.
[8] 詹伟.高速公路隧道照明节能减排对策研究[J].智能城市,2021,7(3):105－106.

美国人文学科博士教育改革实践研究与启示

◎ 郭 强 禹 昱

摘 要 博士教育对促进国民经济发展有重要作用，其教育改革的首要目标是提高国家人才资源供给质量。美国高校为克服人文学科博士教育中占主导地位的具有结构性缺陷的学徒模式，试图通过多方位课程改革和能力建设，改变其只强调学术职业发展的文化，拓展博士生的多重职业路径发展，从整体上优化其人文学科博士培养模式。其改革规划与实施基于学科职能定位的适应性原则、学科组织发展的引导性原则和学科资源操作的可行性原则。研究其改革路径对于更好地推进我国高层次人才供给侧结构性改革，加强对我国人文学科博士教育的针对性研究和系统性把握，有着积极的借鉴和启发意义。

关键词 美国高校 人文学科 博士教育 规划与实施

博士教育是国家创新体系的核心，也是推进我国世界一流大学和一流学科建设以实现高等教育内涵式发展的关键，更是推动研究型大学服务国家重大战略需求的原动力。探究美国高校人文学科博士教育的改革实践和发展动态，有助于我们在比较的视野下和借鉴的基础上适应时代需求调整博士生培养结构、培养规模与培养目标，加强对我国人文学科博士教育的针对性研究和系统性把握，更好地推进我国高层次人才供给侧结构性改革。

一、美国人文学科博士教育改革缘起

博士教育对促进国民经济发展有重要作用，其教育改革的首要目标是提高国家人才资源供给质量。早在第二次世界大战之后，美国就提出要拓展博士教育的职业发展维度。1947 年，杜鲁门高等教育委员会发布报告指出，尽管大多数博士毕业后进入大学教书，但研

作者简介 郭强，同济大学外国语学院，教授，博士。
禹昱，同济大学外国语学院，副教授，硕士。

究生院应抓住时机向那些想入职其他领域的博士生提供实习培训。该建议是在当时高校师资普遍匮乏的情况下提出的，这也表明博士生的职业选择从来都不是单一的。1955—1965年间，美国极度缺乏训练有素的大学教师，联邦政府在此期间也投入大量科研经费，这促使美国高校博士项目快速增长和研究生教育“黄金时代”的出现。但即使在这一时期，也只有一半左右的博士在大学找到教职。至20世纪末，这个比例随着博士项目的增加大幅度减小。

随着博士毕业生在学术领域就业率的降低，人文学科领域首先感受到了学术职场危机。1974年，《华盛顿邮报》发文指出，学生入学人数在减少，政府财政资助也在削减，更强调应用性学科，历史和人文学科整体发展前景黯淡。1977年的一项博士毕业生调查结果表明，人文学科博士就业率在下降，越来越多的人文学科博士开始进入学术之外的非传统就业领域。1980年，美国人文与科学院发布《美国人生活中的人文学科》(*The Humanities in American Life*)报告并指出，人文学科博士的学术职业前景悲观，建议研究生院和人文学院重新评估课程及其目的，并认真考虑如何使人文学科博士教育培训更好地适应学术和非学术职业。1984年，美国哲学协会出版的《哲学家职业手册》(*Careers for Philosophers*)和美国十大高校联盟出版的《人文学科博士与非学术职业：导师指南》(*Humanities Ph. D.'s and Nonacademic Careers: A Guide for Faculty Advisers*)都建议人文学科灵活调整其课程，鼓励人文学科博士生选修计算机技术、经济学等课程，以便其能找到非学术性工作。美国大学协会在1998年发布报告，建议各高校评估其博士课程是否能提供学生在毕业后从事更广泛的职业所需的知识和技能。[1]

二、美国人文学科博士教育改革实践

1. 改革议程建立

美国高等教育研究者围绕博士教育做了深入探究，发现人文学科博士教育中占主导地位的学徒模式具有结构性缺陷，学界对博士项目培养目标也存在较大分歧。2001—2006年期间，卡耐基博士教育行动方案(Carnegie Initiative on the Doctorate)调研了教育学、历史、英语等学科博士项目培养目标后发现，不仅不同博士项目之间，而且同一博士项目的教师也难以取得共识。由皮尤慈善信托基金(Pew Charitable Trusts)资助的围绕“我们如何重新设想博士以满足21世纪的需求”问题进行的研究表明，尽管美国博士教育被认为是世界上最好的，但工商界领导普遍认为博士们缺少新时代职场所需要的能力，其研究兴趣也经常和现实世界的问题脱节。在博士生个人目标、培养过程和职业需求间存在着三方不匹配的问题。博士生仍坚持将教职作为职业选择，博士项目也仍坚持以培养博士进入研究型大学为目标，而对广为人知的学术职业的匮乏及在帮助博士职业选择多样化方面的努力则关注甚少。结果只能是，博士生既无法做好充分准备承担起教职工作，也对自己适应学术之外工作的能力缺乏清晰认知。[1]

美国国家人文基金会(National Endowment for the Humanities)主席威廉姆·亚当斯(William Adams)认为,美国在研究生教育中习以为常地以学术未来为中心的情况在逐渐消失。如果人文学科研究生项目想要有充分的理由继续下去,就必须以完全不同的方式考虑学生们的未来专业发展。[2]该基金会于2016年宣布资助28所大学共计165万美元,用于规划和实施研究生教育实践改革,以拓展人文学科博士学术之外的职业发展。该基金会资助分为两类:辛辛那提大学、圣路易斯华盛顿大学、加利福尼亚大学伯克利分校、普林斯顿大学等25所高校各得到25 000美元的资助,用于在一年内(2016—2017年)完成教育改革规划;特拉华大学、杜克大学、芝加哥大学三所高校各得到为期三年(2016—2018年)总计35万美元的经费,用于实施和支持进行中的研究生教育改革举措。各大学还需提供配套经费予以支持。该基金会委托美国研究生院委员会(Council of Graduate Schools)统筹成立“下一代人文学科博士高校联盟”(Next Generation Humanities PhD Consortium),并领导该联盟力图实现美国研究生教育模式的根本转变:改变人文学科博士项目只强调学术职业发展的文化,重视研究生的多重职业发展路径,融合博士生就读期间的专业发展和对人文学科公共价值的深入理解。[3]

2. 教育改革规划

“下一代人文学科博士高校联盟”中以人文学科博士教育规划为目标的25所高校耗时一年,通过成立专门委员会、组织非正式会议、设计问卷调查等活动,收集各校师生、校友、管理者、职业发展专家、雇主等利益共同体的反馈意见,在此基础上进行研究生教育改革规划并完成初步的能力建设。在此过程中,多数高校创建了校友联系或职业信息数据库,发展了校外合作伙伴关系或实习基地,拓展了学校的全方位支持体系,并以“请进来”和“走出去”的方式展开校际博士生培养交流。

以辛辛那提大学为例,该校人文学科博士项目涉及古典学、创意写作、英语与比较文学、修辞与写作、历史、德语、哲学、罗马语与文学等领域。尽管其优势专业如古典学、创意写作等仍以学术职业发展为导向,不少博士生对高等教育之外的非传统职业也越来越感兴趣。校方通过制定教育规划明确博士生未来职业的多路径发展需求,并提出要有针对性地设立共享的跨学科课程。首先,可积极利用学校商学、医学、工程学和药学等学科资源,将其融入人文学科博士生课程;其次,计划利用学校位于城市中心的地理位置优势,与当地企业携手开发课程与实习资源;再次,鼓励人文学科博士生通过咨询公司、政府机构、博物馆与文化机构、出版公司或其他非营利组织参与各种社区活动,以更好地理解人文学科的公共价值;此外,谋划跨人文学科的新型导师指导结构,配备高年级博士候选人或新近毕业生,帮助博士生培养现有课程体系中缺失的创业思维和管理技能。[4]

再如圣路易斯华盛顿大学,为更好地落实下一代人文学科博士规划项目,该校成立专门规划委员会,联合研究生院、职业中心、教学中心、写作中心、跨学科创新与创业中心等组成针对博士生群体、博士生课程设计、博士生专业培训、博士生职业指导四个领域的工作组，重新构想以多重职业路径发展为特色的人文学科博士培养体系。规划委员会在基于多方调研的基础上提出：要申明人文学科博士非学术培养成果的价值；强化与传统人文学科博士教育相关能力与技能的培养；澄清并强调人文学科博士教育中获取的能力能应用于教职之外；拓展人文学科博士流动的内外部组织网络；帮助人文学科博士生基于自己的能力与兴趣决定其学界内外的职业选择。为此，该校计划设立人文学科博士校友返校项目，组织跨学科系列讲座，指导和培训在校博士生；向人文学科教师提供持续的最佳教学法实践培训，帮助他们将口头交际、书面表达、数字素养和定量分析能力的培养融入博士生课程；资助人文学科教师选修其他学科的课程以提升其跨学科培养博士生的能力；鼓励人文学科教师申请课程创新基金，开设更多与理工科和专业学院合作的以技能为导向的研讨班。[5]

3. 教育改革实施

“下一代人文学科博士高校联盟”中以人文学科博士教育改革实施为目标的3所高校自项目启动以来，均取得了一定进展。特拉华大学利用基金会资助，从物质文化研究和数字人文入手，重点发展跨学科的非裔美洲公共人文学科博士教育，以期改变该校人文学科研究生教育学制长、毕业率低和经费不足等问题。为此，首先，加强与数字人文研究和教学相关的非洲研究、跨学科人文研究中心等学科基础设施建设，招聘专职数字学术图书馆员以提供专业人员支持；其次，成立联合艺术史、英语与历史专业教授的跨院系招生委员会，组织公开学术讲座和各种学生活动以吸引潜在的博士申请者；再次，开发为期3年的整合美国黑人研究、艺术史、英语、历史专业的跨学科课程，向博士生提供参加与数字足迹相关的研究项目和数字化档案制作培训的机会；最后，组织学生参加跨院校和文化团体的学术会议交流和公益实践活动，创造合作性、多学科、面向公众的人文研究与教学环境。[6]

杜克大学利用基金会资助，支持与博士生学术和非学术职业发展路径相关的技能培训，为学生创造更广泛的新实习机会以帮助他们探索各种职业可能性，融合合作科研、计算机人文/媒体和政策分析以形成有效衔接的人文学科博士课程体系。为此，首先，设立竞争性基金，鼓励各院系尝试新的课程方案；其次，联合各种文化机构，提供竞争性付酬实习岗位，鼓励博士生开拓博士论文的研究视野，同时增强项目管理体验；再次，发动校友提供拓展博士生人际圈的机会，建议学生考虑多重职业发展路径，并探索学界之外的实习机会；最后，设置全职“导航员”职位，支持博士生考虑课堂外的发展机会并平衡职业选择，协助教师、管理者和校友服务好学生。[7]

芝加哥大学利用基金会资助，专门设立了人文学者专业提升与培训项目，通过工作坊、实习机会、校友对话、职业指导、写作指导、口头沟通指导、公共与数字人文培训等手段，结合专业人员招聘、博士课程改革、管理过程调整、沟通渠道疏通等举措提升人文学科博士生在学术界、工业界、非营利组织与政府就业方面的专业能力。为此，首先，帮助学生识别自己的技能、兴趣和价值观，通过自评引导其探索职业取向；其次，通过学术会议传授学生拓展人际圈的策略，鼓励学生寻求导师帮助，利用同伴学习积极实践人际交往；再次，通过“大众媒体出版”“建立个人网页”“数字地图和数据可视化”“数字文本、数据来源与分析”等项目提升学生的多重路径就业技能。[8]

三、美国人文学科博士教育改革启示

“下一代人文学科博士高校联盟”成员在教育改革规划和实施中都遇到了一系列类似的难题：如何使教育改革能真正引发研究生教育实践和理念的根本性转变，而非渐进性调整；如何准确把握教育改革实践中复杂的学科、专业、机构、社会、经济、区域、国家与全球背景及其影响；如何有效调动师生和校外合作伙伴的积极性，使其共同参与教育改革实践；如何打破传统的封闭式学术社区界限，并鼓励更多的跨学科和跨界合作；如何提供更多增加人文学科博士生校外工作经验的信息和机会；如何扩展有限的教育资源，使得教育改革实践能够持续发展；如何进行有效和适当的项目评估，以达到改革的最终目的。

与自然科学相比，人文学科与大学的公共服务功能有着更紧密的联系。“首先，历史、文学、语言学以及其他艺术学科都从不同的视角关涉人类的状况，不管是个体的意识，还是社会的经验；其次，人文学科的学术研究和专业结构所需的资源，很大程度上是教育机会扩张所导致的社会转型的副产品，在大学层面尤其如此。”[9]社会问责的压力导致了大众高等教育中质量标准的变化，人文学科博士项目的质量不再仅仅由学术界和专家团体所决定，同时也要接受其他更加多元的外部标准的检验。

美国各界试图通过解决学生流失率高、毕业时间过长、财务资助不足等问题，积极平衡人文学科博士个人发展、市场需求和国家利益间的关系，以期改善人文学科博士项目质量，从而吸引更多有才华的学生。美国人文学科博士教育改革以提升学生的发展路径、提高毕业率、缩短攻读学位的时间、提升学生未来从事学术和非学术职业的能力，最终实现培育和提升人文学科核心竞争力的目标。在其人文学科博士培养模式优化的改革规划和实施中，主要体现了学科职能定位的适应性原则、学科组织发展的引导性原则和学科资源操作的可行性原则。

1. 适应性原则

人文学科博士项目的优化要基于学科职能定位的适应性原则，遵循学科结构自身的发展规律，适应现代社会发展需求和经济全球化趋势。提供博士教育的研究型大学是一个由不同学科构成的多功能生态系统，人文学科的合理发展关系到学校教育系统的整体平衡与稳定。“在当代科技、经济、社会和文化发展的新形势下，特别是学科和科学发展的统合形势下，大学学科发展的趋势出现了根本性转折，日渐形成了由线到面的网状化科学结构。跨学科研究的发展，交叉学科、边缘学科不断涌现，已经成为高等教育发展的时代特征。”[10]人文学科之间、人文学科与其他学科之间、人文学科与职业发展教育之间通过交叉、融合，容易衍生新的生长点，并具有更强的生命力。人文学科博士项目的生态发展空间也因此得以拓宽，学校的内部生态环境也得以优化。同时，社会发展的需要是学科产生和发展的外在动力，它不仅为人文学科发展提供了丰富的材料，还提供了大量的新课题和新方向。人文学科博士项目能够在新的学科发展趋势与特点中找到人才培养的新立足点和发力点。

2. 引导性原则

人文学科博士项目的优化要基于学科组织发展的引导性原则，从科技和社会发展的长远需求出发，引领社会经济和科技的发展，为社会各行各业输送能够传播人文学科公共价值观的高级人才。高校对社会发展的反应并非是完全被动和亦步亦趋的，高等教育也具有引领社会发展的功能。从学校自身情况出发，在国家经济发展需求和科技发展趋势之间找到结合点，找准人文学科发展的突破点，优化学科专业结构，完善以社会需求和学术贡献为导向的学科专业动态调整机制，并以此带动相关学科的发展。基于此，人文学科博士项目应将学术研究、人才培养与人类社会的发展密切联系起来，加强其与现代文明社会间的对话与互动，回应时代变迁和时代进步的挑战和需要，实现前瞻性基础研究、引领性原创成果和建设性社会影响的重大突破。唯有如此，才能使大学承担起文化传承与创新的使命。

3. 可行性原则

人文学科博士项目的优化要基于学科资源操作的可行性原则，从学校的具体情况出发，充分考虑高校的性质、类型、传统、使命和发展等因素。“学科的建设与发展是一项关系高等教育系统和大学发展的全局的活动，涉及高等教育系统及大学工作的各个方面，并且与其密切相关。学科建设若与其他相关工作不协调，则影响高等教育系统及大学的变革与发展，进而导致学科系统结构失调，缺乏对环境的适应性和应变能力。”[11]任何高校的学科结构布局和调整都是在其自身的历史文化、学术传统和现实情况的基础上进行的。高校已有的人文学科基础是长期积累的结果，更是未来发展的前提。脱离学校学科传统和发展基础，是无法形成一流学科和一流专业的。从人文学科博士项目的调整角度来看，要充分考虑人文学科博士培养的定位、学术水平的定位和服务面向的定位。此外，学校学术环境、学术风气、学术影响和声誉等软件建设与研究条件及信息设施等硬件建设，也是高水平人文学科博士项目的必备要素。因此，在学科资源的有限性和学科发展的无限性的矛盾中，要避免趋同化发展和低水平重复建设。坚持“有所为，有所不为”，确定人文学科发展的优先领域，集中资源分阶段建设。

参考文献

[1] MCCARTHY M T. Summary of prior work in Humanities PhD professional development[EB/OL]. (2017-09-01)[2019-12-01]. https://cgsnet.org/ckfinder/userfiles/files/NEH_NextGen_PriorWork.pdf.

[2] NEH. Announces $1.7 Million for “Next Generation PhD”[EB/OL]. (2019-08-10)[2019-12-

08]. https://www. neh. gov/news/press-release/2019 - 08 - 10.

[3] MCCARTHY M T. Promising practices in Humanities PhD professional development: lessons learned from the 2016-2017 Next Generation Humanities PhD Consortium [EB/OL]. (2017 - 09 - 01)[2019 - 12 - 02]. https://cgsnet. org/promising-practices-humanities-phd-professional-development-lessons-learned - 2016 - 2017 - next.

[4] University of Cincinnati Next Generation Humanities PhD Planning Committee. University of Cincinnati Next Generation Humanities PhD Planning Grant[EB/OL]. (2017 - 01 - 20)[2019 - 12 - 03]. www. artsci. uc. edu/faculty-staff/business-resources/Grants/neh-next-generation-humanities-phd. htm.

[5] Washington University Center for the Humanities. Washington University NEH Next Generation Humanities PhD Planning[EB/OL]. (2017 - 06 - 22)[2019 - 12 - 03]. www. artsci. uc. edu/faculty-staff/business-resources/Grants/neh-next-generation-humanities-phd. htm.

[6] University of Delaware NEH Next Generation PhD Implementation Project Team. University of Delaware Next Generation Humanities PhD White - Paper[EB/OL]. (2017 - 06 - 30)[2019 - 12 - 03]. https://www. ihrc. udel. edu/wp-content/uploads/2017/11/Next_Generation_Humanities_PhD -_White-Paper_University_of_Delaware_June_pdf.

[7] University of Duke Next Generation Humanities PhD Planning Committee. University of Duke Next Generation Humanities PhD Planning Grants[EB/OL]. (2017 - 06 - 20)[2019 - 12 - 03]. https://researchfunding. duke. edu/next-generation-humanities-phd-planning-grants.

[8] University of Chicago Next Generation Humanities PhD Planning Committee. University of Chicago Professional Advancement and Training for Humanities Scholars[EB/OL]. (2016 - 08 - 10)[2019 - 12 - 04]. https://grad. uchicago. edu/career-development/resources-by-discipline/.

[9] 迈克尔・吉本斯,卡米耶・利摩日,黑尔佳・诺沃提尼. 知识生产的新模式:当代社会科学与研究的动力学[M]. 陈洪捷,沈文钦,等译. 北京:北京大学出版社,2011:83.

[10] 张炜. 学术组织再造:大学跨学科学术组织的成长[M]. 杭州:浙江大学出版社,2012:2.

[11] 卢晓中,陈伟,张旺. 现代高等教育发展的战略管理研究[M]. 北京:北京师范大学出版社,2015:340.

教学改革

统计学专业人才培养体系的比较研究*

◎ 李莉娜　梁汉营　周叶青　杨筱菡　郁　霞

摘　要　本文旨在通过国内外统计学专业人才培养体系的深入比较研究，找出目前同济大学统计学专业在人才培养理念、人才培养计划的顶层设计、专业课程体系的设置与安排及课程实践环节的改革与创新等方面存在的不足及改进的方向。借鉴顶级专业和标杆专业颇有成效的人才培养体系建设经验，构建符合社会发展趋势、学校学科发展定位的高水平人才培养体系。

关键词　统计学　人才培养　比较研究

为适应我国社会、经济及高等教育的快速发展，统计学专业人才培养模式经历了多个发展历程[1]。20 世纪 50 年代主要为经济计划的编制和执行、监督培养统计专业人才；20 世纪 70 年代末至 80 年代初则为统计学教育和统计科研培养新生力量；20 世纪 90 年代随着改革开放，市场经济体制逐步建立和发展，培养目标则是为企事业单位培养统计专门人才；此后十几年间，统计学专业的人才培养模式有了一定的新发展。如今，面对大数据时代对统计学专业拔尖创新人才的广泛需求，如何通过调整人才培养目标、培养模式、构建专业课程体系等手段来培养满足社会需求的专业精英，提高人才培养质量，依旧是我们面临的重要课题。

近十年，许多学者围绕国内外统计学专业人才培养方案、模式等，做了大量深入的分析研究。王炯琦[2]等对美国一流大学统计学专业的本科生和研究生的专业课程设置现状进行了系统的阐述，分析了其课程设置的主要特点和特色，为国内统计学教学改革提供了参考。罗良清[3]等在分析了统计学专业人才需求及统计学人才培养现状的基础上，在国家层

---

* 本文系 2021 年同济大学教学改革研究与建设项目“统计学专业人才培养体系的比较研究”的成果。

作者简介　李莉娜，同济大学数学科学学院，副教授，博士。
梁汉营，同济大学数学科学学院，教授，博士。
周叶青，同济大学数学科学学院，助理教授，博士。
杨筱菡，同济大学数学科学学院，副教授，博士。
郁霞，同济大学数学科学学院，研究实习员(社会科学)，硕士。

面提出“大统计”教学的背景下，依据教育部对高校人才培养提出的知识、能力、素质并重的总体要求，对统计学人才培养模式进行了探究。孔晓瑞[4]等探究了大数据时代背景下，应用统计学专业人才素质的培养及课程设置改革等方面的重要问题。赵胜利[5]对大数据时代在新专业目录下面对社会需求构建统计学专业课程体系提出了建议。王昕[6]对中美两个学校统计学专业的课程设置进行了对比分析，对当前影响我国本科生培养质量的原因进行了一定的剖析，并对课程设置的改进方向提出了相关建议。熊强[7]给出了统计学专业实验课程设置的改革与探索思路与举措。李泽华[8]等对比分析了中美统计学专业课程设置的相关内容，从人才培养基本要求和课程设置建议的特征两方面进行分析，总结了中美统计学专业课程设置的异同。华锐[9]等基于统计学专业不同时期人才培养方案，进行大数据背景下统计专业人才培养的优化路径研究。

本文通过广泛阅读相关参考文献，调研、收集、整理国内外多个统计学顶级专业和标杆专业人才培养情况，重点梳理它们的人才培养理念、人才培养模式、人才培养标准、人才培养方案、核心课程、教材及实践环节等内容。将同济大学统计学专业相应人才培养体系结构与顶级专业和标杆专业进行详细的对比，深入分析人才培养各个环节存在的问题，多维度寻差距、找不足。借鉴顶尖专业和标杆专业人才培养行之有效的系列做法，提出符合自身定位的解决方案，最终目标是找准自身专业定位、突出专业特色、创新人才培养模式、取得人才培养的显著成效。

一、对标人才培养方案

1. 顶尖专业和标杆专业的课程体系

仔细梳理教育部第四轮学科评估中获评统计学 A 类学科的几个统计学专业的培养方案，发现每个学校课程设置模块都由通识课程、专业基础课程、专业核心课程、专业选修课程、实践环节六个方面组成(表 1)。模块组成部分大致相同，但也有小部分区别，如有的高校专业基础课程会设置在公共课程内。由于采取大类招生方式，现今有些高校采用通识教育核心课程体系，还有些学校会设置发展课程或个性课程，但这些也只是课程分类上的区别，其核心的课程要求基本一致。

表 1　培养方案课程体系设置汇总表

对标高校	对标专业	课程体系/课程模块设置	各模块学分要求							毕业总学分
			通识课程	专业基础课程	专业核心课程	专业选修课程	实践环节	毕业论文	发展方向	
中国人民大学	统计学	通识教育、专业教育、创新研究与实践、素质拓展与发展指导	40	37	44	12	8	4	16	161

（续表）

对标高校	对标专业	课程体系/课程模块设置	各模块学分要求							毕业总学分
			通识课程	专业基础课程	专业核心课程	专业选修课程	实践环节	毕业论文	发展方向	
华东师范大学	统计学	通识教育、学科基础、专业教育	47	38	30.5	22.5	3	8	—	149
东北师范大学	统计学	通识教育、专业教育、生涯规划、毕业论文	10	33	58	19	6	4	15	145
上海财经大学	统计学	通识教育、学科共同课、专业课、个性化培养课程、第二课堂	73	15	25	17	23	4	10	157
北京师范大学	统计学	通识教育、专业教育	48	49	22	26	4	4	—	153

国外对标顶尖专业选择美国加利福尼亚大学伯克利统计系，其致力于培养学生具有必要的定量分析能力，并且能够灵活地运用统计工具。学生需要掌握概率论的基础知识、统计推导的方法、统计计算方法、统计建模及其局限性，以及具备运用图像等工具描述、解释和探索性分析数据的能力。该系开设的课程注重学生数理基础的培养，学生必修微积分、多元微积分、线性代数与微分方程等数学基础课，并且要上统计学概论、概率论概论、数据计算概论等核心课程。与多学院联合开设选修课程，如经济统计与商业分析、城市规划、土木和环境工程等，让学生在感兴趣的领域了解如何应用统计学。

综合国内外统计学顶尖专业和标杆专业课程设置情况，发现核心课程主要包括数学分析、高等代数、概率论、数理统计、回归分析、时间序列分析、多元统计分析、随机过程、抽样调查、试验设计等，根据专业定位及所在高校性质的差异，有些高校在专业核心课程中添加带有经济学或者金融背景的相关课程，如微观经济学、宏观经济学、金融建模等；有些高校结合自身师范类背景，开设教育统计类课程，等等。

2. 同济大学统计学专业课程体系

同济大学统计学专业依托数学学科优势，课程体系的总体设计思路一是宽口径、重基础：前两年统计学及数学与应用数学专业设置平台课，强调课程的深度和广度，加强分析、代数、几何三方面的数学基础。主要课程有：数学分析、高等代数、常微分方程、概率论、复变函数、实变函数、数学建模等。二是重应用、重实践：后两年主要设置以统计思想、统计方法为主的专业课程，着重加强构建实践教学体系。提供统计学、人工智能、金融数学等多门类课程，培养学科交叉应用能力。主要课程有：统计学、抽样调查、统计预测与决策、金融统计、保险精算、实用回归分析、非参数统计、应用随机过程、多元统计分析、统计计算与软件等。三是实施本研一体化培养计划，开设多门研究生基础课程，主要包括代数、几何、分析及计算与应用数学前沿选讲，贯通拔尖创新人才培养路径。由此看出，同济大学统计学专业的核心课程与顶尖专业和标杆专业基本一致，但是更强调扎实的数学基础。

对标高校统计学专业实践性教学环节主要包括与课堂教学同步进行的计算机模拟试验和统计方法试验，各类科技竞赛及专业实习、毕业论文、社会调查、科研训练和创新创业等。目前同济大学统计学专业实践环节主要涉及专业核心课程的习题课、电算实习、建模与实践、统计计算实习、数学试验、计算方法（上机）、数学论文写作指导等。与其他高校相比，同济大学统计学专业的实习主要集中在专业必修课程相应的上机实践环节，以及参与创新创业训练计划及各类学科竞赛，而缺乏专业实习学分要求。

二、顶尖专业和标杆专业人才培养特色优势与具体举措

重点选择的国内统计学专业是被评为 A 类学科的三所高校：中国人民大学、华东师范大学及上海财经大学，国外则选择拥有全美最好统计系之一的加利福尼亚大学伯克利分校，深入调研其整个专业人才培养体系的特色优势与具体举措，并收集了一些专业建设、课程建设、人才培养方式和教学模式改革的经典案例。主要涉及：创建学科交叉和个性化发展的拔尖创新人才培养模式，打造与时俱进的课程体系；加强校内外"双导师"培养模式，构建学生实习实训基地，深入推进产教融合和校企合作；让学生深度参与企业科研项目，达到实践育人、科研育人与课堂育人相互催化的效果；探索在统计学本科大类招生改革背景下，统计学与其他相关专业结为一体的综合培养体系；以高质量国际化接轨世界一流人才培养；通过价值引领打造底蕴深厚、形式丰富的养成教育模式，等等。

1. 中国人民大学

中国人民大学统计学院以培养具有深厚统计功底并具备全球视野和社会责任感的高端专业人才为目标。在本科生培养上，课程设置以宽口径、厚基础为基本原则，注重数学、计算机、外语等基础课的教育。同时，为了能够培育学生正确的人生观、世界观，养成深厚的文化科学素养及人文精神、科学精神，学生还必须选修哲学与伦理、历史与文化、思辨与表达、审美与诠释、世界与中国、科学与技术、实证与推理、生命与环境八个模块的通识核心课。

为了开阔学生视野，创造跨专业、跨学校、跨国家、跨文化的学习环境，促进国际交流，学院在暑期开展国际小学期全英文课，为学生开设一系列短课程。在风险管理与精算方向的学生培养上，学院开设的专业课程几乎全部采用双语教学，设有北美精算师考试中心，学院开设的部分课程的学分可以直接替代北美精算师资格考试的学分。与美国威斯康星大学、康涅狄格大学等国外高校开设了联合培养项目，为本科生毕业后出国深造提供了通道。

中国人民大学统计学院设有北京市统计局、中国人寿保险公司等五个中国人民大学校

外人才培养基地，为本科生的专业实习提供了制度性保障。鼓励学生开展科学研究和社会调查活动，将社会研究与创新训练环节纳入学分制管理。组织学生前往与数据分析有关的社会合作单位进行行业参观，感受实际工作氛围和学科发展脉搏。组织学生参与学校、社会热点问题（如医疗保障问题、流动人口问题、大学生热点事件认知问题等）专题调研，塑造学生从实践向理论转化的基本能力；组织学生参加数据科学相关竞赛等。

中国人民大学统计学院十分重视教材建设，出版了“十二五”国家级规划教材 7 部，21 世纪系列教材 21 部，“十三五”本科规划教材 16 部，其中《统计学》获全国优秀教材（高等教育类）二等奖，《统计学基础》获全国优秀教材（职业与继续教育类）二等奖。还有《多元统计分析》《非参数统计》《数据分析与 Eviews 应用》《抽样技术》《应用回归分析》《统计分析与 SPSS 的应用》《统计学》等一系列教材为高校的统计学专业建设提供重要支持。

选拔中国人民大学“明德数据”厚重人才成长支持计划的学员，通过课程学习、研究实践、参访交流、课题研究等培养方式，为优秀学生搭建知行合一的成长、成才平台。设有统计调查协会、学生精算协会、数据挖掘中心等各种课外学术社团，为本科生的全面成长添砖加瓦。中国人民大学国际统计论坛、经济统计国际论坛、中国风险管理与精算论坛、中国生物统计国际论坛、中国 R 会议等高端学术论坛为本科生打开了了解学术前沿的窗口。

2. 华东师范大学

华东师范大学统计学院形成以培养“创新型、应用型、复合型”统计学人才为目标、以学科交叉和个性化发展为特色的拔尖创新人才培养模式。借鉴国际顶尖大学的统计学课程体系，打造了厚基础、重交叉、内涵与时俱进、水平引领国内的课程体系。优化本硕博一体化培养方案；增大自由选课比例、拓宽通识与学科交叉课程、多方合力推进学业个性化指导；通过创建荣誉课程、设立机制灵活的讨论班制度，引导和支持拔尖创新人才培养。

注重模式创新和内容升级，推进高水平国际化人才培养。通过与海外知名大学合建“3＋2”或“2＋2”双学位项目及大量的国际交流项目合作，丰富本科生海外学习交流机会。除了校内师资以外，积极邀请校外名师、学术带头人、行业专家等为学生开设前沿课程和讲座、参与专业课程建设。开设现代统计方法选讲系列短课程，邀请包括美国科学院院士等国际顶尖统计学家多人次来华授课，丰富学生前沿理论知识，激发学生创新意识和能力。开展机制灵活的学术讨论班，鼓励学生积极参与导师科研项目，提升科研能力，开阔科研视野，并在一定研究领域深入挖掘，开启科研进程。

加强校内外“双导师”培养模式；聘请业界专家联合开设“临床试验统计分析”等实训课程，打造特色实践类“金课”；与行业领军企业搭建育人平台，构建学生实习实训基地，保证 65％以上的学生参与企业科研实践项目。积极推进校企合作育人，引入企业师资进入课堂，讲授行业大数据与人工智能应用发展；通过设立校企联合科研项目和企业奖学金等方式，让学生深度参与企业科研项目，达到实践育人、科研育人与课堂育人相互催化的效果。

深化统计学本科大类招生改革，形成集统计学、保险学、金融工程等专业于一体的综合培养体系。大力推进统计学与经济学、金融学、计算机科学等学科课程交叉融合，推出了“金融学＋统计学”本科双学位，并积极探索“统计学＋计算机科学”本科双学位建设。

首创“云挂号导师制”，学生通过线上预约、线下交流的方式获得思想、学业和生活上的全方位一对一指导，该创新举措荣获全国高校网络宣传思想教育优秀作品案例类优秀奖；实施“教授班主任制”，让教授担任本科生的“零距离”知心人。

3. **上海财经大学**

上海财经大学对统计学专业人才进行个性化分类培养，平行班定位卓越型财经类应用统计人才，从2014年开始设立统计学实验班。实验班项目在邀请学校学院科研教学骨干的基础上，聘请国内外一流专家莅临授课，并借助与中国科学院系统科学研究所全面合作培养人才项目，通过科学、严格、公开、公平的遴选程序选拔具有潜质的学生，定位培养基础扎实、专业精深、社会急需的学术复合型拔尖人才。

积极建立发展校外实践基地，合作企业达十几家。在校企合作模式基础上，尝试推进导师互通，支持企业专业人才和学院优秀师资的交流互通，推动产学一体化；充分利用企业现有资源，为学生争取更多接触实务数据的机会。实习基地的建设促使学院转变办学观念，强化目标导向，与各个合作企业建立起长期、稳定、实质性的联合培养机制，搭建高水平的合作培养平台，构建本科教育新模式。

作为统计学教育教学改革的领航者，与我国众多优质企业强强联手，大力支持搭建学科比赛平台，努力培养高素质拔尖型人才。依托“上海财经大学—SAS培训发展中心”，统计与管理学院连续多届承办“SAS高校数据分析大赛”上海赛区比赛，旨在进一步完善培养机制、提升学生数据分析和处理能力，提高SAS软件在国内高校的影响力，使中国高校在数据建模领域与国际接轨。

4. **加利福尼亚大学伯克利分校**

早在1938年，耶兹·内曼(Jerzy Neyman)在加利福尼亚大学伯克利分校建立了美国最早的统计研究中心之一。经过80多年的发展，加利福尼亚大学伯克利分校统计系目前拥有4位美国国家科学院院士，是全美最好的统计系之一。为了更方便地开展交叉研究，加利福尼亚大学伯克利分校统计系有18名教师是与其他学院(如公共卫生学院的生物统计学、人口统计学，电气工程学院，计算机学院等)联合双聘的。教师能够带领学生参与校园内的交叉研究项目，从小型实验设计到大型数据分析项目(如癌症基因组谱项目)，让学生真正利用统计学工具去分析和解读数据。

为了使学生了解学科前沿，加利福尼亚大学伯克利分校统计系每学期会举办三场系列讲座：内曼讲座(聚焦统计学的应用)，概率讲座(聚焦概率的理论与应用)及统计与基因组学讲座(聚焦统计学在生物医学中的应用)。同时每年还会与斯坦福大学、加利福尼亚大学戴维斯分校开展联合讲座。为了解决公司在实践中遇到的统计问题，加利福尼亚大学伯克利分校统计系成立了统计行业联盟项目，与从事统计研究、数据分析和机器学习的公司建立起密切的联系。公司若想加入该联盟,必须缴纳一定的会费。该联盟每年举办伯克利统计学论坛,公司可以介绍其研究工作及遇到的问题,统计系的师生为其介绍最近的研究进展。

三、人才培养及专业建设发展的相关思考与建议

鉴于以上国内外统计学标杆专业的人才培养调研情况,结合同济大学统计学专业人才培养实际,我们发现传统理学门类下的统计学专业的人才培养模式,虽然强调“厚基础、宽口径”,但依然存在知识结构比较单一,课程体系缺乏顶层设计,与其他学科交叉融合程度不够,“重理论、轻实践”的现象,以及专业特色不突出等问题。通过比较研究,对下一步专业人才培养模式探索提出建议。

1. 找准专业定位,凸显专业特色

原统计学专业既可以授予毕业生理学学位,又可以授予毕业生经济学学位,从某种程度上一度造成了专业定位不明确、培养目标不清晰等系列问题。新的专业目录和管理规定颁布后,国内各高校相应重新调整了专业培养目标、培养方案和课程体系。同济大学统计学专业设置在数学门类下,毕业生最终获得的是理学学位。因此区别于财经类高校的统计学专业,要找准自身定位,并与传统数学门类协同发展。

在人才培养的顶层设计中,要继续夯实数理基础,与现有的强势数学学科充分融合,继续推进统计+金融、统计+人工智能专业鲜明特色的形成。同时还要注重立足于同济大学自身扎实深厚的理工科背景和基础,加强统计学与工程领域,如建筑、土木、交通、医学等多学科交叉融合,以及计算与统计的深度结合,等等。面向我国人工智能发展战略,抓好专业平台建设。配合上海市前沿科学研究基地、上海自主智能无人系统科学中心和“智能计算与应用”同济大学数学中心的建设,持续推动统计学与人工智能等多学科交叉协同发展。

2. 与时俱进变化教学内容和方式

根据学校对本科各专业的培养目标及培养方案发布指导性意见,统计学专业会相应开展本科专业培养目标及其培养方案的修订工作。一方面参考教育部高等学校统计学类专业教学指导委员会给出的建议标准,另一方面结合同济大学自身的定位,经学院教学指导委员会和学科专业委员会反复讨论制订。现行培养方案中,课程体系根据大类招生要求,适当缩减了总学分,对模块也做了相应调整,但专业核心课程并没有发生太大变化。现今,大数据的出现给统计学带来了巨大挑战,人工智能不断发展与进步,其核心内容就是“统计+计算机”。在此背景下,需要适时调整相应的课程设置,保持课程内容与时俱进,同时教学方式可能也要发生重大变革。

建议联合学校各学院师资,增设一些大数据及人工智能方向课程,如增开机器学习、深度学习课程等,将最新的统计学方法和案例引入课堂,并逐步建立学科交叉育人制度。除

此之外,对于小学期的电算实习等课程,也要充分调研学生需求和水平,有针对性地选取合适的教学内容,进一步突出能力和技能训练的特色,切实提高利用统计方法分析问题、解决问题的能力。号召专业教师树立终身学习的理念,转变传统教育观念,不断学习新的统计方法,将教学内容与社会发展动态密切关联,不断更新教学内容,以适应大数据时代应用型统计学专业人才的培养需要。

3. 加强实践环节,建立校内外实践基地,推进校企合作

实践教学的基础建设重点是实践教学基地建设。在整个教学体系中,统计实验教学是连接知识与实践、实践与创新的重要桥梁,是培养高层次创新人才的重要手段。一方面是校内实验室建设。目前学院实验室主要负责本科教学实验工作、学院设备管理工作和数学创新人才培养基地的日常管理工作。通过多年的实验室建设,引导和组织学生参加各类学科竞赛及创新创业训练计划,取得了丰硕成果。但在当前大数据背景下,现有实验室也无法完全满足培养高层次实用型复合人才和开展创新型统计研究的需求,特别是在数理统计分析、大数据处理、检验和大规模计算上受到一定限制,实验设备与国内外先进高校相比还存在差距;需要在此基础上推动课程体系的融合,建立跨学科的综合性实验教学体系,进行研究型实验教学模式的实践。

另一方面是建立校外实践基地。2019 年,DISCOVER 公司在同济大学设立"DISCOVER 奖学金",旨在奖励和资助成绩优秀且有志于金融服务决策分析领域的人才。为进一步加强校企合作、推进复合型数学人才培养,2020 年同济大学数学科学学院再度与 DISCOVER 公司联合,开展"未来大数据人才培养职业训练营",以培养新形势下兼具数据知识和应用视野的大数据人才,引导毕业生主动服务和融入国家发展战略,提升学生综合能力。除此之外,学院还与高沃信息技术(上海)有限公司签订了奖学金资助协议。与富谙智信息技术有限公司、上海香农投资管理有限公司和上海数策软件股份有限公司参与"Σ共创计划"实践育人项目,为学生提供实习实践项目。

同济大学数学科学学院的校企合作才刚刚起步,后续还将继续深挖各项资源,积极与行业协会、地方政府和知名企业建立稳定的合作关系,探索项目主导、联合培养等多种形式,构建本科生培养新模式、新机制。目前可以在 2022 级培养方案中执行开展的是小学期数学实践课程,邀请企业专家联合授课,让学生充分接触行业实务数据,了解行业和企业发展现状和趋势,掌握企业对应用型人才的素质要求。通过深入开展校企合作,逐步打造校外实训基地,真正培养学生的实践能力和创新精神。

综上,对标国内外顶级专业和标杆专业的人才培养体系的方方面面,我们找到自身专业发展及人才培养中的差距与不足。在汲取相关专业建设和人才培养经验的基础上,我们要结合自身实际情况,做好人才培养顶层设计,科学制定培养方案,探索出具有同济特色与优势的人才培养模式,切实达到统计学专业培养目标和规格,并促进专业的可持续性发展。

参考文献

[1] 袁卫. 我国统计高等教育的回顾与前瞻[J]. 统计研究,2001(1):46-50.

[2] 王炯琦,吴翊,周海银. 美国一流统计学专业课程设置现状研究[J]. 高等理科教育,2012(3):61-64.

[3] 罗良清,郭露. 新专业目录下统计学人才培养模式探究[J]. 中国大学教学,2013(5):29-32.

[4] 孔晓瑞,梦玲,靳俊娇. 大数据时代背景下对应用统计学专业的思考[J]. 高教学刊, 2016(18):41-44.

[5] 赵胜利. 面向社会需求构建统计学专业课程体系[J]. 曲阜师范大学学报(自然科学版),2017,43(3):121-124.

[6] 王昕. 北京信息科技大学与美国奥本大学统计学专业培养方案之比较研究[J]. 教书育人(高教论坛),2017(3):78-79.

[7] 熊强. 统计学专业实验课程设置的改革与探索[J]. 教育教学论坛,2018(21):210-211.

[8] 李泽华,吴小腊,徐小红. 中美统计学本科专业课程设置比较研究[J]. 教育现代化,2019,6(53):166-168,183.

[9] 华锐,杨时林,高永东,等. 大数据背景下统计专业人才培养的优化路径研究——基于统计学专业不同时期人才培养方案的比较[J]. 湖北科技学院学报,2020,40(2):129-133.

数码显微镜助力实验教学新探

◎ 李艳娜　曹金凤　徐思红

摘　要　病原生物学是基础医学中一门重要的基础课，与临床紧密相关。病原生物学实验是重要的基础实验学科，随着科学技术的发展，病原生物学实验教学方法和手段也得到不断改进。在病原生物学实验中引进一批数码显微镜，通过在实验教学中使用数码显微镜积累了一些心得体会，结合具体实验项目探讨数码显微镜在该实验项目中的应用并与同行分享实验教学体会。

关键词　病原生物学　实验教学　数码显微镜

作为一门医学专业重要的基础课，病原生物学是基础医学中实践性很强的学科，也是与临床紧密联系的桥梁课。本学科是研究与人体关系密切的病原微生物的形态、结构、生长繁殖规律的课程。教学实践过程中，教师发现现有教学方法和手段与临床技术的发展有差距。在分子生物学技术快速发展的新时代，微生物学检测技术也与时俱进，更新了很多临床检测方法。为了适应学科发展的需要，同济大学医学院实验教学中心病原实验室添置了一批新仪器，学生实验室环境得到很大改善。合格的硬件设施是实验室安全运行的基础条件，4 个学生实验室分别配备 24 台麦克奥迪数码显微镜、一台教师用麦克奥迪数码显微镜和电脑[1,2]。新的实验环境需要严格的实验室安全管理制度维护。学生第一次来病原生物实验室上课首先要参加生物安全培训，培训合格后签名留档。实验课上教师将告知学生实验室内的相关设施如医疗废物放置区、废液回收区、利器盒等的位置，并告知学生在实验操作过程中必须遵守实验室生物安全规则，否则将影响实验成绩。实验室安全人人有责，需要每个人不断更新生物安全的知识体系，强化生物安全意识[3]。

作者简介　李艳娜，同济大学医学院，高级实验师，硕士。
曹金凤，同济大学医学院，教学办主任，助理研究员，本科。
徐思红，同济大学医学院，实验师，本科。

一、数码显微镜在病原生物学实验课中的应用优点

1. 结果共享

病原生物实验室启用新的仪器设备后，实验教学手段较以往得到明显升级。每个学生手机上安装麦克奥迪数码显微镜 DigiLab3 App，保证其可固定使用一台数码显微镜，通过手机 App 可以将学生观察到的镜下图像传至教师电脑端，可以和教师电脑实现教学互动。每个学生的实验结果都可以与全班同学共享，全班同学也可以将典型的显微镜下图像保存，留作复习之用。

2. 广泛性分析实验结果

实验课中，教师可以在教师电脑端麦克奥迪数码显微镜 DigiLab 软件中设置本次实验学生需要观察的项目任务列表，然后学生在手机端 App 中可以看到教师布置的任务列表，在实验过程中分别提交任务指定的镜下图像，同时教师可以在教师电脑端看到学生提交的图像，教师可以将学生上传的图像中形态特征典型的图像放大，并通过投影仪投射到白板上。全班同学都可以看到形态特征典型的图像，加深印象，增进对理论知识的理解。而对于学生提交的图像，教师认为形态不对或者不典型的，提醒该同学可以重新提交。

教师在电脑端 DigiLab 软件中，最多可在课堂交互任务栏中设置 10 个步骤。教师指导学生正确使用麦克奥迪数码显微镜及 DigiLab3 手机 App，指导学生采集牙垢奋森氏螺旋体标本，并用墨汁染色，在数码显微镜下观察标本。学生在操作中都可以与教师互动，将镜下图像传至教师电脑端，教师在电脑端的 DigiLab 软件中可以看到全班 24 台数码显微镜正在使用中的镜下的图像。

3. 当场分析实验结果

实验中教师不用在实验室到处走动以检查每个学生显微镜下的图像。通过数码显微镜，教师可以实时掌握每个学生动态，及时与学生互动，较以往实验课过程中，学生经常举手请老师到其座位上的显微镜前，指导其找到的图像是否正确的做法效率提高很多。启用数码显微镜教学大大提高了教学效率，教师可以实时地指导多名学生。就局促的实验室场地而言，避免了因拥挤产生的尴尬。

4. 提高学生参与实验课的积极性

学生学习新鲜事物的速度很快，很容易接受新鲜事物，熟练操作新的软件。每个学生都愿意将自己找到的图像传给老师，期待得到老师的认可。教师也可以在课堂上通过电脑端 DigiLab 软件给学生上传的图像打分，学生通过手机上安装的 DigiLab3 App 可以立即收到老师的反馈。课堂气氛活跃，学生参与度高，提高了课堂抬头率，教学效果好。

5. 便于归档

教师通过电脑端收集每个学生提交的实验结果图像和实验报告，方便文件的档案管

理,每个学生的每一次的实验结果都可以查询到,每一个学生的每一次的实验报告都可以存档,提高无纸化办公的效率,方便期末对每一个学生进行成绩分析,作出教学评价,为提高以后的教学质量提供依据。

6. **适合远程教学**

在实验室面积小、学生多教师少的条件下,在实验教学中引入数码显微镜,适合远程教学,可以节约人力成本,提高教学效率,学生实验报告也可以通过手机 App 传至教师电脑端,实现高效办公、无纸化办公,节约能源。

二、病原生物学实验课引入数码显微镜教学的意义

1. **提高学生科研能力**

学生在病原生物学实验中要掌握较多基础实验操作和技能。通过理论课学习,在实验课上强化对理论知识的认知,让学生加强对引起常见疾病的病原体形态特征、培养特性及所致疾病的临床表现等的理解。然后通过学生自行采集头皮屑标本,了解临床样品的采集流程和培养方法。通过引导学生采集自己的口腔牙垢标本并进行墨汁染色,指导学生对人群口腔奋森螺旋体的感染率进行调查研究。通过该综合性实验,学生使用数码显微镜操作的积极性提高,既锻炼学生分析问题、解决问题的能力,又锻炼学生的科研能力,为今后的科研实践打下基础[4]。

2. **实验设计合理**

本实验设计的思路不是传统的验证性实验思路,而是综合探索性实验,锻炼学生自主设计实验能力。学生先认知,实验课上教师先讲解本次实验涉及的病原微生物的形态特征和培养特性,通过多媒体数码显微镜等形式展示病原微生物相关标本的图片,加深学生对相关知识的印象,增强课程趣味性,提高学生上课抬头率。再实践,在了解相关病原微生物基本知识点之后,学生按照实验指导进行不同内容的实验操作。最后综合分析,得出结论,撰写实验报告。

3. **小班化教学**

本次实验采用小班化教学,将学生分班分组,充分增加每个学生动手的机会。实验课分成两个班级,每个班级 20～24 人,每 4 人为一组。每组都配有一套常见病原微生物玻片标本,供学生观察。每 2 人为一小组,合作完成实验操作项目。每个班级推荐 1 名学生作为组长,负责安排值日生和显微镜的维护管理。

4. **实验手段高效**

采用先进的虚拟仿真实验及多媒体数码显微镜辅助等教学手段,通过数码显微镜拍摄技术将部分珍贵稀有的标本的镜下照片制作成电子幻灯片呈现给学生,加深学生对理论知识的理解。该实验虚实结合,学生通过设计实验过程并分组完成实验要求,加深对于课程

的融会贯通，增强学生知识的迁移能力及合作能力。

5. 考核体系合理

本实验的考核为形成性考核。首先实验课上教师会围绕学习目标启发性提问学生，根据学生回答问题情况记录分值。其次是实验基本技术的考核，如染色技术和正确使用数码显微镜技术等。最后还有实验报告的考核，对于实验报告优等的学生，可以把其报告展示在学生 DigiLab3 手机 App 中供大家学习。该实验大大提高了学生参与操作和实验设计的比例，考核形式多样化，以往给学生实验成绩仅凭实验报告打分，而如今凭借数码显微镜的强大功能实现了学生实验数据归档，教师通过学生上传到教师电脑上的实验结果和实验报告给分，给分依据充足，保证了学生实验成绩的公平性和高效性。

6. 培养学生的责任心

由于每一位学生每次实验指定使用同一台数码显微镜，教师指导学生每次实验课结束必须正确清洁显微镜镜头并签字确认后才能离开实验室，以确保显微镜日后可以正常使用，并且显微镜的正确保养与该同学的实验成绩挂钩。通过每次实验结束后的数码显微镜使用登记制度督促学生爱护仪器，养成正确保养仪器的好习惯。

三、结语

数码科技助力实验教学，提高实验课教学效率。数码显微镜强大的功能体现了现代化教学与时俱进。学生可以将其镜下图像分享给全班同学，以期得到教师和同学们的认可，这极大地提高了学生的积极性和参与度。学生通过 DigiLab3 手机 App 提交实验报告，无纸化办公使教学更为便捷。该课程着重创新思维的培养，引导学生乐于探索、实事求是、勇于创新、具备合作精神，将知识、能力和素养融为一体[5]。

参考文献

[1] 李艳娜，沈利，王飞，等. 病原生物学与感染性疾病实验整合与设计[J]. 教育教学论坛，2019(50)：275-276.

[2] 石建勋，付德波，李海英. 新时代高校课程思政建设重点是“三观”教育[J]. 中国高等教育，2020(24)：38-40.

[3] 赖媛媛，王宇婷，陈家倪，等. SARS-CoV-2 病原学特点、实验室检测及实验室生物安全防护[J]. 检验医学，2020，35(3)：278-281.

[4] 李艳娜，沈利，徐新东，等. 病原生物学实验课程建设探索[J]. 实验室科学，2022，25(3)：98-104.

[5] 韩俭，景涛，郭璐.《病原生物学》教材编写探索[J]. 基础医学教育，2018，20(10)：828-830.

医学节肢动物实验教学改革探索

◎ 李艳娜　徐思红　曹金凤

摘　要　医学节肢动物是指直接或间接危害人类健康的节肢动物，通过实验课向学生展示引起寄生虫病的常见节肢动物标本。传统针插法制作的蚊虫标本不易观察，本实验室采用一种新型的标本制作技术，较以往采用的针插法更为美观，在不损害蚊虫成虫形态特征的基础上，结合蚊虫生活史，制作一套从虫卵、幼虫、蛹到成虫的完全变态生活史，呈现蚊虫生活史(包括卵到幼虫到蛹最后到成虫)的整个过程，为医学节肢动物实验教学提供更好的标本。数码显微镜应用到实验教学环节提升教学效果，课程思政元素有机融入实验教学过程提高学生的使命感和责任感。

关键词　蚊虫　标本制作　实验教学

一、背景

同济大学医学院2021年搬迁到沪西校区之后，学生实验室新添置了100台数码显微镜，实验教学的硬件水平大大提升。随着大数据、人工智能、5G等数字技术的兴起，将传统实验教学与现代数码显微镜有机结合，打造涵盖各个实验、各个班级的实验室资源库，每学期进行优化更新。应用数码显微镜助力实验教学，利用多平台如雨课堂、DigiLab3、微信群等线上线下混合式教学手段，将课程思政有机融入教学过程，激发学生学习兴趣，同时提升教学效果[1]。

医学节肢动物对人类的直接危害方式有蚊、蚤、虱叮咬及刺吸人血，疥螨寄生于人体皮肤引起疥疮，还有蝇的骚扰等。医学节肢动物对人类的间接危害方式是医学节肢动物传播病原体，引起疾病流行。许多传染病是由传染源经节肢动物作为媒介传播的。蚊虫因吸血

作者简介　李艳娜，同济大学医学院，高级实验师，硕士。
徐思红，同济大学医学院，实验师，本科。
曹金凤，同济大学医学院，教学办主任，助理研究员，本科。

骚扰使人厌恶。但更重要的是，蚊虫可传播多种蚊媒病，如疟疾、丝虫病、流行性乙型脑炎、登革热、黄热病等重要疾病。以按蚊为传播媒介的疟疾最为严重，发病率和致死率始终居高不下。据世界卫生组织报告，每年有约2亿～3亿人感染疟疾，每年死亡人数接近百万，平均每1～2分钟就有一名儿童死于疟疾。仅2018年一年，疟疾就造成了约40万人死亡。蚊媒防治一直是阻断疾病传播的最主要措施。因此研究蚊虫可以为疾病防治提供参考[2]。登革热是一种在全球热带和亚热带地区流行的由蚊虫传播的传染病。近十年来，全球登革热发病率急剧上升，已经成为主要的国际性公共卫生关注问题。蝇除骚扰人畜、污染食物外，更重要的是传播多种疾病和引起蝇蛆病。蝇类主要是机械性传播多种疾病，如伤寒、副伤寒、霍乱、细菌性痢疾、阿米巴痢疾、炭疽、脊髓灰质炎、结核病、沙眼，等等。蝇类幼虫直接作为病原体寄生于人和动物的皮肤和内脏，引起蝇蛆病。

临床医学生所要学习的医学节肢动物实验内容比较丰富，涵盖蛛形纲的硬蜱、软蜱、革螨、疥螨、恙螨、蠕形螨、尘螨；还有昆虫纲的蚊虫、中华白蛉、蝇、蚤、虱。以往节肢动物标本比较陈旧，通过不断摸索实验方法，本实验室人员参考文献，不断改进实验方法，制作出一批精良的节肢动物实验标本供学生使用。以蚊虫标本为例，理论课上给学生传授蚊虫知识后，指导学生进行蚊虫标本的采集。

二、蚊虫标本采集

根据理论课上关于蚊虫的生态学知识，蚊虫在不同的季节、不同的孳生地及不同的栖息场所的特性不同，指导学生用适当的工具采集蚊虫，采集后将蚊虫标本带到实验室，根据蚊虫形态特征进行分类，在镜下观察蚊虫标本的形态特征。实验室老师采集的蚊虫标本在实验室进行饲养，为下一步蚊虫标本制作做准备。

三、蚊虫标本制作

在蚊虫标本制作过程中，依据朱淮民[3]、王创新[4]等人发表的参考文献资料，先将蚊虫的成虫麻醉、固定、晾干，准备好玻璃试管和白色硬纸片，纸片采用的是冲洗照片用的铜版纸，将纸片裁剪成长条状，纸片的宽度与装标本的玻璃试管的直径相当(约1厘米，纸片正好能够塞进试管中并固定住)，纸片的长度以能够塞进玻璃试管中为宜。然后将胶水涂布于纸片上，用昆虫针轻轻整理好不同时期的卵、幼虫、蛹和成虫标本贴于纸片上，待干。最后小心翼翼地将纸片插入玻璃试管，封口。按照这种方法可以将采集到的三种蚊虫——伊蚊、按蚊和库蚊生活史分别制作成生活史标本，同时可以将三种蚊虫的成虫制作成一个鉴定标本，展示给学生观察。实验课上，学生可以将玻璃试管标本拿在手上近距离观察蚊虫的形态特征并进行鉴别。这种方法与以往采用的针插法相比，优点是在不损害蚊虫形态的条件下，结合蚊虫的生活史，可以制作出一套从卵、幼虫、蛹到成虫的标本，呈现蚊虫的完全变态生活史的全过程，既方便学生观察，又容易保存、美观大方。

四、蚊虫等标本在实验教学中的应用

医学寄生虫实验是一门实践性很强的课程。一般在大学三年级第一学期开展，学生先进行理论课学习，之后进入实验室对理论课上讲授过的节肢动物标本进行观察。为了提高学生参与实验的积极性，指导学生按照蚊虫的习性采集蚊虫标本，然后将标本带到实验室，在教师的指导下进行镜下观察。实验室配备数码显微镜，每个学生可使用一台数码显微镜，通过 DigiLab3 手机 App，学生可以将自行采集的蚊虫标本镜下图片上传到教师端，然后教师可以实时将全班学生的镜下图片投影到电子屏上，对学生镜下图片进行评价。提高学生实验课抬头率，并活跃课堂气氛。除了学生自行采集的蚊虫标本以外，实验室还准备了实验老师提前制作的蚊虫标本，学生可以拿在手里，借助放大镜仔细观察蚊虫标本的形态特征，并对按蚊、伊蚊和库蚊三种蚊虫进行鉴别，归纳总结三种蚊虫的形态特征及传播疾病的特点。其他节肢动物标本如硬蜱、软蜱、疥螨、恙螨、尘螨、白蛉、跳蚤、阴虱等都可以提供给学生观察。通过将数码科技应用到实验教学中，学生反馈实验课生动有趣并且很有收获，更多的学生愿意参与并积极地提交实验结果。通过改良蚊虫等标本提升了实验教学的课堂效果，使实验课程目标、考核内容、实验教学活动、学习评价与反馈、教学环境的内涵得到很大扩展。实验教学系统也将更加开放、多样、动态化，利用多平台实时共享使得教学场景在时空上极大拓展，并且教学形式转向多种形式的混合式教学。数字技术对于教师教学能力内涵具有提升作用。通过数码显微镜助力实验教学，为学生创造了多样化和智能化的开放教育资源，同时也提供个性化和精准化的学习支持服务，为创建具有同济特色的医学实验教学方式进行探索。

五、课程思政融入实验教学过程中的探索

如何将课程思政内涵有机融入具体实验教学过程中？将课程思政元素整合到专业课的实验教学就类似于做菜的时候放盐：盐放多了，菜就咸，不好吃；盐放得太少，菜就太淡，吃起来没胃口。同样的道理，课程思政元素融入专业课教学环节需要掌握时机和切入点。为了更好地将课程思政元素有机融入教学环节，教师需要提前备课，准备好与专业知识点有关联的课程思政内涵的相关内容，进行教学活动时，适当地引入课程思政元素，调动学生的兴趣，拓宽学生视野[5]。

比如医学节肢动物实验内容涉及寄生虫病的防治。教师可以向学生介绍当下关于该疾病的最新研究成果，以及在诊断治疗方面所面临的挑战，激发学生投身科研队伍的动力。

研究发现,蚊媒疾病与全球重大卫生负担有关。伊蚊属和库蚊属是传播蚊媒病毒(包括登革热病毒、西尼罗河病毒和寨卡病毒)的主要原因。尽管这些病原体给人类带来了负担,但病毒和它们的蚊子宿主之间的相互作用仍然是一个谜。当蚊子吸食了带有病毒的血液后,病毒就会进入蚊子的体内。在感染期间,蚊子宿主对病毒的识别触发了它们的抗病毒防御机制。在这些宿主防御中,RNAi(RNA interference)途径的激活是主要的抗病毒机制,导致病毒 RNA 降解,从而抑制病毒复制,促进病毒清除。然而,尽管抗病毒宿主防御机制限制了病毒复制,蚊子的免疫系统却无法有效地清除病毒。因此,这些病毒可以造成持续感染,导致终生传播给人类。了解蚊子先天免疫反应有助于发现新的抗媒介策略来阻止病毒向人类传播。有研究人员利用转基因蚊子研究蚊子抵抗病原体传播的阻断策略[6]。随着气候和环境变化,蚊子化学生态学领域在过去五年中已经转移了关注焦点,原因是人们认识到,气味介导的行为受到不同的化学代码,即来自自然环境的混合气味的控制。研究者寻找植物和蚊子产卵地,以便在整个撒哈拉以南非洲蚊子杀虫剂和行为耐药性增强后,开发新的工具来抗击残留疟疾[7]。对媒介蚊虫的有效控制及基础和应用科学研究的进展对在我国范围内消除疟疾起到了重要作用。虽然国内已消除疟疾的传播并获得了 WHO 认证,但仍需要防控境外输入病例。

2017 年美国报告的疟疾病例数量延续了数十年来的增长趋势,这是自 1971 年以来连续第二年报告的最高病例数量。尽管近年来在控制疟疾方面取得了进展,但这种疾病仍在全球许多地区流行。疟疾的输入反映了全球来往这些地区旅行人次的总体增加。56%的病例来自西非,而在美国平民中,探亲访友是最常见的旅行原因(73.1%)。频繁的国际旅行加上旅行者没有充分采取预防措施,导致美国发现的输入性疟疾病例数量达 40 年来新高[8]。所以媒介的监测和控制仍然是需要关注的。通过以上关于寄生虫病的最新研究文献向学生传递课程思政内涵,推动思政课一体化建设,寄生虫病的防治还有很长的路要走,需要学生们担负起历史责任感和使命感,勇于向科学高峰探索。

六、结语

在生命科学技术迅猛发展的今天,寄生虫实验教学手段的发展严重落后于现代生物科技的发展,当前蚊虫标本制作技术严重落后于现代科技的发展,实验室专业人员匮乏,传统技术继承与更新需要一批人才的投入,有条件的还可以将蚊虫标本制作成多媒体数字标本,方便学生通过网络查看蚊虫的形态结构,一键直达蚊虫所引起的一系列疾病的文件目录下进行自学,特别适合新冠疫情期间的网络教学。

参考文献

[1] 李艳娜,沈利,王飞,等. 病原生物学与感染性疾病实验整合与设计[J]. 教育教学论坛,2019,12(50):275-276.

[2] 季旻珺,吴观陵. 人体寄生虫学学科发展的历史性思考[J]. 中国寄生虫学与寄生虫病杂志,2009,5(18):448-454.

[3] 朱淮民. 蚊虫采集、保存及标本制作[J]. 中国寄生虫学与寄生虫病杂志,2006,12(24):73-75.

[4] 王创新,陈斌,付文博,等. 蚊虫标本制作技术[J]. 重庆师范大学学报(自然科学版),2013,30(3):16-20.

[5] 李艳娜,沈利,徐新东,等. 病原生物学实验课程建设探索[J]. 实验室科学,2022,25(3):98-104.

[6] WAI-SUET LEE, JULIE A WEBSTER, EUGENE T MADZOKERE. Mosquito antiviral defense mechanisms: a delicate balance between innate immunity and persistent viral infection[J]. Parasit Vectors, 2019,12(1):165.

[7] RICKARD IGNELL, SHARON ROSE HILL. Malaria mosquito chemical ecology[J]. Curr Opin Insect Sci, 2020,40(1):6-10.

[8] KIMBERLY E MACE, NAOMI W LUCCHI, KATHRINE R TAN. Malaria Surveillance — United States, 2017[J]. MMWR Surveill Summ,2021,70(2):1-35.

新时代研究生教育评价改革方案初探

◎ 杨洪念

摘　要　研究生教育评价内容是研究生教育的重要组成部分，也是研究生培养质量的重要保障机制。随着全国研究生教育会议召开，研究生教育进入新的发展时期，研究生教育改革进入深水区。研究生教育评价改革是研究生教育改革的重要内容，本文根据《深化新时代教育评价改革总体方案》的精神，从研究生教育规律和根本任务出发，讨论目前研究生教育评价中的问题，明确研究生教育评价改革的必要性，探索新时代研究生教育评价改革方案，从而推动研究生教育改革整体向前迈进。

关键词　研究生教育评价　研究生教育　研究生教育改革

一、目前研究生教育评价方案存在的问题和改革的必要性

2020 年 10 月，中共中央、国务院印发《深化新时代教育评价改革总体方案》（以下简称《总体方案》）指出："教育评价事关教育发展方向，有什么样的评价指挥棒，就有什么样的办学导向。"研究生教育评价方案具有时代性，是适应当时当地社会发展需求产生的。近年来，我国硕士研究生报名人数屡创新高，2019 年达到 290 万，2020 年为 341 万，首次突破 300 万。[1]我国研究生教育规模有了很大发展，成为全球研究生教育大国。中国特色社会主义现代化建设进入新的发展阶段，我国研究生教育发展目标由研究生大国向研究生强国转变。目前的研究生教育评价方案存在许多问题，阻碍着我国向着社会主义现代化教育强国目标迈进。

1. 目前研究生评价方案单一，缺乏系统性

随着我国研究生教育迈入新的发展阶段，目前研究生教育评价方案单一的弊端日益突出，阻碍了研究生教育改革的发展，主要表现在以下三个方面。

作者简介　杨洪念，同济大学研究生院，培养处科员，硕士。

(1) 评价主体单一

过去,研究生的教育评价的话语权和评判权掌握在各级教育主管部门手中,政府部门既是研究生教育评价方案的制定者,又是执行者。作为教育前沿阵地的各高校,作为教育活动主体的导师和学生及教育活动其他民间组织反而缺席。单一的评价主体影响教育评价的公平性、公正性,同时也造成了评价内容的片面性。

(2) 评价对象单一

我国的研究生教育经历了从无到有、从有到全的过程。过去研究生教育培养的主要是学术型研究人才,目的是为国家提供更多的科研工作者。随之形成的研究生教育评价方案主要是针对学术型研究生教育制定的。随着我国社会经济需求的变化,研究生培养的对象更加多元化,除了学术型研究生,专业型研究生的数量迅速增长。“单一的学术型研究生教育质量评价标准明显与新形式下应用型、创新型、复合型人才培养要求不相适应,也与用人单位的需求出现了一定程度的脱节”[2],因此,之前的单一适用学术型研究生教育评价方案已经无法满足现在的需要,亟待改革。

(3) 评价内容单一

评价主体和评价对象的单一性,必然导致评价内容存在单一的问题。过去的研究生教育评价方案在内容上更加关注研究生的专业课程学习掌握情况,更加注重研究生科研能力的培养,更加要求教师的科研产出和贡献度,更加看重各高校的整体科研成果和社会转化效率,逐渐形成了“五唯”的评判标准。这样的评价方案在一定时期内促进了学生专业能力、导师科研积极性、高校参与社会经济建设的成效的提高。但是,随着研究生教育回归本源,强调探索内涵式发展的道路,这样的评价内容已经不合时宜。

2. 目前研究生评价方案功利性,缺乏科学性

正如前面提到的,目前研究生教育评价内容片面强调学生专业能力和科研能力、导师科研成果及各高校经济效益,导致高校研究生教育中德育、智育、体育、美育和劳育的缺失,培养的学生缺乏理想信念,缺乏综合素养;导致高校教师在科研压力的大山之下,忘记了教书育人的初衷,忘记了立德树人的根本;导致各高校本末倒置,从经济利益的角度出发办教育,没有深刻理解研究生教育的发展规律,没有深刻总结自身研究生教育的内涵之路,没有深入认识高校的本职工作。

3. 目前研究生评价方案形式化,缺乏客观操作性

目前的研究生教育评价方案制定者是各级教育主管部门,一方面,缺乏基层高等教育的实际经验,没有开展相对完备的调查研究总结工作;另一方面,思考角度浮于上层,缺乏充分的群众基础。各高校、各高校教师和学生作为评价方案的主体没有参与方案的制定,没有考虑高等教育的本源,没有认真思考高等教育的根本任务,没有关注高校、教师和学生的实际需求,导致目前的评价方案过于形式化,内容空洞,难以理解和执行,这影响了教育评价方案实施的准确性,在实施过程中出现了曲解和偏差,导致教育评价方案逐渐变了味道。

二、新时代研究生教育评价改革方案的探索

教育的根本目的是培养人，这是整个教育工作的核心、教育活动的出发点与归宿，也是教育评价的根本。[3]研究生教育评价体系是为研究生教育服务的，应当顺应新时代研究生教育的需要，通过全面领会2020年全国研究生教育会议的精神，贯彻落实《总体方案》相关要求，探索建设新时代的研究生教育评价改革方案。

1. 坚持以“立德树人成效”为根本标准，破除“五唯”

2018年习近平总书记在全国教育大会上强调要解决教育领域的“五唯”问题——“扭转不科学的教育评价导向，坚决克服唯分数、唯升学、唯文凭、唯论文、唯帽子的顽瘴痼疾”。过去，我们在研究生教育评价标准上过于看重结果。这样的标准对当时的研究生教育产出和社会经济建设提供了一定的帮助，但是没有从教育本源出发，长此以往会偏离研究生教育的初心，也无法适应新时代研究生培养的质量要求，所以亟须改革。《总体方案》明确坚持立德树人的根本原则，指出教育评价改革要牢记为党育人、为国育才使命，充分发挥教育评价的指挥棒作用，引导确立科学的育人目标，确保教育发展方向正确。坚持问题导向，从党中央关心、群众关切、社会关注的问题入手，破立并举，推进教育评价关键领域改革取得实质性突破。坚持科学有效，改进结果评价，强化过程评价，探索增值评价，健全综合评价，充分利用信息技术，提高教育评价的科学性、专业性、客观性。坚持统筹兼顾，针对不同主体、不同学段和不同类型教育的特点，分类设计、稳步推进，增强改革的系统性、整体性、协同性。坚持中国特色，扎根中国、融通中外，立足时代、面向未来，坚定不移走中国特色社会主义教育发展道路。建立健全分类多维的质量评价体系，从而扭转不科学的评价导向。

2. 将“育人为本”的思想纳入研究生教学培养的整个过程

“育人为本”就是要从学生角度出发，将人才培养放在教书育人的首要位置。为实现研究生教育“育人为本”这一目标，需要建立和完善以下三个环节。

(1) 进行课程体系建设改革

过去的研究生课程体系建设以结果为导向，注重专业课程建设和科研能力的培养，具有很强的指向性和功利性。这样的课程体系培养出来的研究生往往只能算作合格的“工具人”，各高校要强化课程思政，建设完善的思政课程，促进研究生德智体美劳全面发展，回答好高校应该“培养什么人、怎样培养人、为谁培养人”这一重要时代命题。

(2) 重视研究生培养过程的评价

研究生培养是一个长期的过程，做好培养过程评价至关重要。以往疏忽了研究生的培养过程，流于形式化、表面化。主要表现在对学生课程学习情况缺乏跟踪反馈，对于培养过程重要节点如论文选题、中期考核等管理松散，没有起到有效的监督。这样就导致研究生

培养的过程中出现真空，影响了研究生的培养质量，也违背了“育人为本”的理念。加强研究生培养过程的管理，需要建立健全研究生课程质量评价体系，对任课老师上课质量、学生听课质量进行跟踪反馈，加强对研究生学位论文和中期考核的监督，制定完备的规范流程，借助信息化的力量，加强数据收集、数据处理和数据反馈的能力。

(3) 构建科学、系统的分流退出机制

研究生的分流和退出是教学培养的重要组成部分，也是研究生质量的重要保障。构建科学、系统的分流退出机制是“育人为本”的重要体现和要求。健全的分流退出机制应该贯穿研究生培养的整个过程，从课程学习环节建立不及格门数的门槛，将论文选题和中期考核环节作为是否继续进行研究生培养的判断依据，在学位论文答辩环节进行评价。另外，对于分流退出的研究生要制定相应的补偿机制，允许其结业后在合理年限内申请答辩，获得相应的学历和学位。分流退出机制本身并不是一种惩罚，恰恰相反，合理科学的分流退出机制能够通过对各个环节的把控，激励学生们的学习自觉性和积极性，合理分配教学资源，保证高校教育的稳定性和高效性，从而推动研究生培养质量的提高。

3. 建立独立的研究生培养过程综合评价(德智体美劳)方案

《总体方案》中明确指出：改革学生评价，促进德智体美劳全面发展。树立科学成才观念，完善德育评价，强化体育评价，强化美育评价，强化劳育评价等内容。为推进落实立德树人根本任务，促进德智体美劳全面发展，贯彻落实相关要求，通过充分的调研讨论，可以在研究生培养环节开展研究生培养过程综合评价(德智体美劳)方案的尝试。该方案可以结合各高校教学育人的实际，制订合理的德智体美劳具体评价指标，借助信息化系统的形式，定期记录研究生在培养过程中在德智体美劳各项活动中的表现，导师、学院和学校层面可以通过该方案实时掌握学生在整个培养过程中综合评价的情况，是《总体方案》的具体体现和落实，顺应了新时代研究生教育评价改革方案的需要，也是创新之举。

参考文献

[1] 王战军，于妍，王晴. 研究生教育创新发展要深刻识辨五大变化[J]. 学位与研究生教育，2021，2(1)：1－7.

[2] 王夏. 深化教育改革背景下研究生外部质量评价体系重构研究[J]. 消费导刊，2019(21)：74.

[3] 俞昊，冯修猛，陈晓双，等. 回归育人本源，落实立德树人——谈研究生教育评价改革方向[J]. 上海教育评估研究，2021，2(1)：17－20.

教育管理硕士论坛

凝聚教育合力，织起学生身心健康的守护网

——“全员导师制”案例分析

◎ 李小林

摘　要　近年来，由于各种各样的社会压力及社会风气的影响，心理问题愈发成为一个社会性问题，有心理问题的群体中也包括学生群体。部分学生自身控制能力差，因病态心理产生了心理与行为上的失误、失常。学生进入初中阶段，身心都发生了巨大的改变，一方面，他们想要摆脱对师长的依赖，追求自我和独立，渴望得到外界的认可和尊重；另一方面，他们又期许得到师长的庇护和引导，在遇到挫折和困难时有值得信任、能够倾诉的可靠的“大朋友”为他们提供必要的帮助。因此如何正确引导学生的心理发展，构建和谐的师生关系，促成温暖的校园环境成为了大家关注的焦点。作为在教育教学活动中，与学生有着密切关系的教师群体，我们对待学生的方式对学生的身心健康、学习质量，以及毕业后的方向选择及人生轨迹都有着重要的引导作用。

关键词　中学德育　全员导师制　教学德育融合

一、中学德育中存在的现实问题

中学德育的主要任务是教师向学生教授道德知识，传递道德情感，并引导学生进行道德实践[1]。在新时代背景下，“德育先行”依旧是教育发展需要遵循的一贯原则。随着时代的发展和社会文化的变迁，人们的价值观和人生观都在发生着变化。如果教育没能跟上现实经济与社会发展的变革，必将产生许多“不和谐”“不切实际”的问题。从德育目标到德育内容，从德育方法到德育评价，现行的中学德育体系已经在许多方面落后于经济社会的发展，从而导致其陷入被动的困境之中。

学者鲁洁认为，从实践和理论的角度看，学校进行的道德教育，对学生而言，往往是一

作者简介　李小林，上海市复旦初级中学，一级教师，同济大学职业技术教育学院教育管理专业在职硕士研究生。

种单方面的道德灌输,甚至可以称为政治思想教育,把道德教育变成了一种空洞的说教,忽视了学生作为道德教育主体的主观能动性和积极性,无法真正对学生的内心产生影响[2]。“德育政治化”缩小了德育的视野和维度,阻碍了学生素质的全面提高,缺乏根据学生的年龄特征和心理接受能力将德育具体化与层次化的过程。

那么我们应该找到怎样的育人模式,来适应现代社会的学校德育工作,从而树立全方位的德育理念,加大德育渗透的力度呢?

二、全员导师制具有实效性和生命力,有助于走出当前的德育困境

德育应该贴近生活,注重个体,注重方法和手段的细致、生动,以达到“润物细无声”的教育效果。因此,在德育工作开展之前,需要先增强师生的双向互动和彼此的适应性,激发学生对学校德育工作、对教师的信任和认可,加强学生对德育规范的熟悉、理解,并不断练习、升华、自省和内化,从而形成比较稳定的个体行为规范和思想品质。

现代社会处于高速发展、变革的时期,各种信息纷繁复杂,瞬息万变。在“互联网+”与各种产业融合发展的现实背景下,学校变革传统德育模式,打破自我封闭,建立新型德育成为现实诉求[3]。为此,学校也在积极采取各种现代的教学方法,以发挥教师、校园环境等因素在课堂外对学生的德育功能,如组织学生开展丰富多彩、寓教于乐的课外活动和社会实践活动,加大德育信息的注入量,开阔学生的视野,培养其正确区分、辨别、选择和吸收多种社会信息的能力;树立全方位德育理念,加大渗透的力度,把德育教育同其他学科教学结合起来,提出“人人有责”的“全员导师制”育人模式,把德育渗透到学校管理、教学、服务工作的各个领域,通过教书育人、服务育人、管理育人、环境育人全方位、多渠道开展道德教育。

1. 学校教职工人人都是德育工作者

现阶段,班主任负责几乎全部的班级学生德育工作,学科教师参与学生德育的积极性不高,参与时间也很少。这种学校内部的德育氛围无法帮助学生实现“全面、和谐、个别化的发展”。因此,为了增强全体教师的育人意识和育人能力,深化班主任与学科教师的协同合作,充分促进每一个学生的德性发展,“全员发动,全员参与,共同努力”的全员导师制一路铺开,在全校上下形成了一股德育合力。正因如此,德育工作才切实构建了“全员育人”的新格局,并取得了阶段性的、良好的德育成效。

【案例 1】

问题的出现:L 同学在班里是一个活泼外向的女生,但不知从哪天开始她突然变得沉默寡言,郁郁寡欢。有一天吃午饭,一个调皮的男生抢走了她碗里的鸡块,换作平时,她非得上去把鸡块夺回来,或到我这儿来讨个公道,但那天,她什么也没说,只是继续吃着她碗里的饭。我看在眼里,感觉到一丝不对劲,开始意识到她的情绪变化必然

事出有因。

于是趁下午大课间同学们休息的时候，我把她单独叫来办公室，问她最近家里或者和同学的交往中发生了什么事，遇到了什么困难，导致她的情绪一直都那么低落。L同学摇了摇头，随便敷衍了几句，说可能晚上没怎么睡好，所以白天打不起精神。我心想，看来她是不打算告诉我实话了。

L同学来自一个单亲家庭，她的妈妈独自带着两个孩子在上海生活，平时没有其他家人帮忙照顾孩子，两个孩子大大小小的事情也都是她妈妈一个人在操心。因此我先给她妈妈打了电话打算问问情况，电话里，L同学的妈妈表示她也对L同学最近的境遇毫不知情，只是察觉到了她的情绪变化，但不清楚具体是什么原因。接着，我找到了L同学的导师——她最喜欢的体育老师Z，Z老师说最近L同学总是来找她倾诉，说自己和班级B同学在交往中发生了一些矛盾，这让她非常苦恼，B同学是与她结识了3年的好友，L同学很在意自己与B同学的关系，但因为自己和B同学开了过分的玩笑使B同学对她产生了误会，两个人自此决裂了。

问题的解决：找到了问题的源头，我们就开始着手想办法解决问题。心理学研究发现，在友谊关系中，初中女生尤其强调亲密性和人际支持的重要性，也更为关注情绪与情感的分享。在人际交往过程中，女生更多的是关系定向。为了更好地与他人建立关系，她们会有更为积极的行为。因此，为了有效调节L同学因友谊关系处理不当而产生的情绪问题，我们决定群策群力，最后由体育老师Z出面，予以疏导。

(1) 友情需要主动

L同学一直自艾自怨，却没有去找她的朋友把问题说清楚，消除误会，这是她目前自身最大的问题。友谊，是一种来自双向或交互关系的情感，即双方共同凝结的情感。据此，Z老师找到L同学，和她进行了第一次沟通。“你有没有尝试去解释一下你们之间的误会，和B同学重归于好呢？”“没有，我不想去，我说不出口。”“首先，我们肯定的是，你是想要挽回你们之间的关系的，对吧？其次，如果在友情中你一直期待对方回头，自己却站在原地不动，这样被动的情感付出，是很难得到你想要的回馈的。你看，你现在只能深陷在悲伤里却什么也做不了，这是你希望看到的吗？你是不是应该更努力一点，去争取一下呢？”在Z老师不断的开导下，L同学意识到了自己的问题，以及在这段友情中，她可以也应该成为那个主动的人。“万一她不原谅我，我该怎么办呢？”和Z老师第一次沟通后，L同学还是没能完全放下心理负担。

(2) 高看自己，别把自己踩进泥缝里

我和Z老师商量了一下，决定找到B同学听听她的想法。作为B同学的导师，我义不容辞地揽下了这个任务。“你最近是不是和L同学有矛盾呀，我看你俩本来玩得可好了，下课经常一起去倒水，一起聊天，最近怎么不见你们来往了呢？”B同学也直言不讳，讲明了因为L同学和她开了一个玩笑，让她觉得两人关系产生了裂痕。“现在L同学也很苦恼，她最近因为你们的事已经很多天提不起精神，郁郁寡欢了，所以她想来托我问问你，她意识到也认真反省了自己的错误，你愿不愿意原谅她呢?”“其实我也不是真的怪她，当时也是在气头上，所以一连好几天没理她，只要她主动来和我道歉，我觉得我们还是好朋友。”

得到了B同学肯定的答复，我和Z老师都松了一口气，这下事情就好办了。Z老师第二次找到L同学，“老师已经悄悄帮你问过B同学了，在她心里，还认定你是她最好的朋友，只要你主动开口，她就会原谅你的，现在你愿意去和她和好了吗?”L同学的眼里放出了光芒，“真的吗!”但很快，她的眼神又黯淡下来，“但是，我觉得我开了过分的玩笑，我不配做她的朋友。”“朋友之间哪有配得上配不上，你们兴趣爱好相投，性格相近，这说明你们都是欣赏和肯定对方的，你不要因为一次误会就完全否定自己，在老师眼里，你是一个闪闪发光的孩子，我相信，在B同学的眼里，你也是这样的。”有了Z老师的鼓励，L同学迈出了勇敢的一步，真诚地和B同学道了歉，两个人又重新做回了朋友。

(3) 设身处地为孩子支招，教会他们爱别人和爱自己

学生的心理健康需要自身的努力，与人沟通，取长补短。教师应该立足学生的情感需求，设身处地地善待每一个学生。在学生遇到困难时，教师要无条件地帮助学生，给予学生足够的信心，帮助他们走出困境。学生犯了错误，教师也要用爱感化和包容他们。作为教师，我们应从学生的角度给予他们肯定，帮助他们更好地了解自己，同时也站在教师的视角，提供给他们解决问题的新思路，或许对他们来说，原本难以化解的心理难题就能柳暗花明。

我国学者金娣提出[4]，中学导师制是教师自主发展的助推器。教师要想与学生建立有效的沟通机制，不仅要具备充足的专业学科知识，还要注重沟通能力、自主研究能力和反思能力的提高，能真正地帮助学生解决生活、学习等各方面的问题。我国中小学普遍实行班主任制，这使得班主任与学生接触较多，容易获得学生的信赖和好感，而任课教师与学生的互动只局限于课堂上，自然与学生感情疏远。实行导师制，让教职工人人成为德育工作者，大大促进了师生的沟通和交流，拉近了师生之间的距离。

2. 良好的师生关系是织起守护网的密密丝线

师生关系是校园环境中最主要的一种人际关系，它不仅影响着学生的学习质量，还影响着他们的身心健康，甚至对他们的方向选择和人生轨迹也有引导作用[5]。从教学活动上来看，平等、民主、互相尊重、和谐的师生关系才能营造积极、互动的课堂氛围，才能构建和谐的校园环境，进而保证教学活动顺利进行。

【案例 2】

问题的出现:C 同学性格内向,平时不声不响的,学习不紧不慢地跟着大部队,成绩不好也不差,是那种在学生堆里很不容易引起老师注意的孩子。期末复习周,作为数学任课教师,我把每个学生几次模拟考的成绩单独拿出来分析,发现通过几次模拟考的练习和听讲评,大部分学生有所进步,而 C 同学的成绩却没有明显的变化。这不由得引起了我的思考,C 同学看起来对学习并不抗拒,老师布置的任务也都会认真完成,按常理成绩应该呈现上升的趋势,但事实却不然,这其中一定有些原因是我没有发现的。

问题的解决:我找了一个午自习的时间,把 C 同学单独叫到办公室,仔细询问了他对于最近的学习和复习有没有什么困惑,或者是需要我帮助的地方。C 同学说不出个所以然来,但很明显,他希望得到帮助。于是我让 C 同学拿出了他最近的作业卷和测验卷,帮他一张一张分析错因。一个中午的时间,我们你一言我一语,潜移默化中,C 同学对于知识点的理解更加深入了,我们之间的师生情谊也更加深厚了。

末了,我对 C 同学平时的复习计划提出了几点建议,"你看,除了学校里平时的作业之外,你是不是应该额外再就自己的一些漏洞做些针对性的复习呢?""嗯。""你看这样好不好,每周你额外做一张数学试卷,你自己检查完,把不会的题目打圈拿来给我,我来讲给你听,好吗?""好。""除了数学学科,你也给自己制定一些其他学科的额外复习计划好吗?""好。""那么你每周一带来给我检查,我顺便把你不会的题也一道讲一讲。""好。""像这样坚持两周,等到了期末考试的时候,你一定能考出让自己满意的成绩来,我相信你,你相信老师吗?""嗯,我相信。"

(1) 信任是师生共话的基础

在结束对话后的两周时间内,C 同学都定期、主动地把他平时做的练习卷、错题整理等一些复习成果拿来给我看,还时不时地来问我一些题。每一次他都是怯生生地来,开开心心地走,我也会及时给予他适当的鼓励和肯定。

每一个学生都是独立发展的个体,而信任则是教师同这些个性化的个体和谐沟通的桥梁。许多实践表明,教师对学生的信任是通过沟通来传递的,而学生会在这种信任和爱的感召下,受到鼓舞,从而信任老师、亲近老师。

师生信任是进行有效教育的基础。教师关怀学生的生活,关心学生的学习,关注学生思想的变化,给学生以及时的支持和鼓励,师生间的关系就会更加亲近,进而由衷地"亲其师而信其道",收到"言必中听,听必行之"的教育效果。

（2）付出爱与尊重，收获师生心理相容

“爱自己的孩子是一种本能，爱别人的孩子是一种神圣”，爱每一个孩子仿佛已经成为老师的本能。在与学生沟通时，教师要注意自己的语气和表情，保护初中生敏感的自尊心，理解并尊重他们的兴趣爱好，给他们适度的、自由生长的空间。

在学生的校园生活中，师生受彼此的熟悉度、态度、语言等方面的影响会形成不同的心理状态，而这些心理状态往往对学生的学习、生活及身心发展都产生了一定的影响。因此，教师要试着走进学生的内心，亦师亦友，做学生信任和依赖的师长、朋友。

（3）耕耘之后会迎来收获的季节

在C同学的一篇期末英语小作文中，我读到了这样一段话：“She is like a farmer. She makes me work hard for math every day. And now autumn is coming.”（翻译：她好似一位园丁，每天督促我努力学数学。而现在，秋天到了。）言下之意，园丁辛勤培育的花儿要开花了，树苗要结果了，庄稼该丰收了。

“我生来就是高山而非溪流，我欲于群峰之巅俯视平庸的沟壑。我生来就是人杰而非草芥，我站在伟人之肩藐视卑微的懦夫。”这是云南丽江华坪女子高中的校训，女校的校长张桂梅老师于2021年11月获全国道德模范荣誉称号。她所带领的华坪女高在12年内先后将1 804名女孩送出大山，为1 000多个家庭带去了希望，很多人在读到这个校训时泪流满面，不仅因其雄壮、励志，更因为这些校训激励的是偏远山区里为人生、为未来奋斗的女孩子们，从这里走出来的学生自信、勇敢、坚定，她们眼里有光、脚下有路、未来有灯。张桂梅校长是学生追崇的对象，也是教师学习的楷模。为学生付出，她向来无悔，也不求回报，只求问心无愧。

三、教育需让教学和德育深度融合，打造受教育者个体的稀缺性

实施全员导师制的目的就是更好地落实教书和育人的有机结合。初中各门学科都有其独特的内涵及价值观教育内容，而学科教师正是德育导师的主要群体，这就要求导师在向学生传授知识的同时，也要融入德育内容，让学生在潜移默化中受到熏陶[6]。作为全员导师制的学科教师，应不断提高自己的道德教育水平，尤其是加强心理学、社会学方面知识的学习，把道德教育的内容与社会现实有机地结合起来，让自己对学生的道德教育具有更强的说服力。

全员导师制的实施，确实在一定程度上改善了学校的德育现状，提高了学校育人模式的实效性和针对性。但是在教育工作者摸着石头过河，实施新政的过程中，也会遇到许多新的难题和困境，如：导师与被指导学生人数比例不合理，家长过多干涉学生对于导师的选

择，导致一些非考核学科的导师依旧冷门；导师与班主任的关系不明确，家长和学生对班主任的信赖不能很好地、及时地转换到选择的导师身上；导师与教学相分离，导师不能自如地切换自己的身份，无法做到育人与教学同步进行；评价激励机制不健全，一些活动和反馈流于形式，等等。据此，全员导师制的全面铺开尚有漫漫长路要走，如何通过优化导师配备比例，明确导师与班主任的关系，建立完善有效的评价激励机制，使导师德育和教学工作相统一，健全评价机制等措施都是我们作为教育工作者需要不断反思、不断深省的教育问题和不断探索的泥泞道路。

教育工作细水长流，黎君教授说过，“作为教师，我的任务只是用肩膀为学生顶开一个门缝，让他们看到外面的鸟语花香”。① 教学工作的逻辑性和直观性，德育工作的一般性和个别性，如何分析、如何构作，如何将教学与德育深度融合，依托“全员导师制”凝成德育合力，是我们在开展导师制工作时需要努力的方向。

教育中，唯一不变的是变化，面对不同的学生、不同的学情、不同的情境，我们的任务不是打造一批精密机器，力求统一和标准化，而是要打造受教育者个体的稀缺性，让他们成为每一个独特的、可爱的、闪闪发光的存在。

参考文献

[1] 顾明远. 教育大辞典[M]. 上海：上海教育出版社，1991.

[2] 鲁洁. 教育的原点：育人[J]. 华东师范大学学报(教育科学版)，2008(4)：15－22.

[3] 常雪亮，陈建俏，肖义涛. 我国中学导师制的发展历程、现状与问题[J]. 生涯发展教育研究，2020，21(1)：85－87.

[4] 金娣. 中学导师制：教师自主发展的助推器[J]. 佳木斯教育学院学报，2011(6)：148.

[5] 靳玉乐. 现代教育学[M]. 成都：四川教育出版社，2015：147.

[6] 张娜. 中学导师制的功能开发及实现路径[D]. 西安：陕西师范大学，2014.

① 黎君老师在2021级研究生“教育原理”课程上的讲话。

教育数字化转型背景下学与教的实践研究
——以小学音乐学科为例

◎ 李雪莹

摘　要　数字化转型已经成为全球教育改革与发展的中心命题，本文通过总结音乐数字化教学的发展过程与时代背景，从小学音乐教学数字化实践的应用场景、应用模式、实践效果等方面总结当前小学音乐课堂学与教的数字化转型实践。研究认为，教师要革新教学理念和模式，构建新时代“音乐教学观”；学生要主动接受和融入数字化技术，建立正确的“音乐学习观”；教师和学生还要利用数字化平台，形成教与学的互动及创新平台。要在不断的实践探索中开拓创新，发展出一条具有中国特色、吸收传统音乐文化精华的数字化音乐教学之路。

关键词　数字化转型　学与教　音乐教学

随着移动互联网、大数据、云计算等数字技术的快速推广与大规模应用，数字化转型已经融入现代生活的方方面面。2020 年，联合国教科文组织等机构联合发布《教育数字化转型：学校联通，学生赋能》，首次全面阐述了当代教育的数字化转型问题。不久后欧盟发布的《数字教育行动计划》呼应了这一趋势，提出了推进教育数字化转型的七年行动方案。[1]之后各国云集响应，推出了各自的教育数字化变革方案，数字化转型从而成为全球教育改革与发展的中心命题。我国也于 2021 年 8 月开始在上海试点教育数字化转型，摸索教育数字化改革的“中国方案”。

就内涵来看，教育数字化转型是一个全面和系统的教育创新过程，一方面直接关系到未来社会人才的培养，另一方面也深刻影响着社会的数字化转型和竞争优势。[2]其发展既是信息社会和数字生活发展的必然演化，也受到数字技术进步和政府政策的主动引导，受到教育系统向“学习者中心”内生发展的需求拉动，反映着一种时代发展的趋势与必然。在新冠疫情蔓延期间，全球大多数公共服务包括教育都迅速转向数字化，从而加速了教育的

作者简介　李雪莹，上海市七宝实验小学教师，音乐学硕士。

数字化转型进程，不断推进学与教的数字化转型实践。总结相关实践探索，能更好地促进专业教学，提升基于数字技术的教学素养，提升在线教学水平与质量，使学生更好地领略数字化教学的丰富多彩与引人入胜。

一、音乐数字化教学的发展与背景

1. 数字化转型背景下音乐教学的发展与特点

2001年，中国数字化音乐教育学会在江苏省南京市召开了第一次数字化音乐教育大会，开启了我国音乐教学的数字化转型进程。[3]数字化技术将视觉、听觉等有机融合在一起，极大地提升了学与教的效率。以常见的多媒体技术为例，在音乐教学中融合音色、伴奏、风格、音乐表现等诸多方面。又如光学乐谱识别(Optical Music Recognition, OMR)技术，可以借用图像识别、AI技术、音乐理论等融合技术，将乐谱描述的音乐内容自动转换到计算机系统中，并生成数字化内容。[4]一部OMR系统+MIDI系统组成的多媒体电脑系统，可以完全替换传统的“教材+黑板+伴奏乐器”教学方式。教师可以随时将曲谱转化为MIDI文件，再利用实时视听设备将其呈现在授课对象面前。教师也可以随时将其中一个片段切出，单独强调或演示演奏，使学生可以将多种感官形象融合于心中。同时，计算机、平板、手机等智能设备都可以操作各种音乐制作软件，以进行音乐创作或改编，从而为音乐的学与教带来意想不到的便利。

与传统教学方式相比，数字化转型背景下的音乐教学具有以下特点：第一，操作平台的网络化、系统化；第二，课堂环境的线上化、教学时空的延伸性、教学对象的扩展性；第三，教学内容的开放性、多元性与丰富性；第四，教师和学生身份的双重性。目前，我国的音乐数字化教学还在继续发展中，我国的社会与文化发展也呼唤更先进、更科学的音乐教学手段。音乐教育的数字化，是充分利用最新的科技成果，不断改进和完善音乐教学的重要手段。教育数字化转型背景下的音乐教学，需要对教学过程进行顶层设计，并开发一个开放的、具有拓展性的数字化支撑平台，让众多音乐教育工作者共同参与其中，共享自己的智慧和经验，共建共享一个无限链接、随时服务的教与学的学习平台。

2. 教师作为学习者和研究者的双重身份

音乐教学中数字技术的大量运用，也促使我们思考“教什么”“怎么教”和“教出什么效果”这三个问题之间的复杂关系。教育政策的更新、教师职业发展规划和课堂教学的实践都对数字化转型提出了挑战。毕竟，探索和实践数字化转型教学的关键是人，是处于教学一线的教师。我们要通过积极和动态的策略，思考音乐教师在教学实践中运用数字化知识和技能的整个过程。要通过典型案例分析，了解教师作为数字化转型学习者和研究者的双重身份，为他们创造一个合适的学习者空间，鼓励他们去积极学习、有效学习，深入参与到数字化转型的教育语境中。[5]

二、小学音乐教学中学与教的数字化实践

数字化技术深刻影响着当代人的思想与生活、学习方式，也为音乐教学和研究带来了更多的可能。先进的数字化技术降低了对音乐教师专业技能的要求，学生获取音乐知识、培养音乐技能的方式变得更加多元，这些情景如何影响小学音乐教师的作用和“角色”？各种音乐教学软件快速发展，大数据和人工智能嵌入教学过程，音乐教育的数字化转型更是远远超出学校教育的范围，这些都需要我们对音乐教学中学与教的数字化实践进行思考，判断其未来的发展趋势和创新思路。

1. 数字化技术在音乐教学中的应用场景

音乐教育是一种声音的艺术，数字技术对其进行了有力的补充。通过将视听结合的数字化教学方式引入课堂内外，音乐教师开辟了学与教新的方式，促进了教学手段的丰富和学生学习效果的提升。[6]

目前，各种数字化技术在音乐教学中得到了多样化的应用，探索新时代学与教的创新模式。通过音乐体验、乐曲学习、创造性教学、师生互动等多种教学策略的施行，探索师生数字化技术使用、人机互动等多种命题。同时，数字化技术也促发了关于学与教实践的更多思考，如：如何使用电子音乐设备和多媒体技术拓展教学体验？如何在使用数字媒体的过程中为学生展现完整的音乐故事和背景？如何进一步丰富音乐教学中学与教的实践手段？如何通过数字化手段来提升小学音乐教师的教学和研究热情？如何激励学生通过电脑等数字化手段有效学习音乐欣赏、演奏、作曲、声乐、创编等不同环节？这一连串的问题，都涉及数字化技术在音乐教学多样化场景中的应用，其实践将展示小学音乐课堂中应用数字技术的新探索、新策略。最终将小学音乐课堂转变为学习社区，师生在其中进行多样化的学习、共享，通过远程网络进行同步互动，将家庭、社区、学校连接到一起。

2. 数字化技术在音乐教学中的应用模式

第一，乐谱的数字化。乐谱是记录和传播音乐作品的一种文本形式，至今仍是展现音乐作品的主要载体。进入数字化时代后，乐谱也开始了数字化转型，并主要表现为扫描纸质乐谱形成图像、形成数字形式乐谱两种方式。后一种方式形成了专业的乐谱数据库，具有乐谱检索、乐谱浏览、下载共享等多种功能。从初期的乐谱数字化，到建设乐谱数据库，乐谱的数字化和网络化转型，使乐谱数据库具有检索方便、易于传播等优势，从而在国内外得到了广泛的运用。如美国的 Alexander Street 出版社提供超过 120 万页的乐谱数据库，涵盖古典音乐到现代音乐的不同流派。IMSLP(Internet Music Score Library Project)国际乐谱库搜集了全世界超过 4 000 名音乐家的近 9 万份曲谱。[7]

第二，基于智能平台的音乐软件开发应用。当前，AI 技术和云计算快速进步，在新冠疫情影响下，人们对数字化教学的需求大量增长，各类音乐教学、创作软件层出不穷，丰富了

师生们的选择。如腾讯课堂、钉钉、伯索云等软件有效地辅助了音乐课堂教学,实现了双向"一对一""一对多"的教学互动。在学习器乐时,音乐教师通过这些应用软件可以实时示范和点评,纠正学生的手型及指法等,学生也可以获得及时反馈,改正自己的器乐实操。同时,通过课程回放功能、课后作业等方式,可以及时巩固课堂学习效果,弥补了传统教学方式的不足。在音乐欣赏方面,Amphio Limited 发布的"交响乐团"App 囊括大量经典的古典音乐曲目,突破了传统的音乐演奏观赏模式,使用者可以通过这个 App 观看不同摄像机位、不同视角的交响乐团演奏全貌,获得不输于现场观赏感受的体验。这款还具有"BeatMap"的节拍展示、乐谱同步、音乐背景介绍等多种功能,使我们能清楚了解交响乐团不同声部的律动与力度,还能深入了解曲目的相关信息,信息非常丰富。由此可见,在 AI 技术、云计算等数字化技术深度融入教学环节的当下,我们欣赏、学习、练习音乐的方式也越来越多元化,更多的优秀音乐作品将以多彩和立体的方式呈现在我们面前,更好地适应音乐教育教与学的需要。

第三,智能乐器的出现与使用。近年来,新型的智能化乐器大量开发上市,不论在音乐表演还是音乐教学领域都得到越来越多的采用。如 2015 年开始,"The ONE 智能钢琴""GEEK 智能吉他"等智能乐器迅速走红,其将 AI 技术与传统乐器设计相融合,革新了旧有的弹奏方式和教学形式,获得了大量音乐爱好者的认可和传播。相较于传统乐器较高的技术门槛和训练周期,智能乐器较为简便,容易上手,一定程度上促进了乐器演奏的普及。如智能钢琴可以根据学习者的学习程度制定训练计划,在使用者弹奏时通过显示屏进行信息提示,辅助音乐学习过程,极大地增强了学习者的信心和兴趣。

当然,无论数字化技术如何发展,音乐教学的核心实践者仍然是教师,数字化技术并不能完全替代教师本身和传统的教学方式,而只是作为一种补充和辅助手段。我们既要推动音乐教师提高运用数字化技术辅助教学的能力,也需要不断探索和实验新的数字化教学手段与平台,以推动音乐教学中学与教的数字化实践不断走向深入。

3. 数字化技术在音乐教学中的实践及效果

小学音乐教学内容充实,知识面广,数字化技术在音乐教学中的运用实践,增强了教师和学生的信息化操作能力,提升了教学过程的评价效果。通过数字技术,可以让音乐欣赏、视唱练耳、声乐合唱等教学环节更为丰富有效,引入海量的音乐教育资源。学习过程更直观,教学素材更丰富,评估互动更实时,师生感受更有趣,等等。数字化技术在音乐教学中的大量应用,能够更好地激发学生进行音乐创作的兴趣和信心,极大地提升学生的音乐素养。小学生性格活跃,善于学习与操作,喜欢多元化的探索和表现。数字化手段的引入,能够实现视唱曲目的灵活听辨,视听感受更加直观,有利于多次体验和感受,能重复摸索旋律和音程变化情况。在旋律和曲目方面,资源库里有丰富的音色可供选择,达到极为显著的教学效果,也缓解了教师多次伴奏示唱的辛苦和选配不同类型音乐的烦恼。

三、依托数字化转型开展小学音乐教学的路径探索

1. 教师要革新教学理念和模式,构建新时代“音乐教学观”

在数字化技术不断融入学习与生活的当代,音乐教学对于小学教师的要求是综合与全面的。只有不断革新教学理念和模式,正确地把握义务教育阶段音乐教学的改革与发展方向,才能让学生更主动和积极地融入音乐课堂。只有综合运用各种智能教学设备、数字化软件,抓住教育数字化转型的契机,才能成为一名适应时代发展需要的教与学互动良好的优秀教师。

朱海其在《数字时代的音乐教师》一书中指出,音乐教师要提升数字化技术能力,就需要建立数字化教学意识、丰富信息化知识、锤炼数字技术能力。[8]这就意味着,要不断改进数字化音乐的教法,充分调动学生的学习热情,让学生成为音乐学习的主人。[9]如对于教学中的知识性内容、音乐技能技法和音乐体验,就需要不同的教学形式。第一,在知识性内容方面,如基本乐理、音乐历史、民族民间音乐等内容,要求学生了解和掌握相关知识点。第二,在音乐技能技法方面,无论是唱法、奏法还是歌曲创编,则更强调技能技巧的习得。第三,对于体验性内容,则主要是通过对音乐作品的感知,提高学生的音乐修养和人文内涵。

2. 学生要主动接受和融入数字化技术,树立正确的“音乐学习观”

在教育数字化转型背景下,要取得更好的音乐教学效果,就需要激发学生的学习内驱力,使其树立正确的“音乐学习观”,帮助他们主动接受数字化技术并融入数字化技术的应用。只有让学生感受到音乐对人生的重要意义,才能真正实现音乐课堂意义和影响的扩展和延伸。教师要帮助学生认识和了解“数字化”的自主学习方式,帮助他们更好地运用这一工具来学习。如培养学生数字化的音乐学习能力,指导他们通过百度、必应等搜索引擎搜索获取与分析有效信息,借助音乐 App 欣赏经典乐曲,关注优秀的音乐网站和音乐大家,培养自身的音乐欣赏能力和风格流派追求,等等。

3. 利用数字化平台,形成教与学的互动及创新平台

教师可以帮助学生,指导其建立自主学习和互动的音乐平台。学生可以进入学校官网的音乐素材库,选择相应材料进行学习,实现课堂教学内容及效果的扩展。同时,还可以利用相关音乐 App,提高学生创编音乐的技巧,增强学生创编音乐的信心。可以指导学生,通过输入曲谱掌握音高和旋律,运用音色系统识别不同的乐器,通过歌曲创编进行音乐创造并导出乐谱,等等。通过这些技巧,指导学生掌握数字化的音乐技能,培养其自主学习和主动运用音乐的能力。

四、结语

当然,数字化技术只是辅助音乐课堂教与学的工具和手段,不能舍本逐末、买椟还珠,

仅仅去追求数字化技术的形式，数字化技术本身不能替代教师的作用，不能覆盖音乐教学的全部环节。因此，我们要客观认识数字化技术在音乐教学中的地位，发挥好它辅助教学的本来意义与价值。在教育数字化转型背景下的学与教的实践中，我们要适当地运用信息技术，借用相关技术手段和工具辅助音乐教学，指导学生熟悉“数字化”的自主学习工具，帮助他们适应数字化时代的学习，更好地发挥数字化教学的效果，探索数字化教学的工作模式与方法。

当前，国内的数字化音乐教学不断发展，进入了一个新的发展时期。一些学校大力建设数字音乐教室，开发智能化音乐课程，建立“数字演奏乐队”，进行数字化音乐创作与数字化音乐学习融合发展的新探索。我们要积极肯定这些数字化转型背景下学与教的实践，不断探索适应时代发展和技术进步的创新教学模式，与国际音乐教育的发展趋势接轨。要正确处理好数字化技术工具与小学音乐教学的关系，在不断的实践探索中总结经验，开拓创新，发展出一条具有中国特色、吸收传统音乐文化精华的数字化音乐教学之路。[10]

参考文献

[1] European Commission. Digital education action plan 2021 - 2027: resetting education and training for the digital age[EB/OL]. (2020 - 09 - 30)[2022 - 06 - 06]. https://ec.europa.eu/education/education-in-the-eu/digital-education-action-plan_en.

[2] 祝智庭，胡姣. 教育数字化转型的实践逻辑与发展机遇[J]. 电化教育研究，2022(1):5 - 15.

[3] 张君仁. 第三届 STN 中国数字化音乐教育大会综述[J]. 人民音乐，2003(11):42 - 43.

[4] 甘玮. 音乐教育数字化支撑平台研究[J]. 高等函授学报(哲学社会科学版)，2009(5):37 - 40.

[5] 郭玮. 具备数字化技术的音乐教育[J]. 艺术评鉴，2016(3):111 - 112.

[6] 黎婷婷. 新兴数字化教学在音乐课堂中的运用研究[J]. 黄河之声，2019(15):97.

[7] 韩梅，李茜蒙，姚德鹏，等. 人工智能与音乐教育发展探究[J]. 亚太教育，2022(2):10 - 12.

[8] 朱海其. 数字时代的音乐教师[M]. 北京：科学出版社，2017:166.

[9] 张鹏. 信息技术时代音乐教师全面发展探究——评《数字时代的音乐教师》[J]. 人民长江，2021(7):231 - 232.

[10] 杨心祎，汪涯. 数字化技术背景下的音乐教育实践探究[J]. 大众文艺，2022(6):134 - 136.

“后疫情时代”小学英语线上线下融合式教学初探

◎ 施丽君

摘　要　2019年底，新冠疫情暴发，为阻断疫情蔓延，教育部提出“停课不停学”，线上教学全面进入大众视野。2020年后，混合式教学成为一种新兴的多维度教学模式，融合了互联网线上教学和传统课堂的线下教学，促进高效课堂的构建。在小学英语教学中运用线上线下混合式教学具有一定的优势，可以拓展小学生的英语知识面，开发优质的英语教育资源，有助于小学生养成自主学习能力。笔者从五个方面开展小学英语线上线下融合式教学的实践探索，通过线上线下的有机结合，构建出更具实效性的小学英语课堂。希望笔者的探索经验，能为一线小学英语教师在后疫情期间的教学提供有用的实践参考。

关键词　线上线下　融合式教学　小学英语

一、研究背景

“十四五”规划提出的“发挥在线教育优势，完善终身学习体系，建设学习型社会”，引发社会各界广泛关注。2020年新冠疫情暴发以来，疫情防控与线上线下教育教学融合成为新常态，催生和改变了教育教学模式和学习方式，信息化对教育的深刻影响从“遭遇战”变成了“持久战”。

线上与线下混合学习模式可以有效贴近“互联网＋”背景下当下小学生的学习特点，形式多样化的多媒体英语教学，为学生日常的线下学习做了有效的补充，教师也可以借助线上软件与学生实时互动，对构建融洽的师生关系和培养学生的英语素养具有重要影响。小学英语教师要挖掘线上和线下融合教育的优势，给小学生提供更多的英语学习指导，满足

作者简介　施丽君，上海市浦东新区曹路打一小学，一级教师，同济大学职业技术教育学院，在职硕士研究生。

小学生的个性发展和能力提升，进而提高小学英语整体教学效果。

二、研究过程

混合式教学(Blended Learning)是指在线学习和面授相结合的学习方式。上海师范大学黎加厚教授将其翻译为“融合式学习”，他指出：“所谓融合式学习，是指对所有的教学要素进行优化选择和组合，以达到教学目标”。[1]在线教学阶段，一线老师借助各类信息化手段，完成了有别于以往的英语教学工作。很多多媒体手段也是第一次尝试，并且在实践过程发现收获了不错的效果。而在复学后，我们依然可以沿用这些有益做法和典型经验，实现线上教学和线下教学的完美融合，给小学生创造更多展示自我的机会和平台，使小学生在英语课堂上真正“活”起来，都能有所收获。

1. 利用多样信息化平台，渗入预习和复习工作

最新的《义务教育英语课程标准 2022 版》对于中高年级学生学习能力提出了明确的目标，即能在教师指导下，制定并完成简单的英语学习计划，及时预习和复习所学内容。[2]由此可见，预习和复习是教师绝不可忽视的两个重要环节。

(1) 空中课堂资源

自 2020 年 3 月 2 日“空中课堂”开播以来，上海的在线教育实现了稳步开展、稳定运行、保证质量、全员受益的基本目标，社会整体反响良好。在线教育的持续开展，对传统教育理念，特别是教师的教和学生的学等方式产生了深远的影响。市教委决定对上海“空中课堂”这一品牌进行机制化、长效化的培育和打造，后续秋季学期中小学在线教育视频课程也如期和大家见面，并形成了一套完整的优质视频课程资源。

目前上海小学英语的一整套教学资源已全部上线，学生们可以在学校教师讲新课之前，利用空中课堂视频先自学和预习，对在自学过程有问题的地方做标注。等学校教师讲到这一课时，学生可以提出听视频讲解后仍存在的疑惑，教师组织学生课堂讨论，对普遍存在的问题进行集体讲解，并布置相关练习，突破教学重难点。教师也可以让学生相互讲解，增强学生间的互动，加深学生对问题的理解，这样的操作方式可以无形中增强学生的自主参与学习能力，也能培养他们批判质疑的思维能力。

在期末复习阶段，教师也可为学生布置再一次观看本学期的空中课堂资源的作业，作为巩固复习的有效途径。

(2) 钉钉平台

2022 年新一轮居家在线学习，笔者学校的教学全部通过钉钉平台完成，通过实践摸索，笔者发现利用钉钉口语作业功能，可以有效激发学生预习和复习的积极性。

不管是新冠疫情期间，还是在平时的学习中，学生最容易轻视的环节就是预习，所以，教师可以利用钉钉平台的智能口语作业来帮助学生完成这项任务。智能口语作业就是让

学生先跟着其中的录音朗读课文中的单词和句子，然后上传自己的朗读录音，平台会根据录音质量打分，教师可以定一个标准线，达到这个标准线等级，学生就可以为自己加2颗星。

使用这个功能后，学生为了能够得到满意的分数，会不断地跟着里面的录音练习听力和口语，同时，这样的作业方式也激发了很多同学的学习兴趣，比起单纯地听录音预习，他们更喜欢这种线上智能学习方式，而且还可以根据成绩为自己加星。事实证明，这样的预习方式是比较有效的。同样，还可以把这个口语作业功能运用于复习环节，学生通过在线朗读单词及扮演角色朗读课文，可以有效巩固所学内容。

以上两种优质平台和途径，笔者认为在后疫情时代，学生复学后依然可以有效为线下教学提供服务，是线上线下融合式学习中有效契合点。

2. 善用优秀教学资源，有效优化学校教案

2022年是上海市浦东新区曹路打一小学独立开展牛津英语教学研究的第十一年，通过全体英语教师每一年的不断地努力，我们已经拥有了一至五年级完整的教学课件、教案。2020年疫情期间，市教委为一线教师提供了统一的空中课堂网络课程，这是全上海众多优秀资深教师的智慧结晶，里面的很多内容都值得其他教师借鉴和学习。因此，2020年复学后，笔者便结合所在学校原有教案，把空中课堂里的优质内容融合进去，形成了一套空中课堂版学校教案。其中主要调整的部分包括以下三方面。

(1) 语段整合

中高年级教材文本大多数是对话式的内容，空中课堂中上课老师对教材文本进行整合和改写，变成了语篇式的文本。这样的调整可以训练学生语段式书写能力，提升学生语言素养。

(2) 副文本操练部分

对于副文本部分，可以结合空中课堂中多样的副文本操练方式，减少原来的机械训练，灵活运用儿歌、小诗等形式，培养学生思维能力。

(3) 语音教学调整

空中课堂中 learn the sound 部分教学方式有趣又丰富，如看单词判断发音、看音标朗读单词、音标发音归类、听录音选单词，等等，可以提高学生的语音素养。

将学校原有的教案和空中课堂里优质部分有效融合，不仅完善优化了教案内容，也让我们在学习市级优秀资源时，拓展了教师的备课思路。

3. 巧用微视频辅助教学，克服英语学习重难点

疫情居家学习期间，教师和学生在线交流的时间非常少，而光靠空中课堂学习就要把整本英语书的知识点都消化掉，对于大部分学生来说都是极其困难的。因此，在线教学期间笔者就想到了拍摄一些教学辅助视频，来辅助学生们在家更好地克服知识难点。如在三年级英语教学中，改写句子这一题型是新题型，学生一开始对于改句子的做法和步骤不清晰，也不熟悉。在这样的情况下，我录制了一些解题方法发给学生和家长，供他们在课堂学习之外揣摩解题技巧和步骤，再经过亲身实践，就能很快掌握这一题型的做题方法了。

而 2022 年在线教学期间，笔者更加关注班级中后进生的学习情况。这些孩子学习能力较为薄弱，面对线上学习时表现得更加无所适从，在学习过程中表现出“破罐子破摔”的状态，不相信通过自己的努力能够改善学习效果，对自己的学习效果缺乏期待。对待这类学生，我们要因地制宜，采取特殊的方法引导学生重拾信心。[3]

针对这样的情况，我们不仅拍摄了常规的课堂补充视频，还录制了微视频。考虑到后进生的注意力往往很难长时间集中，我们只针对一个知识点讲解拍摄微视频，一般时间不超过 5 分钟，如针对 5BM2U1 单元中一般过去时的特殊疑问句改写，就制作了 2 分多钟的教学小视频，使用下来效果很好，学生可以随时随地查看解题步骤和方法，非常方便。

对于这类微课制作，我的体会是微课设计要“精”：教学目标要“精准”，每个微课只针对一个知识点或用于达成一项能力目标；不管是用于课前还是课后，学新课时还是复习，学生都可以随时随地查看老师拍摄的微视频，消除学习难点，做到及时复习。

其实，我们运用了维果茨基(Lev Vygotsky)的“最近发展区”的原理，教师应该在教学中把握教学难度，所提供的教学内容既要适应课程内容的要求，又要适宜于学生的认知水平，难度不要过高也不要过低，把教学目标设定在学生的最近发展区上，使学生经过努力、克服困难能达成目标，切实做到“跳一跳，摘到桃子”，激发学生的学习动力。[4]

在复学之后拍摄教学微视频的方法也依然是一个非常经典有益的做法。这种方式可以延伸扩展课堂所学所练，打破空间的限制，为混合式教学的开展提供理想的途径。

4. 活用有效激励性手段，激发学生英语写作热情

小学英语作文写作，一直是令很多英语老师头疼的一个教学点。很多英语老师会采取让学生背诵作文，或者是直接给予学生固定的句型结构等方式，这样的操作在短期内，可能是一种快速提升成绩的“好”方法，但从长远看肯定限制了学生的思维发展。笔者也这样操作过，最终的结果是，即使到了五年级，学生依然很难独立写篇很短的英语作文，句子不会用，语法错误多，心理很抗拒。

疫情期间，老师只能通过网络批改作业，我便让学生把作文上传到平台上，使学生把碎片化时间利用起来。然后我会在线上进行有针对性的写作指导，对学生英语作文里出现的书写错误、语法错误及内容脱离实际等问题做出合理的分析和批改，引导学生独立思考，并及时纠正错误，激发其写作热情。当发现学生写出优秀的英语作文时，我还会将其作为榜样在线上向全班学生展示，提供评价和鉴赏的实战空间。

经过一段时间的坚持，我发现班级里大部分学生都能够做到独立写一篇属于自己的作文，大家不再惧怕英语写作，而是变得对其很有热情。班级 36 个人就能完成 36 篇不同的作文，学生们还学会了在自己的作文中引用课文中的好词好句。班级里部分优秀学生还会去平台翻阅同学写的优秀作文，相互学习好的句子和作文结构，也会查看老师帮别人纠出的错误自己是不是也会犯，这等于又帮自己巩固了一遍英语语言运用，从而得到了进步。

因此,笔者认为,利用线上模式批改作文,相较于线下批改,可以让学生更加充分利用碎片化时间,还可以为学生之间搭建相互学习和欣赏的平台,这样的模式值得在后疫情时代被继续沿用和保留。

5. 设计创新型线上作业,提升学生信息化能力

众所周知,如今不管是线上还是线下,作业设计和管理变得越来越重要,因此,笔者加大了对课后在线作业设计的关注力度。作业设计我们坚持采取分层作业的形式,以学生不同能力为落实标准来实行。在线作业主要是指创新型拓展作业,这样的作业可以积极调动学生的参与热情。学生可通过自主在线查阅资料、在线设计小报及在线撰写调查报告等形式完成作业,也可以和同学在线上合作完成作业,共同完成相应任务,这对培养学生的合作意识也有所裨益。

相较于传统纸质作业,在线作业的完成需要学生具备更多的信息整合能力。如在沪教版牛津英语五年级下册 M2U2 Films 单元的学习中,学生需要为自己喜欢的英语电影设计海报。那么学生就需要上网搜寻相关电影简介、设计版面及撰写文字,在实践中不仅获得了信息整合能力,还提升了信息技术能力。

对于在线作业的设计和管理,笔者认为,这绝不仅仅是疫情期间我们研究的内容,更应该是后疫情时代,一线教师要去探寻的方向。

三、效果与反思

华东师范大学著名教授李政涛在"混合教学""双线教学"的基础上,提出了"双线混融教学",即"线上教学与线下教学混融共生"的教学体系,更加注重线上教学与线下教学"融合""融通",突出"共融""共生"的特点,试图打破双线教学间的传统屏障,让"线上教学+线下教学"走向"融通思维",构建新时代教学新体系。[5]

线上线下混合式教学实行了一段时间,通过不断地摸索和尝试,得到了不错的效果。以下是家长的反馈:

> 小 A 妈妈:通过空中课堂的学习进行预习,孩子对本课时所学单词、重点句型、课文有了一定的了解。空中课堂里有重点单词的拓展,重点句型的详细讲解,孩子可以做好笔记,对所学内容中存在不解疑惑的部分,做好标注,通过学校老师课堂的再次讲解,就会解开疑惑,进一步巩固所学知识,所以学生利用空中课堂预习是非常有益的。课后老师也会发一些重难点的视频,对于课后复习非常有帮助。

当然,线上教学是线下教学的补充,线上线下融合一定程度上会带给教学很多便利,学生也会受益很多,但实施过程中也存在一些弊端和局限性。

1. 在线教学情感传递较少

英语教学对于情感的沟通和传递是非常重要的，但是线上的形式往往更多的只是知识的输出，教师的情感传递无法让学生直接从屏幕上感受出来，无法让感情传输发挥到最大化，师生沟通仍然存在一定难度，尤其是低年级学生，特别喜欢和教师互动，特别喜欢关注教师的言行和表情，所以低年级学生线上学习可能会影响英语学习进度，导致英语学习效率下降。

2. 学生身心产生问题

教师下发电子版的作业后，许多学生只能对着电子屏幕做作业，不利于学生的视力保护。笔者做过一个统计，在 2020 年前，我们班级近视人数大概只有 3 人，复学后，一下子增加了 7 个近视的，可想而知，线上学习对于学生视力产生了一定的影响。

同时，因为在线学习不可避免地需要用到电子产品，如果家长对于学生没有做到有效监督和控制，很多学生做不到自觉地、长时间地正确面对上网的诱惑，很可能会形成“网瘾”。

3. 微课质量问题

在使用微视频辅助教学时，每个教师的教学水平不一，很难保证每个视频质量都是过关的，而且这些视频会直接传给家长，很有可能会引发教学事故。所以需要注意的是保证微课的质量，这就需要备课组、学科组的负责老师严格把关，或者也可以让一个年级组里较优秀的老师统一录制教学微视频，再由负责老师审核，这样制作出的微视频效果可能会更好。今后，如果这个方法被推广的话，学校可以每月评选出优秀微课推送到微信公众号上，旨在宣传、激励教师为学生提供更多优质的课程资源。

四、未来展望

在未来，随着线上资源日趋完整、丰富，教师可以使用的线上工具也会越来越多，如我们最为熟悉的慕课(Massive Open Online Course，MOOC)，即大规模开放在线课程。目前慕课比较普遍用于大学课程，中小学慕课还不多见，希望未来市教委能够通过线上平台为中小学录制慕课课程，充分发挥线上教育的优势。同时，线上到线下(Online to Offline)教育模式、PBL 项目教学法(Project-Based Learning Method)等都是值得一线老师去挖掘和使用的宝贵资源。相信随着线上资源的完善，未来的线上线下教育一定是“混融共生”的。

2022 年春季开始的这一轮疫情结束后，一线教师更加需要去思考如何更好地打造线上线下教学“相互勾连”“多向呼应”的佳境，打破“双线教学”彼此分离、割裂的状态。当前“互联网+教育”理念引领下，教师们应认真总结经验，使在线教学与线下教学更好地有效融合，发挥其特有的功能和优势，不断促进学生自主发展能力提升。

参考文献

[1] 王毅.基于混合式学习的研究与实践[D].北京:北京交通大学,2011:1-59.
[2] 中华人民共和国教育部.义务教育英语课程标准[S].北京:北京师范大学出版社,2022:4.
[3] 李恒.学生自我效能感及相关概念的研究综述[J].湖北第二师范学院报,2010,27(7):97-100.
[4] 谭美蓉.新冠期间初中生英语在线学习自我监控现状调查及问题研究[D].重庆:四川外国语大学,2021:7.
[5] 李政涛.基础教学的后疫情时代,是“双线混融教学”的新时代[J].中国教育学刊,2020(5):1.

立德树人

2010—2020年立德树人研究的回溯与展望*

◎ 孟 雪 刘 鹂

摘 要 党的十九大报告所提出的“落实立德树人根本任务”不仅是对我国传统教育的继承与创新，而且对实现学生全面发展具有重要指导意义。通过量化呈现和质性分析已有文献，发现自2010年以来，立德树人内涵研究和落地机制研究逐渐成熟。反思当下研究，从单层静态表述转向多层统筹描述、突破应然式建构转向“靶向思维”是研究推进的重点。为此，应继续深化立德树人内涵研究，明确立德树人任务导向，聚焦立德树人目标落地。

关键词 立德树人 研究趋势 进展 研究范式

自2010年《国家中长期教育改革和发展纲要(2010—2020)》中提出“德育为先，立德树人”以来，我国对立德树人的研究已有十余年。这十余年来，立德树人的重要性逐渐凸显，党的十八大报告中将立德树人作为教育的根本任务；2015年立德树人被写入《中华人民共和国教育法》；党的十九大报告则明确指出，落实立德树人根本任务。回顾2010—2020年立德树人研究所取得的进展，以期为落实教育根本任务提供参考。借此，本文通过量化和质性结合的方式，梳理十余年来立德树人研究的相关文献，在总结成就、反思问题的基础上，结合当下教育现状对立德树人研究进行思考。

一、2010—2020年立德树人研究概况

以中国知网期刊库为检索域，以“立德树人”为检索主题，通过知网可视化工具绘制出2010—2020年立德树人研究的发文量趋势图。通过图1，可以看到2010—2020年文献数量

---

* 本文系国家全国教育科学规划课题“‘立德树人’导向下中小学教师育人能力评估与发展研究”(课题编号：XHA180287)阶段性成果。

作者简介 孟雪，陕西师范大学教育学院，教育学博士研究生。
刘鹂，陕西师范大学教育学院，教授，教育学博士。

总体上呈现上升趋势，但不同阶段仍有差异。2010—2012 年增长速度缓慢，年均文献数量低于 30 篇；2012—2016 年文献数量增长趋势逐渐明显，特别是 2012—2013 年，文献数量从 29 篇快速增长至 249 篇；2016—2020 年增速更为显著，该工具预测 2020 年相关文献数量会达到 2 324 篇。

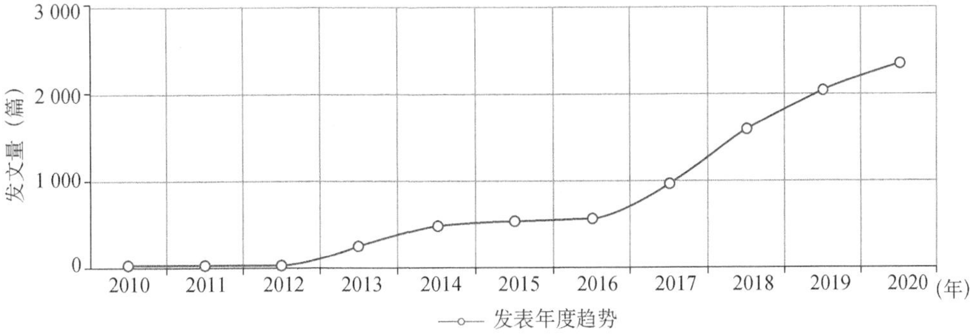

图 1　2010—2020 年立德树人研究发文量趋势图

关键词不仅是文献核心观点和重要内容的精练表达，而且是研究热点的呈现。为探究 2010—2020 年立德树人研究主要研究了哪些内容，本文利用陈超美博士开发的可视化工具 Citespace①，将节点设置为关键词，采用 Pathfinder 和 Pruning Sliced Networks 修剪算法，对立德树人研究领域的文献进行关键词共现分析。

关键词共现是指两个不同的关键词共同出现在一篇文章之中。在立德树人研究科学知识图谱分析过程中，利用关键词共现网络能够展现相关文献集中反映出的研究热点词汇。共现网络中关键词共现次数越多，关键词联系越紧密，关键词之间的连线密集程度越高，也越趋于成为研究热点。以 2010—2020 年关于立德树人研究的文献为分析物料，将节点设置为关键词，时间切片为 1 年，得到了 2010—2020 年立德树人研究关键词共现图谱，根据关键词的出现频率和中心性提取前 10 位关键词(表 1)。

表 1　2010—2020 年立德树人研究前 10 位关键词

序号	关键词	频次	中心度
1	立德树人	956	0.24
2	高校	67	0.10
3	社会主义核心价值观	61	0.10
4	新时代	50	0.00
5	核心素养	41	0.04

① Citespace 是由陈美超教授支持开发，应用于科学文献中识别并显示科学发展新趋势和新动态的可视化分析软件。

（续表）

序号	关键词	频次	中心度
6	高校思想政治工作	38	0.01
7	根本任务	36	0.02
8	思想政治课	35	0.06
9	大学生	32	0.05
10	学校	32	0.06

通过可视化知识图谱我们可以看到，2010—2020 年立德树人研究中共出现 732 个关键词，关键词之间相互作用，共产生了 1 779 条关系。知识图谱中关键词节点圆圈越大，距离中心越近，说明该关键词出现的频率越高，中心性越高，也是立德树人研究领域比较关注的研究热点。

从表 1 可以看出，在立德树人研究领域，排名前 10 的关键词分别是立德树人、高校、社会主义核心价值观、新时代、核心素养、高校思想政治工作、根本任务、思想政治课、大学生和学校。

二、2010—2020 年立德树人研究进展

通过对文献的梳理、解读，可将 2010—2020 年立德树人研究取得的进展概括为两个维度："立德树人是什么"和"如何落实立德树人"。结论显示，在关于"立德树人是什么"的研究上，逐渐构建出一个丰富立体的立德树人内涵体系；在关于"如何落实立德树人"的研究上，创生出立德树人实现机制。正如康德所说，"认识过程并不是独立的和线性的，而是接近于无数圆圈形成的螺旋状"，[1]立德树人研究所取得的两方面进展也并非分割的、单向的，同样是通过螺旋上升的认识相互交织而逐渐完善。

1. 内涵建构：立德树人是什么

通过梳理文献，本研究认为，2010—2020 年对"立德树人是什么"的研究主要从立德树人的源起、时代内涵和任务导向三个方面展开。

(1) "立德""树人"之源起

在对立德树人词源的追溯上，我国学者的研究结果基本一致。研究表明，立德树人理念虽古已有之，但是是以"立德"和"树人"两个词存在，并未形成立德树人统一体，二者出现的时间也不同，与教育的联系也并不紧密。就"立德"来说，最早可以追溯到战国《左传·襄公二十四年》中的"三不朽"，在此"立德"是从道德操守的角度强调高尚的道德品格是世人效仿的榜样。[2]"树人"则出自西汉编修的《管子·权修》，此时"树人"重在形成礼义廉耻，多为规范、教训、赏罚，不同于现代意义上的教育行为。[3]也有研究指出，"立德"与"树人"统一

成为立德树人最早是于 2000 年出现在苏州育才中学的校训中，而真正意义上的立德树人则始于当代教学实践。[4]

(2) 立德树人之时代内涵

立德树人的内涵随着时代不断更迭，将立德树人放置于不同的时空，通过立德树人内涵的动态演变，探讨立德树人的时代内涵，是我国教育理论界在立德树人研究上探索的新领域。

立德树人在时间点上的内涵。在传统儒家文化时期，立德树人的内涵以《论语》为基点，可从教学思想、教育内容、教学方法和师德等角度进行论述；[5]翟明女认为“儒家关于知与行关系的讨论主要是在伦理道德的范围内进行的，其探讨的主要内容就是立什么德、怎么立德的问题”。[6]胡秀俊在阐述抗日战争时期立德树人的内涵时，认为道德规范、价值取向、行为指导是“德”的时代内涵；[7]延安时期立德树人的内涵是马克思主义哲学理论和科学知识；[8]新时代立德树人的内涵不仅是有理想、有本领和有担当；[9]还应该是有理想信念、爱国情怀、品德修养、知识见识、奋斗精神、综合素养。[10]

立德树人在“时间线”上的内涵。通过梳理，发现相关研究可以分为两类：① 研究历史变迁与立德树人的直接关系。先秦之际立德树人思想的发轫是从“敬德保民”到“仁礼合一”；汉唐之际立德树人思想的延展是从“任德教”到“德政合一”；两宋至明清之际立德树人的内涵是从“德才兼备”到“知行合一”；晚清至近代立德树人的内涵是从“西学东渐”到“德育”初创。[11]改革开放以来，立德树人思想内涵的“时间线”在整体视域上实现了“由侧重选人的标准到选人育人的一体化推进”，在价值取向上实现了“由服务社会主义现代化向实现社会与个人的同向发展”。[12]② 研究时间推移通过中间变量对立德树人内涵产生的影响。俞国良和李森将教育政策作为显线，将时间的推进作为隐线，将我国立德树人教育政策历史进程分为重建与探索、改革与完善、丰富与整合、创新与深化四个时期，虽各个时期立德树人内涵不同，但整体趋势是“大德育”和“大思政”逐步向精细化、具体化和纵深化发展。[13]

(3) 立德树人之行动导向

伽达默尔(Hans-Georg Gadamer)认为“解释学并不是对某种意义的解读，而是对事物本身已经指出的内容的实践”，[14]立德树人实践的基础是具体内容，因此指出“立何德”“树何人”是明晰“立德树人是什么”所不可缺少的。

在“立何德”这一问题上，相关研究可以概括为两个方面：寻求德的“最大公约数”和探究德的“群集”。在寻求德的“最大公约数”的研究中，宏观上将“德”视为我国道德建设的历史传统在现时代的集中体现；[15]微观上将所立之德概括为“大德、公德和私德”。[16]在探究德的“群集”的研究中，从群体、学段、学科等不同角度出发，探究不同类型之“德”。群体上，由师品、师爱、师风和师能共同组成的师德是“德”的组成之一；[17]辅导员的“熔铸国家意识、贴合社会需求、指向学生中心、把握工作立场”也是“德”的重要组成。在学段上，包含以“理想与抱负、意志与品质、实践与行动”为主旨的小学教育之“德”；[18]以“有德行、有才学、有根基、有格局”为目标的高等教育之“德”。[19]学科上，既有由生存意识主导的地理学科之“德”，[20]也有培养思维能力、健全道德人格、激发爱国情感的历史学科之“德”。[21]

在“树何人”的问题上，研究者普遍认为，身处终身学习的社会之中，每个人都需要“树”之，但是不同阶段、职位和身份“树”的内容和要求是不一样的。在“树成何人”的研究上，既有“把学生培养成为德智体美劳全面发展的社会主义建设者和接班人的论述”；[22]也有强调“树”认清自我、德法兼修、浩然正气的“中国人”；“树”真才实学、既有民族精神又有全球视野的“社会人”；“树”全面发展、艰苦奋斗、勇担大任的“时代新人”。[16]

2. 实现机制：如何落实立德树人

正如迈克尔·富兰(Michael Fullan)所言“变革是一种过程，而非一种事件”，[23]在如何实现立德树人根本教育任务的研究中，我国学者进行了多方面的探索，通过文献的梳理可以将其研究成果概括为外部支撑系统和内部协调系统。

(1) 外部支撑系统

建立以师德育人为主体的立德树人主导机制。百年大计，教育为本；教育大计，教师为本。立德树人教育目标的实现需要充分发挥以任课教师为主，以辅导员、研究生导师为辅的主导作用。首先，厘清师德的组成要素对提升师德至关重要。有学者认为，师德等同于教师职业道德，包括教师职业理想、职业责任、职业态度、职业纪律、职业技能、职业良心、职业作风、职业荣誉八方面内容。[24]因对师德组成要素的理解存在差异，所以在提升师德的路径上也存在些许差异，但是不同之中也存在共性，如都强调教师培训对师德提升有重要作用；都认为加强考核能有效提升师德等。[25]其次，以师德育人为主体的主导机制主要通过以下三方面促进立德树人教育目标达成：教师以身示范对学生的榜样示范作用；教师科学研究实践对学生的渗透教育作用；教师通过创设良好环境促进学生身心成长。[26]

改善以硬件设施为主体的立德树人供给机制。人工智能、大数据时代为当下教育活动的开展提供了诸多便利，但是这些外部供给对落实立德树人而言并非尽善尽美。[27]杜绝低效供给，减少眼花缭乱、效果甚微、分散注意力的教学媒介使用，将课堂活动更多地留给教师和学生；强化有效供给，根据学生认知发展规律，妥善选择硬件设备，使学生爱学、乐学和善学；凸显精神供给，强调“以德为先”的教育宗旨，促进学生德才兼备。

完善以学校场域为主体的立德树人联动机制。教育虽然主要发生在学校场域，但是却辐射家庭和国家，因此要充分发挥学校、家庭和国家的联动作用。首先，各司其职“种好门前责任田”。学校教育应发挥自身连贯性、持久性和深刻性的特色，不仅要将立德树人的教育理念带给学生，更需用道德高尚、学无止境的思想影响学生一生发展；[28]家庭教育应发挥榜样示范作用，在潜移默化的相处中帮助孩子系好“人生的第一粒扣子”；国家层面应加强顶层设计，不仅要发挥政策法规的强制、监督作用，也需利用制度约束不良行为，还要出台相关标准衡量和评价立德树人效果。其次，整合学校、家庭和社会场域，形成联动机制，发挥1+1+1>3的效果。学生的学习生活贯穿于学校、家庭和社会中，学校教育、家庭影响及国家规划统筹整合所带来的影响虽是未知的,却也是无穷的。

(2) 内部协调系统

"打铁还需自身硬",立德树人教育目标的达成不仅需要外部提供动力和支撑,也需要在原有教学活动中,协调处理各个教学要素,构建一整套以立德树人为目标的教学系统。

教学目标方面,在注意立德树人潜在性、持久性的同时,也要关注其呈现形式。如若教学生"德",不仅贬低了德的实质价值,也存在一种"泛学科化"的趋势。作为根本任务的立德树人如何平衡不能教、不可教与落实之间的矛盾?中国学生发展核心素养框架及各科核心素养的提出给出了新路径。有研究指出,将看不见摸不着的立德树人物化为学生核心素养甚至各学科应该着重培养的学科素养,既能维持立德树人影响的持久性,又能创新其呈现形式。[29]

教学内容方面,在保持原有知识连贯性、系统性的同时,也要关注中国传统文化,树立中国文化自信。自古以来,教育就与文化难舍难分,教育产生于文化,文化通过教育传播。在以立德树人为目标的教学内容中,知识内在逻辑固然不可或缺,具有中国特色的社会主义核心价值观、中国传统文化更不可丢失,将中国文化融入教学内容、树立文化自信、发出中国声音的过程,也是落实立德树人根本教育任务的另一种表现。

课程设置方面,在妥善、高效利用思政课程主战场的同时,兼顾显性课程和隐性课程、综合课程和分科课程落实立德树人的作用。第一,通过显性课程和隐性课程凸显立德树人教育的显现性和无痕性。[30]利用显性课程良好的内部结构和实施规则,将可观、可感和可学的部分很好地传递给学生;利用隐性课程潜在性、无障碍和无清晰意图,但学生吸收效果好的特点,将立德树人中不可观、不可感的宗旨要义潜移默化地传递给学生。第二,根据综合课程和分科课程的特点贯彻立德树人教育的延展性和聚焦点。不仅要发挥综合课程全面、综合的作用,还应兼顾分科课程中学科核心素养的聚焦及映射。

三、2010—2020 年立德树人研究反思

纵观 2010—2020 年的研究进程,不难发现,我国"立德树人是什么"及"如何落实立德树人"的研究整体上取得了显著成就,但是微观上仍然存在着值得我们反思之处。

1. 立德树人内涵探析的单层静态

实现人的全面发展不仅是马克思主义的基本立场,也是社会主义教育的根本目标,正如习近平总书记强调,"立德树人,是培养德才兼备、德智体美劳全面发展的人";[31]立德树人的研究也应该"统筹各个学段、各种教育场域、各个教育环节、各方教育,形成立德树人兼具整体性和层次性的全面育人新格局",[31]但是当下关于立德树人的研究还存在单层静态之势。

研究内容的单层静态。立德树人是德才兼备、德智体美劳全面发展,"德"是其中不可

忽视的一方面，但是在当下关于立德树人的已有研究大多围绕单层次的“德”展开。通过观察可视化知识图谱发现立德树人的研究关键词除“立德树人”本身外，“思想政治教育”“思想政治课程”“社会主义核心价值观”等关键词和“立德树人”中心度关联较高，说明当下对“立德树人”的研究主要以思想政治教育为主，并未覆盖全面的“德”。

研究阶段、学段和学科的单层静态。就学校类型来说，立德树人的研究主要集中于普通教育中，特殊教育中立德树人的研究寥寥无几；就学段来说，高等教育阶段立德树人的研究占据半壁江山，基础教育和中职教育中立德树人的研究相对较少；就学科来说，针对思政课程所做的研究多于其他课程。虽然立德树人最早在高等教育领域被提出，但是其建构覆盖各个学段、各种教育场域、各个教育环节、各方教育，兼具整体性和层次性的全面育人新格局是迫切的愿景。

2. **立德树人落实机制的应然建构**

应然式建构是指立德树人落实机制的研究往往侧重于立德树人根本教育任务实现所需条件和应该怎么样做，但是忽视对实然教育现状的审视，缺乏问题意识和靶向思维。

问题意识不足，缺乏对当下课程体系与立德树人内生逻辑关系的研究。课程是学校教育实现立德树人根本教育任务的主要途径，立德树人教育目标的生成及实现应该以学生为中心，与青少年成长规律相契合，然而当下课程体系却不足以支撑立德树人内生逻辑，尤其是思政类课程，与学生认知存在差距，价值引领与青少年成长规律的契合度不够高。[32]

靶向思维不够凸显，缺少立德树人与当下评价之间双向反馈机制的研究。在实现立德树人教育目标中应包含落实机制和评价机制，且落实机制与评价机制之间的双向反馈是实现立德树人根本教育任务的必要条件。然而当下评价机制还存在着“分数至上”的现象，适于衡量立德树人成效的评价机制尚未成型，因此未能有效实现评价机制与落实机制之间的双向调节。提升问题意识和靶向意识是落实立德树人必不可少的理念。

四、立德树人研究前瞻

1. **深化立德树人内容研究，因时而进、因事而新与因事而化**

在立德树人的研究逻辑中，把握好“时”和“进”、“事”和“化”、“势”和“新”之间的辩证关系，不仅知其内涵的“固然”，还知其“所以然”，更知“何以然”。

立德树人内涵研究应该关注时代性，因时而进。在深入了解我国立德树人研究所取得进展的同时，也应关注当下教育实然，因时而进。研究新时代下的“进”，不仅要更新新时代下立德树人根本教育任务的新内涵；还要开发在人工智能、大数据支撑下，落实立德树人根本教育任务的新方法；更是要通过供给侧改革，创新立德树人根本教育任务落实的新途径。

立德树人内涵研究应该探索新型师生关系，因事而新。教育的终极意义并不在于穷尽真理，而在于逼近现实的存在，回归本身，意味着一棵树摇动一棵树，一朵云推动一朵云，一个灵魂唤醒一个灵魂。[33]在学校场域实现立德树人教育是“教师灵魂唤醒学生灵魂”，因此在立德树人的研究中，对教师的研究、学生的研究、师生关系的研究格外重要，但是目前关于这几个方面的研究并不多，特别是关涉立德树人视域下学生发展的研究极其稀少，正如习近平总书记所言，立德树人教育要围绕、关照、服务于学生，所以要在以后的研究中加强学生发展方面的研究。此外，师生关系也是影响立德树人教育内涵的关键因素。改革开放以来，我国师生关系从“主客体”到“双主体”，再到现如今的“主体间”，学生地位在师生关系中逐渐凸显，研究如何通过师生“主体间”关系的相互作用，依立德树人之事而新，探索出新型的学生观、教师观，以此推进立德树人内涵研究的进展。

立德树人内涵研究应该坚持服务教学改革，因事而化。落实立德树人根本教育任务，有以下几件事需要后续研究“化之”。第一，探索改变道德实践逻辑以适用于立德树人下“德”之教育。春秋战国以来，我国基本上延承的是一种“自上而下”的道德实践逻辑，即通过先验理论假设或者道德预设的制度设计和规则制定，对学生实施有目的、有计划的教育干预。[34]几千年的教育实践表明，这种教学方式虽然能给予学生系统化、规范化的道德知识，却在帮助学生知行转化上捉襟见肘，因此，如何突围“自上而下”的束缚，构建自下而上、上下联通、符合学生认知发展的道德实践逻辑是后续研究应该关注的问题。第二，探索完善立德树人教育机制的供给侧改革。供给侧不仅影响当下立德树人的落实，并且长期浸濡在供给侧提供的氛围中，对立德树人需求的长远发展也有潜移默化的影响，因此研究如何通过供给侧改革来完善立德树人落实机制迫在眉睫。第三，开发立德树人评价机制。如通过改善课堂评价、教学评价和高考选拔方式使立德树人真正落地。

2. 明确立德树人任务导向，兼顾基础性与全局性

立德树人研究应该注重基础性。首先，需在基础教育阶段的研究上倾注精力。2014 年《教育部关于全面深化课程改革落实立德树人根本任务的意见》中提到：“着力在关键领域与主要环节进行改革”，基础教育是学生成长和发展的关键时期，然而和高等教育中立德树人的研究比较起来，当下基础教育阶段立德树人的研究较少，因此，下一步应加强基础教育阶段立德树人的研究。其次，尽精微，以致广大。学校实现立德树人任务主要通过教学活动展开，研究教学目标、教学内容、教材编写、教学评价等方面和立德树人的关系格外重要。如何似盐溶于水一般将立德树人教育渗透于教学目标之中，如何改变当下教学内容、教学方式以适应立德树人的要求，如何加快评价机制的建成以使立德树人落实效果有据可依等，都值得进一步探讨。

立德树人研究应保证全局性。第一，加强立德树人的“三全研究”。2018 年《教育部办公厅关于开展“三全育人”综合改革试点工作的通知》强调“形成全员、全过程、全方位育人格局”，全员、全程、全方位分别代表立德树人研究的宏观层面、中观层面及微观层面，[35]因此通过研究立德树人的“三全教育”，把握立德树人的整体局势。第二，加强立德树人的“三度研究”。通过与多领域融合、跨学科探讨，加强立德树人研究的广度；通过各学段纵向衔接、课内外相互交融,加强立德树人研究的长度;通过结合实然教学现象、剖析教育问题,加强立德树人研究的深度。

3. 聚焦立德树人目标落实,形成基于问题解决的综合研究范式

第一,利用科学实证主义研究范式探究立德树人落实效果的评价与测量。在立德树人的研究中,对人文主义研究范式的推崇并不意味着对科学实证主义研究范式的抛弃,通过科学实证主义范式对立德树人评价机制提出假设、建立模型及后续的量化评估是推动立德树人教育任务实现的基础,也是对落实效果的检验。

第二,形成基于问题解决的综合研究范式。单一的研究范式会阻碍研究的宽度和深度,任何一项研究的开展和深入都是多种研究范式相互结合和作用的结果,立德树人的研究也不例外。但是范式的整合存在一个问题:整合的基点是什么?根据目前立德树人研究的进展及存在的不足,立德树人研究范式的整合应该基于"问题意识""靶向思维",即实现立德树人根本教育任务,任何研究范式运用的直接目的是推进立德树人研究进展,最终目的是落实立德树人根本教育任务。因此,在以问题解决为目的的研究范式整合中,范式整合是过程,这个过程同时又为立德树人教育任务的落实服务,二者具有异曲同工之处。另一方面,在以问题解决为目的的研究范式整合过程中,可根据问题的性质妥善调整范式整合过程中人文主义研究范式和科学实证主义研究范式的权重。

参考文献

[1] 康德. 实践理性批判[M]. 邓晓芒,译. 北京:人民出版社,2016.

[2] 刘娜,杨士泰. 立德树人理念的历史渊源与内涵[J]. 教育评论,2014(5):141-143.

[3] 张力. 纵论立德树人——教育的根本任务[J]. 人民教育,2013(1):10-13.

[4] 戴锐,曹红玲. "立德树人"的理论内涵与实践方略[J]. 思想教育研究,2017(6):9-13.

[5] 朱哲,鹿丽萍. 有教无类　立德树人——孔子教育思想的伦理意蕴[J]. 伦理学研究,2009(5):75-80.

[6] 翟明女. 儒家知行观及其对高校立德树人的借鉴价值[J]. 黑龙江高教研究,2019,37(5):134-137.

[7] 胡秀俊. 沂蒙红色文化融入立德树人实践的路径探析[J]. 黑龙江高教研究,2017(9):134-136.

[8] 郝丹梅,杨文选. 延安时期毛泽东政治教育思想对当代高校立德树人的启示[J]. 思想政治教育研究,2018,34(2):121-125.

[9] 胡树祥. 党的十九大与新时代高校立德树人的新要求[J]. 学校党建与思想教育,2018(3):10-11,44.

[10] 张再河. 新时代立德树人的着力点[J]. 中学政治教学参考,2019(16):34-35.

[11] 刘佳. 中国语境下"立德树人"思想发展管窥[J]. 苏州大学学报(教育科学版),2019,7(1):78-88.

[12] 侯玉环,胡晓红. 改革开放以来中国共产党立德树人思想的转型发展[J]. 广西社会科学,2019(7):53-59.

[13] 俞国良,李森. 我国"立德树人"教育政策历史进程的文本分析与启示[J]. 西南民族大学学报(人文社科版),2019,40(6):217-222.

[14] H・G・伽达默尔. 真理与方法 哲学解释学的基本特征[M]. 王才勇,译. 沈阳:辽宁人民出版社,1987.
[15] 韩丽颖. 高校立德树人需要遵循道德发展规律[J]. 东北师大学报(哲学社会科学版),2019(6):36-42.
[16] 张驰. 高等教育立德树人的内涵实质与实现路径[J]. 思想理论教育,2019(8):100-105.
[17] 程红菲. 立德树人背景下的师德要素研究[J]. 教学与管理,2019(9):60-62.
[18] 清华大学附属小学. 成志教育:小学立德树人的模式构建与实践探索[J]. 人民教育,2018(8):53-59.
[19] 靳诺. 立德树人:高等教育的根本任务和时代使命[J]. 中国高等教育,2017(18):8-12.
[20] 张立峰,褚丹丹. 地理教学中"立德树人"教育初探[J]. 中学地理教学参考,2016(12):7-9.
[21] 王长喜. 历史典故在中学德育中的价值探析[J]. 中学政治教学参考,2019(20):87.
[22] 袁芳. 新时代立德树人的生成逻辑[J]. 思想理论教育,2019(5):101-105.
[23] 迈克尔・富兰. 极度空间 整合科技、教育学和变革知识[M]. 于佳琪,黄雪锋,译. 重庆:西南师范大学出版社,2016.
[24] 张兆文. 立德树人视域下高校青年教师师德建设新探[J]. 思想政治教育研究,2015,31(4):126-129.
[25] 郑爱平,张栋梁. 立德树人根本任务指引下研究生导师师德建设研究——基于12所高校1496名师生的调查分析[J]. 研究生教育研究,2017(4):30-35.
[26] 李红丽,曹南燕. 新时期研究生导师立德树人的功用及实现途径[J]. 学校党建与思想教育,2015(1):79-80.
[27] 曹培杰. 智慧教育:人工智能时代的教育变革[J]. 教育研究,2018,39(8):121-128.
[28] 谢辉. 把立德树人的成效作为检验学校一切工作的根本标准[J]. 中国高等教育,2018(12):10-11.
[29] 李萍,史志杰,文涛,等. 核心素养助立德树人创新推进 六个维度促考改课改同频共振——2018年山西省中考英语试题分析[J]. 教育理论与实践,2018,38(32):3-6.
[30] 张利明. 立德树人与中华优秀传统文化关系述论[J]. 社会科学研究,2016(6):143-147.
[31] 教育部政府门户网站. 聚焦全国教育大会[EB/OL]. (2018-09-11)[2021-12-21]. http://www.moe.gov.cn/jyb_xwfb/xw_zt/moe_357/jyzt_2018n/2018_zt18/.
[32] 韩丽颖. 立德树人:生成逻辑・精神实质・实践进路[J]. 东北师大学报(哲学社会科学版),2016(6):201-208.
[33] 雅斯贝尔斯. 什么是教育[M]. 邹进,译. 北京:生活・读书・新知三联书店,1991.
[34] 韩丽颖. 高校立德树人需要遵循道德发展规律[J]. 东北师大学报(哲学社会科学版),2019(6):36-42.
[35] 杨晓慧. 高等教育"三全育人":理论意蕴、现实难题与实践路径[J]. 中国高等教育,2018(18):4-8.

基于数据挖掘技术的高校研究生德育工作路径研究

◎ 赵云洁

摘　要　当前,高等教育领域德育的培养作为一项关键性的命题,被不同的高校所关注和重视。与此同时,研究生作为高校中一类关键的群体,对于其进行德育培养,是极其关键的重要任务,如今,部分高校在研究生德育培养的过程中取得了一定的优势,但也面临着较多的瓶颈。选取上海市、福建省、江苏省12所高校进行调研,通过定量分析和定性分析的结合,针对相关主体采取问卷、访谈的形式,挖掘高校研究生德育培育的现状,最终,基于调研的结果充分运用数据挖掘技术,包括SnowNLP情感倾向分析、Nvivo分析等,针对当前高校在开展研究生德育工作中的现状,更好地挖掘现存问题和瓶颈,进而提出相对应的举措和未来建设的路径。

关键词　数据挖掘　高校　研究生　德育　培养　路径研究

中共中央、国务院印发的《关于加强和改进新形势下高校思想政治工作的意见》明确指出:"加强和改进高校思想政治工作,事关办什么样的大学、怎样办大学的根本问题,事关党对高校的领导,事关中国特色社会主义事业后继有人,是一项重大的政治任务和战略工程。"《中共中央关于进一步加强和改进学校德育工作的若干意见》也指明了:要适应当前深化改革,扩大开放和加快社会主义现代化建设步伐的新形势的要求,进一步加强和改进学校德育工作。通过对于近期出台的高级别政策的观察和考量,可以发现,德育在当前的整体教育发展中的作用逐渐凸显,对于学校建设、人才培养、社会进步都有着至关重要的作用。

普通高等院校研究生教育指的是通过全国硕士或博士研究生统一招生考试招收的全日制或非全日制普通研究生的研究生学历教育,研究生分为硕士研究生及博士研究生,按照学位类型分为学术型研究生及专业型研究生,学习形式分为全日制及普通非全日制,本

作者简介　赵云洁,同济大学教育经济与管理研究所,硕士研究生。

文集中于普通高等院校进行深入挖掘。当前,高校对应的高等教育是培养高级专门人才和职业人员的主要社会活动。研究生教育的目的是培养具有国际水平的战略科技人才、科技领军人才、青年科技人才和高水平创新团队,为实施创新驱动发展战略和建设创新型国家奠定重要基石。在此过程中,除了理论知识、实践技能的培养,品德教育也成为了至关重要的任务。因此,不同类型的高校在对人才进行培养时,德育是不可忽略的一个重要环节,受到了不同类型高校的重视。

当前,数据挖掘技术作为一项重要的技术类型,正在不同领域中加以运用。运用数据挖掘技术,首先能够简化数据准备,使用动态图表与图形来理解关键信息,从而快速直观地与数据进行互动。其次,可以更加方便快速地创建更优模型,使用成熟技术与易用强大的拖放界面,剔除无谓的猜测,构建稳定精确的模型。同时,快速将最佳模型投入运用,可在批量与实时环境下进行自动化、交互处理,花费更少的时间与努力,对新数据进行记分。

在教育领域,针对高校德育工作的研究已经具备了一定的数量,但是通过资料收集发现,运用数据挖掘技术研究教育问题的数量仍然颇微,缺乏系统性的研究模式。然而,运用数据挖掘技术,能够更好地剖析新形势下高校在开展德育工作时的现状,并挖掘问题和瓶颈,进而更好地评估,为未来开发全新的模式提供思路和借鉴。

一、探究高校研究生德育培养路径成为必要命题

当前,高校研究生德育培养路径成为不同地区、不同类型学校关注的命题和决策。该项决策对于人才培养、校风建设乃至社会发展都起着至关重要的作用。

1. 政策的引导

《关于加强和改进新形势下高校思想政治工作的意见》明确指出:“把社会主义核心价值观体现到教书育人全过程,引导师生树立正确的世界观、人生观、价值观,加强国家意识、法治意识、社会责任意识教育,加强民族团结进步教育、国家安全教育、科学精神教育,以诚信建设为重点,加强社会公德、职业道德、家庭美德、个人品德教育,提升师生道德素养。”相关的宏观政策较为明确地指出了德育工作的重要性,对于高校中研究生这一较为特殊的群体开展德育工作,是政策指引下的必然途径。

除了国家宏观层面的政策文件,不同区域也针对德育问题指明了方向。上海市教育委员会印发的《上海市学校德育“十三五”规划》指出:遵循不同阶段学生的认知特点和接受意趣,围绕政治认同、国家意识、文化自信、公民人格四方面组成德育内容顶层架构。福建省教育厅印发的《福建省高校传承和弘扬中华优秀传统文化行动计划》也是开展德育的途径之一。《浙江省高等教育“十三五”发展规划》明确指出:“坚持立德树人。始终把德育工作放在首位,强化高校政治意识、政权意识、阵地意识,着力培养中国特色社会主义合格建设者、可靠接班人。”

与此同时，不同高校也依照社会发展的趋势，依照本校发展特点，制定了相关的开展德育工作的文件，对于德育工作进行指导和规划。

2. 现实问题

就学生培养方向而言，研究生与本科生不同，研究生培养的定位是具有一定科研能力和水平的后备学术人才。[1]研究生教育具有显著的重要性。研究生教育是整个教育链的最高端，只有把最高端做好了，我国才能成为教育强国。我们要在学位管理、招生规模和结构、学科建设等方面加强调控，提高研究生教育的质量。当前，我国不同类型的高校在开展相关活动时，面临着一定的现实问题和瓶颈，需要通过采取相对应的举措来完善学校的建设，而德育工作就是其中关键的一环。

(1) 高校培养目标的偏颇

当前在高校有较多的管理人员认为，研究生培养的目标仅仅是培养“掌握本学科坚实的基础理论和系统的专业知识，具有创新精神和从事科学研究、教学、管理或独立担负专门技术工作能力的高级专门人才”。部分高校仍把研究生看成德育教育的客体，在理论教育上以单向的灌输式教育为主，在一些制度和活动的设计上忽视研究生的需求与意见，研究生也缺乏参与的积极性等。[2]因此，较为注重学科建设、课程改革、设备配置、资金支持等方面的投入，往往容易忽略培养目标中较为关键的“品德优良”这一目标，这也在一定程度上导致较多高校在“德智体美劳”多元人才培养体系建设的过程中顾此失彼，由于过度重视“智”的发展而忽略了“德”的培养，这样的结果就是学校难以构建起良好的风气，也很难提升综合实力与核心竞争力。

(2) 学生道德缺失行为的递增

当前，在高校中，研究生道德缺失行为愈发增加。近年来，部分高校的研究生在学习或者生活中，往往容易因缺乏引导、自制力差等，做出违背道德准则的行为。造成这一现象的原因是多方面的：首先，该年龄段的学生学习能力较强、容易对某些行为进行效仿；其次，当前社会形式多元化，获取信息变得更加便捷；最后，学生所在的生活与学习环境缺乏营造，缺乏身边人的引导，导致部分学生容易偏离道德的正轨，做出一些违背道德的言行举止，甚至做出一些违法行为。

(3) 缺乏明确的规定与引导

当前，通过调研发现，国家层面虽然出台了部分关于德育工作的政策文件，但是仅聚焦于研究生教育阶段的政策文件数量则较少。同时，对于开展德育工作的资金辅助，许多高校也表示较为紧缺，大部分资金在高校中主要是投入与学科建设、师资队伍建设、课程开发、设备购入等有关的项目，对于德育，在接受调研的学校中，几乎没有一块专项资金对其进行支持。最后，高校对于德育工作的线上线下的舆论宣传也较为缺失，导致高校中的多元主体对于德育的内涵和外延缺乏认知。

二、运用数据挖掘技术进行定量分析

当前，通过对于上海市、福建省、江苏省12所高校的相关主体进行深入调研，并且运用数据挖掘技术对收集的数据进行分析。

1. 运用SnowNLP情感倾向分析

SnowNLP情感倾向分析工具是数据挖掘技术中的一类，是一个功能强大的中文文本处理库，目前，在调研的过程中，针对上海市、福建省、江苏省12所高校中的多元主体进行访谈，其中包括23名教师、8名学校管理人员和32名高校研究生，访谈的主题设置为其对于当前学校开展德育工作的态度，针对访谈结果的文本使用了数据挖掘技术中的SnowNLP情感倾向分析，进而进一步探究和挖掘教育发展和改革的趋向。在文本分析掘的过程中，主要情感倾向在分类时分为积极和消极两种，使用SnowNLP中的sentiments()函数对收集的文本内容进行情感分析，函数返回的结果是0～1之间的浮点数，越靠近1表示越积极正向，越靠近0表示越消极反向。分析结果见表1和图1。

表1　四类概率展示表

p值	比例
$0<p<0.25$	11.00%
$0.25<p<0.5$	30.00%
$0.5<p<0.75$	47.00%
$0.75<p<1$	12.00%

通过情感倾向分析的结果(图1)可以得知，当前高校中的不同主体对于当前德育工作的开展持积极态度，这也在一定程度上说明当前高校在开展活动时取得了一定的成效，得到了相关主体的认可。但是，占据消极情绪的主体仍然有一大部分，这也说明当前高校在开展德育工作时，仍然有许多需要改进的地方。

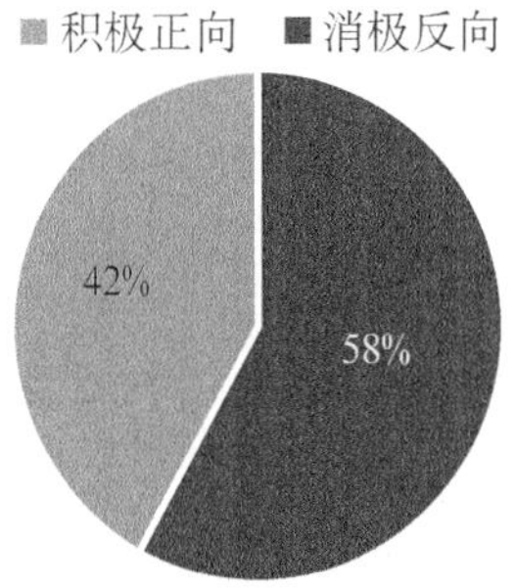

图1　情感倾向分析图

2. 运用Nvivo方法进行分析

Nvivo软件是美国QRS公司研发的一款用于辅助计算机进行质性研究的软件，它拥有强大的编码功能，可以对各类文本、访谈记录、调查问卷、视频图片、网页等内容进行编码分析，可提高研究的严谨性。

针对上海市、福建省、江苏省12所高校中的多元主体进行访谈，其中包括23名教师、8名学校管理人员和32名高校研究生，共收回63份有效访谈，针对访谈的文本进行Nvivo分析，提取出了出现频率最高的10个词语，制作了如图2所示的词频统计图。

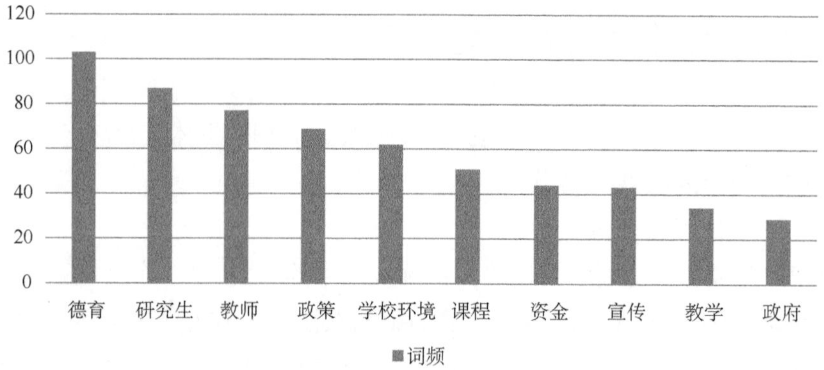

图 2　词频统计图

通过图 2 可以发现,德育、研究生、教师、政策等词汇出现的频率较高,这也在一定程度上说明相关的因素是高校开展德育工作中较为关键的因素。

3. *运用关联分析分析影响因素*

当前,在高校中影响研究生德育工作的因素较多,通过对上海市、福建省、江苏省 12 所高校中的相关主体进行调研,其中包括 23 名教师、8 名学校管理人员和 32 名高校研究生,进而针对调查的数据进行关联。

数据关联是数据库中存在的一类重要的可被发现的知识。若两个或多个变量的取值之间存在某种规律性,就称为关联。当前,影响高校研究生德育工作的因素较多,针对 63 名主体调查时,在问卷调查中选择词频统计中的"研究生对于德育工作开展的影响程度""高校教师对于德育工作开展的影响程度""政策对于德育工作开展的影响程度""学校环境对于德育工作开展的影响程度""课程对于德育工作开展的影响程度"这 5 个因素,就其支持度进行关联分析,其中不同主体可以根据选项选择 0～1 之间的数字,表示支持度(越接近 1 表示越支持,越接近 0 表示越不支持)。并将问卷反馈的数据从负向到正向五个程度转变为数字 0～4,在进行关联分析时,运用 Apriori 算法,该算法只关心某影响因子是否发生,因此对于数据进行一定处理,当问卷获得的分数不超过 2 分时,记为 0,大于 2 分时,记为 1,清除无效和异常的问卷数据,存储在. csv 文件格式中。采用 python3. 8 编程环境,分别画出这 5 个因素对应的影响度的(迭代次数—影响度)折线图,如图 3 所示。

从迭代次数—影响度折线图中可以看出,"研究生对于德育工作开展的影响程度""高校教师对于德育工作开展的影响程度""政策对于德育工作开展的影响程度"这三个因素的支持度最终超过了阈值,由此可见,该三类因素对于德育工作开展有显著影响。因此,未来在开展德育工作问题的研究时,要重点关注和考虑学生、教师、学校环境等影响因素,充分采纳相关主体的意见和建议,进而更好地匹配具有针对性的发展模式,同时,也要兼顾学校环境、课程、资金等方面的支持,从多元角度推动高校研究生德育工作的开展。

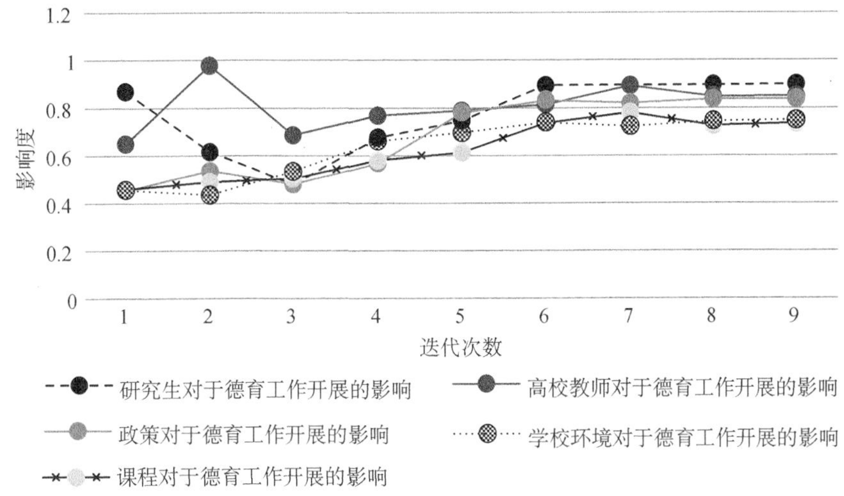

图 3　迭代次数—影响度折线图

三、构建研究生德育工作的全新模式

要使研究生成长为中国特色社会主义事业的合格建设者和可靠接班人，不仅要大力提高他们的科学文化素质，更要加大力度培养他们的思想政治素质。[3]未来，在开展德育工作时，需要充分发挥多元主体的作用，从各个角度助力高校德育工作的开展，形成和构建专注于研究生这一群体的德育工作全新模式。

1. 把握研究生这一特殊群体的特质

研究生作为一个特殊群体，在高校中，和其他群体是完全不同的对象，该群体具有以下特点：学习和生活极有规律，自律能力强。优秀的研究生，生活和学习极有规律，不会受到网络游戏的诱惑，能够数年如一日地开展学习和科研活动；自主学习能力强，能够完成学习任务，根据项目需要自主学习一些知识；会根据项目需要查阅资料，寻求解决问题的方法；对学习和科研用功刻苦，把大部分时间用在学习和科研上；对学习和科研充满信心，拥有坚定的信念；有不服输的精神，碰到难题后，会想办法解决，不气馁、不放弃等。

由此可见，作为高校中较为特殊的一类学生群体，研究生在心智的成熟性、学习的自觉性、获取和吸收知识的能力性、意志力的坚韧性等方面，都具有较大的优势。因此，在开展德育工作时，要充分抓住研究生这一群体本身的特点，把握其整体的心理走向和自身优势，立足其兴趣点，开展相对应的德育工作。

2. 发挥人文素质、科学素质对德育的促进作用

高校的人文素质教育和德育都是“做人”的教育，人文素质对德育工作有着重要的促进作用。在科学技术日新月异的今天，“人文”是一个与“自然科学”相对应的概念，指社会优秀精神文明与文化的总和。人文素质是人之为人的特质，人文素质主要包括人文知识、人文技能和人文精神三个层面，其中，人文知识与技能是基础，人文精神是人文素质的本质和核心。人的哲学素质、政治素质、人生价值观、心理素质、思想道德素质、审美素质和行为素质等都属于人文素质范畴。

人文素质的教育范围比德育更宽广，内容更丰富，蕴含着巨大的德育功能。它通过建立在优秀精神文明与文化基础上的个人情感、道德和基本素养、哲学、文化和艺术，教育和熏陶大学生树立崇高的理想，形成健全的人格和高尚的道德情操。

促使人文素质在德育中发挥更好的作用还需要提升教师的人文素养。在教育中，要改变过去那种“填鸭式”教学，运用人文素质教育的感染力渗透人文素质教育，将德育课程与人文素质教育课程有机衔接，用历史上爱国英雄事迹、仁爱、天下为公、孝道、发明创造等感染学生，用人文知识来具体化一些思想政治教育理论以加深学生对社会主义道德的认同，将人文教育融入德育可以使学生在学习中能感受到新时期人文精神的愉悦和美好，从而更加热爱祖国、热爱生活，树立积极的人生观、价值观。

德育是根本性的，智育是工具性的。德才兼备，二者不可偏废。[4]其中，科学素质是素质教育的重要内容，科学素质能够培养科学的世界观，促进科学精神发展。所以要发挥科学素质对德育的促进作用，把科学素质贯穿高校德育教育实践中，注重科学素质和德育教育二者的有机结合，互相取长补短，增强德育教育的实效。由于历史因素，以智育为主导的教育方式使学生在教育过程中接触到的大多是工具性知识内容，很少涉及科学精神和科学伦理，使所学的知识显示出局限性，忽略了科学的人文教化意义和精神价值。大学生是国家建设和社会发展的后备力量，他们综合素质的高低影响着社会的可持续发展，因而在德育教育中，要营造科学素质教育环境和条件，将科学和德育相融合，宣传爱因斯坦、居里夫人等著名科学家的科学精神和为人类作贡献的高尚品德，让学生领悟科学知识的发展进步与高尚道德是分不开的。在德育中，还要开展一些丰富多样的实践活动，展示最新科技成果，例如量子传送、人工智能等，丰富和发展学生的想象力、创新精神和科学理性思维，从而充分发展大学生的个性和思想品质，培养其科学精神。

德育工作关系学生的全面健康发展，所以需要将德育工作贯穿教育工作的始终。增加德育实践教学环节，以理论联系实际的方式引导学生在社会实践中培养社会责任感、树立正确价值观。完善德育工作机制，为德育工作提供良好的内外部条件，根据学科特色和学生特点对学生进行思想政治教育和健全德育指导团队，这样会提高德育工作的整体实力和德育工作的实效。

3. 丰富德育工作的内容和形式

学校德育是指教育者按照一定的社会或阶级要求，有目的、有计划、有系统地对受教育者施加思想、政治和道德等方面的影响，结合受教育者积极的认识、体验与践行，以使其形成一定社会与阶级所需要的品德的教育活动，即教育者有目的地培养受教育者品德的活动。

当前，高校在开展德育工作时，往往在内容和形式上都较为单一和乏味，这也在一定程度上导致学生在参与德育活动时，积极性和热情度都不够高，因此，未来在开展德育工作时，需要尽可能地拓展德育工作的内容和形式，调动研究生主体的积极性。

一方面，在开展德育工作时，内容上要尽可能地更加丰富和多元，不能仅仅是对于学生展开简单、粗浅的教导，而是要从多个角度全方位地辐射，包括爱国主义教育、理想教育、集体主义教育、劳动教育、人道主义与社会公德教育、自觉纪律教育、民主与法治观念的教育、科学世界观和人生观教育、心理健康教育等。同时，品德的发展，世界观、人生观的形成，政治觉悟的提高，分别属于不同层面的问题，其过程机制相差甚大，因此，高校在开展德育工作时，不能采用一样的手段、方法，通过一样的途径，遵循一样的原则，来实施政治教育、思想教育和道德教育。

另一方面，高校在开展德育工作时，也要尽可能实现形式上的突破。例如，学校可以定期开展优秀德育工作者报告会、开发和研究生学科相关联的德育课程、开展德育主题的辩论赛等。同时，在开展活动时，也要注重质量和效率，由于研究生本身科研压力较重，无法分散过多的时间和精力来参与相关的德育活动，因此，高校德育活动除了要在形式上突破和创新，也要做到“小而精练”。

4. 从多元的角度加大对于德育工作的支持

当前，接受调查的较多高校都表示，当前虽然出台了相关的德育的政策，但是在整体上，仍然缺乏较为系统的支持。因此，未来不同主体要从不同的角度全方位地落实德育支持体系。

首先，高校的研究生、教师、管理人员等，都要充分地加深对于德育工作的理解，加大对德育工作的支持力度，由于该类群体是参与德育工作的主要人员，因此，如果该类群体能够充分、积极地投入德育工作，将在很大程度上减少德育工作开展的困境和瓶颈。例如，研究生自己要注重对于自己的品德品性的培养，可以在日常学习工作中自主学习，同时，教师方面也要加强师德修养。对于学生而言，教师就是榜样，就是标杆，教师的一言一行都影响着学生的发展，因此，教师应不断加强师德修养，用自己的一言一行潜移默化地影响学生的意志、情感、智慧等，促使学生健康发展。

其次，虽然国家层面已经陆续出台了德育工作相关政策、文件，但是，一方面，仅仅针对高校研究生德育工作的政策文件仍然有所缺乏，因此，很多高校在开展研究生德育工作时，仍然缺乏鲜明的指向和路径。另一方面，以学校为主体的关于研究生德育工作的政策、文件在数量上也有所缺乏。需要在未来不断地完善和补充。

同时，也要把高校整体的校园环境建设好，有了良好的校园环境，才能更好地助力德育工作的顺利开展。学校要营造好一定的现实环境，例如，在学校的整体布置上，可以在宣传栏、图书馆、教室内布置一些科学家、著名工匠、共和国功勋人物等的照片和见解，让研究生能够在日常的学习和生活中较好地受到熏陶和影响。学校也要营造良好的整体舆论环境，形成优良的学风，让研究生在良好的环境中自觉地接受德育的熏陶。要加强校园文化建设，抓好法治建设。学校应加强制度管理，通过各种制度的构建，对学生进行养成教育，并规范学生的言行，提升学生的道德自我评价能力。为全面提升学校德育教育水平，学校要开展各种校园文化活动。例如，在国庆节，学校可以开展“我爱我的祖国”活动，激发学生爱党爱国热情；开展“爱鸟周”“地球日”“植树节”等主题活动，帮助学生更好地树立环保意识；建立文艺宣传站、广播站等，让学生在喜闻乐见的实践中锻炼自我；举办科技节活动，设置科技景观，使学生产生身临其境的感受，培养其实践能力和创新精神。学校通过上述举措，能促进学生形成良好品德。

最后，通过调研发现，当前较多高校在开展研究生德育工作时，仍然缺乏相对应的资金支持。目前高校大部分资金仍然投入在科研、教学、教师等方面，但未来也需要规划和整合出一部分专门针对研究生德育工作的资金，用于活动筹办、课题申报、硬件设施购入等，唯有这样，才能更好地支撑和辅助研究生德育工作有效进行。

综上所述，德育是高校完成立德树人根本任务的重要途径和保证，是促进学生全面发展的必要途径。[5]当前，研究生德育已经成为了一项关键的命题，受到了不同类型高校的重视。但是在开展德育工作的过程中，仍然存在较多的困境和阻挠，需要不同的主体从不同的角度加以重视，投入精力，构建起全新的高校研究生德育培养模式和体系，推动德育工作的顺利开展，培养出德智体美劳全面发展的研究生群体。

参考文献

[1] 魏舶，杨亚庚. 科研育人逻辑下高校研究生思想政治教育研究[J]. 学校党建与思想教育，2021(4)：59－61.

[2] 王锡范，石共文. 高校研究生德育工作的“四化”路径探析[J]. 湖南师范大学教育科学学报，2016，15(2)：109－113，120.

[3] 唐贵伍，曾岚. 谈创新背景下高校研究生德育模式的现实必然性[J]. 商业时代，2011(10)：101－102.

[4] 丁媛. 创新德育手段 更新德育内容 强化研究生德育工作[J]. 中国高教研究，2004(7)：37－39.

[5] 张扬. 新时代高校德育文化育人研究——评《高校德育创新与文化建设》[J]. 领导科学，2021(1)：127.

基于“工匠精神”的人才培养现状探究

◎ 何建新　何前进

摘　要　“工匠精神”作为一种价值理念，在高素质技术技能人才的培育中凸显出重要的地位。当前高技能人才严重不足，特别是“工匠型”人才培养体系尚未建立，亟须将“工匠精神”融入人才培养理念，提高高职院校人才培育质量。

关键词　“工匠精神”　教学　教师　学生

中共十九大报告指出，要“建设知识型、技能型、创新型劳动者大军，弘扬劳模精神和工匠精神，营造劳动光荣的社会风尚和精益求精的敬岗风气。”“工匠精神”是指在制造或工作中追求精益求精的态度与品质，是职业道德、职业能力、职业品质的体现，是从业者的一种职业价值取向和行为表现。[1]具有“工匠精神”的劳动者越多，经济建设的步伐就会越快，现阶段高职院校每年向社会输送毕业生数量虽多，但在“工匠精神”培育方面，存在着较大的问题，将“工匠精神”融入人才培养理念，对于提升毕业生的职业能力具有重要意义。

一、基于“工匠精神”的高职院校人才培养现状及问题

1. 传统观念根深蒂固

意识是指导行为的重要条件，有什么样的意识就会有什么样的行为表现，对于高职院校教学工作来说也是如此，教师的教学观念直接影响着教学方式的选择和使用。在高职院校教学工作中，很多教师对高职教育存在错误的认知，认为高职院校的主要工作是培养学生适应社会岗位的能力，只要学生掌握一技之长就能够解决就业问题，忽视了“工匠精神”的培养，导致学生在技术学习中缺乏“工匠精神”，不仅不利于学生自身发展，也不能很好地推动社会进步。同时，部分家长也对高职教育存在错误的认知，他们认为普通本科及以上

作者简介　何建新，黄冈职业技术学院，副教授。
何前进，黄冈师范学院，副教授，硕士。

的学历是为社会和大众所接受的教育背景，孩子只有考上这样的学校才能够出人头地，成为人人羡慕的“白领”，而高职教育主要是培养技术工人，孩子未来只能成为“蓝领”，家长也只能在孩子成绩不理想的情况下被迫选择让孩子接受高职教育，这为后期高职院校的人才培养及“工匠精神”培养埋下了众多的隐患[2]。另外，在社会环境方面，与普通高校毕业生相比，高职院校的毕业生在待遇收入和社会地位方面也存在较大的差距，这就使得更多的学生和家长不愿意选择高职院校，传统观念无疑是阻碍高职院校“工匠精神”培养的重要力量，社会各界及家长、教师和学生只有转变对高职院校的认知，才能够为培养“工匠精神”提供发展的沃土。

2. 教师实践经验匮乏

教师的专业素质和专业能力直接影响着高职院校“工匠精神”培育的效果，但相关调查显示，当前部分高职院校的教师缺乏实践经验，制约了“工匠精神”的培育。高职院校教育工作不同于普通高校教育工作，高职院校主要是为国家培养技术型人才，具有较强的实用性，而普通高校主要是为国家输送研究人才，具有较强的理论性，基于两种不同的教育培养目标，对教师的教学能力也提出了不同的要求。高职院校需要具有丰富的实践经验，能够根据当前社会与企业发展对学生进行针对性的技术指导，一方面培养学生的“工匠精神”，同时帮助学生提高实际应用能力。但是当前部分高校的教师大都是研究生毕业就分配到高职院校担任教师，虽然具有较扎实的理论知识，但是缺乏实践经验，这在很大程度上影响了“工匠精神”的培育。

3. 相关课程设置不到位

高职院校“工匠精神”的培育离不开完善的教学课程体系，相关课程是学生学习的依据，也是教师开展教学活动的依据，在“工匠精神”备受关注的背景下，高职院校只有创设一套完善的、科学的课程体系，才能够促进学生形成“工匠精神”，推动我国技术进步与社会发展。但是当前部分高职院校并没有关注相关课程设置，在课程设置中过于重视理论知识课程的设置，在实践类课程设置方面则“蜻蜓点水”，教师不得不按照课程设置内容给学生灌输理论知识，难以利用实践类课程培育学生“工匠精神”。课程设置是高职院校日常管理的重要工作内容，课程设置应该紧跟时代发展趋势，结合当前社会生活，充分发挥课程的引导作用，培育学生的“工匠精神”[3]。

4. 教学方式落后，缺乏实践性“工匠精神”的培养

实践是高职院校培养学生“工匠精神”的重要途径，教师应该结合高职院校教育特点及培养目标给学生更多锻炼实践的机会，让学生在实践中感受到“工匠精神”的重要性，在今后的学习实践中主动学习“工匠精神”，自觉向具有“工匠精神”的优秀代表学习，为推动我国社会进步与科技发展作出卓越的贡献。但是目前很多高职院校受到教学环境及教学观念等因素的影响，依然采用传统的教学方式开展教学工作，其中最典型的就是灌输式的教学方式，教学质量不高，学生的学习兴趣不浓厚。随着时代的进步与发展，这种教学方式显然已经不能满足学生发展的需要，不利于“工匠精神”在高职院校中发扬光大。基于此，教师需要创新教学方式，结合当前社会和学生发展需要，将现代化的教学方式应用到高职院校教学工作中，为培养“工匠精神”注入新鲜的活力。

二、高职教育“工匠精神”的推进策略

1. 采取多种方式，培育“工匠精神”

“工匠精神”是先烈通过亲身实践形成的一种做人做事态度，体现着先辈对工作一丝不苟的崇高精神，对当前的技术研究人员起着巨大的鼓舞和指导作用，我国各行各业有必要学习优秀的“工匠精神”，以“工匠精神”为引导认真做好本职工作，促进社会发展。高职院校作为人才培养的重要场所，更应该与社会一道采取多种方式培育学生“工匠精神”，让学生树立良好的职业道德。首先，高职院校要加强学生的思政教育工作，将“工匠精神”贯彻到思政教育内容中，让学生意识到树立“工匠精神”的重要性，帮助学生树立正确的专业观念，在学习和技术研究中能够做到一丝不苟，专心致志地进行研究实验[4]。其次，高职院校可以组织多种形式的学习活动，邀请优秀的具有“工匠精神”的技术人员进入学校向学生普及相关知识，学生倾听技术人员的工作事迹，主动向他们学习，学习他们身上的“工匠精神”。高职院校也要积极地开展技术实践活动，给学生提供技术实践的机会，让学生在自主实践中提升技术技能水平，为今后的职业发展奠定基础。

2. 以“双师型”师资建设为支撑，为培育“工匠精神”提供基础保障

随着社会经济的发展，“工匠精神”的培育工作受到了社会和高职院校的广泛关注，各级教育部门对教师的教学能力也提出了更高的要求，“双师型”教师成为当前高职院校正在培养的重点，“双师型”教师不仅要具备丰富的技术知识储备，同时还要具备熟练的技术实践经验，能够在学生学习中给予及时性的指导，因此，我国高职院校必须加强“双师型”师资队伍建设，以“双师型”师资建设为支撑，为培育“工匠精神”提供基础保障。

(1) 高职院校要加大教师队伍招聘力度，提升高职院校教师入职门槛

一方面高职院校要拓展人才招聘的渠道，利用线上线下相结合的方式从社会和高校中招聘具备“双师型”能力的教师，为高职院校教师队伍注入新鲜的血液，弥补高职院校教师在能力上的不足。另一方面，高职院校要提升教师入职门槛，加强对教师的考核工作，不仅要考核教师的基本知识储备，同时也要关注教师的实际操作能力及实践能力，从根本上提升教师队伍的整体素质，为学生“工匠精神”的培养做好铺垫。招聘是保障高职院校师资力量、提升高职院校教学能力的重要保障，所以高校必须做好教师招聘工作，吸引优秀的教师进入高职院校发展，为培育学生“工匠精神”贡献自己的力量[5]。

(2) 锤炼师德品质，提升教师素质

教师是连接学生与知识技能的桥梁，高职院校要想培育学生的“工匠精神”，首先要做

好教师培训工作,锤炼师德品质,提升教师素养。在“双师型”教师培训中,我国高职院校要不断将“工匠精神”纳入培训内容,给教师讲解“工匠精神”培育的重要性,让教师在潜移默化中受到影响,铸牢“工匠精神”。只有教师具备“工匠精神”,才能在教学和技术培训中将这种优秀的精神品质代代相传,让学生也受到“工匠精神”的熏陶,自觉向教师看齐,养成“工匠精神”。“工匠精神”是高职院校发展的历史基因,高职院校有必要在教师队伍建设中加强“工匠精神”教育工作,充分发挥教师的示范作用,形成良好的教学环境,使“工匠精神”之花在高职院校学生心中盛开。

(3) 更新思想理念,做好顶层设计

高职院校管理人员要紧跟时代发展趋势,认真分析当前社会发展形势,及时更新思想理念,将“工匠精神”贯穿高职教育改革,采取一切措施弘扬“工匠精神”,充分发挥领导带头作用,营造良好的教学环境和教学氛围,为培育学生“工匠精神”奠定基础,为推动高职院校教育发展提供保障。其次,高职院校要明确人才培养目标和培养标准。高职院校的最终教育目的是为国家输送具有“工匠精神”的高质量人才,高职院校只有树立明确导向,认识到自身人才培养目标和培养标准,才能够为教师的教学实践指明方向。所以高职院校必须明确人才培养目标,大力培育具备“工匠精神”的技术人才,提升高职院校人才培养层次,为国家培养更多的大国工匠。高职院校要积极营造“工匠精神”的教学环境。随着科学技术的进步与发展,我国已经进入信息化时代,现代化的信息传播媒介也如同雨后春笋般发展起来,呈现出一片欣欣向荣的繁荣景象,满足了社会发展的需要。高职院校要加强对现代信息传播媒介的应用,比如利用微信、抖音等现代化信息传播媒介向学生和教师宣传“工匠精神”的时代内涵,让学生和教师了解“工匠精神”的本质,营造学习“工匠精神”的氛围,为广大的师生工作创造更好的条件。

2. 以专业课程为主阵地,将“工匠精神”贯穿课程教学的始终

专业课程在高职院校中占据着举足轻重的地位,我国在学生“工匠精神”培育中可以以专业课程为主阵地,将其贯穿课程教学的始终。专业课程是“工匠精神”最主要的载体,也是对学生进行“工匠精神”培育的主要途径,我国高职院校必须充分利用专业课程优势,培育学生的“工匠精神”。首先,高职院校要优化专业课程设置,在专业课程中渗透“工匠精神”,让学生在接受专业课程培训中加强“工匠精神”的学习。其次,教师应结合“中国制造2025”的纲领要求和所教专业的特点,将“工匠精神”中蕴含的“敬业、创新、协作”等责任意识作为专业课程教学的核心。

3. 以实践教学为手段,强化对受教育者“工匠精神”的启蒙作用

基于高职教育的特殊性,我国高校、政府和企业必须携手以实践教学为手段,强化受教育者“工匠精神”的启蒙作用,有针对性地进行教学设计,开展由简单到复杂的教学工作,让学生在学习实践中锻造“工匠精神”,为各个行业的发展提供充足的技术人员和应用型人才。

(1) 完善实训条件

实训条件关系着“工匠精神”在专业课程中的落实情况，过去受到经济等因素的制约，高职院校的实训条件不完善，学生没有更多接受实训的机会，“工匠精神”自然得不到培养，基于此，政府相关部门必须采取措施完善实训条件，提升高职院校教学的有效性，保障学生有机会接受良好的实训，促进“工匠精神”的培育。首先，法律部门要加强政策扶持与引导，支持高职院校培育“工匠精神”，为高职院校的教学工作提供法律和制度依据。其次，我国政府等有关部门还要加大经费投资力度，保障高职院校有充足的资金完善实训条件。物质基础决定上层建筑，完善实训条件离不开充足的物质保障，所以必须加大对高职院校实训工作的投资力度。

(2) 组织实践教学

一切工艺都源于口传心授，教师要组织实践教学工作，在进行实践训练中让学生领会什么是“工匠精神”，怎样才能够具备“工匠精神”。为此，首先，高校要不断丰富实践教学内容，保障实践教学的课时量，让学生有足够的机会领悟“工匠精神”。其次，高职院校教师在条件允许的情况下可以将实践教学项目带入企业车间，给学生提供更加真实的学习实践情境，让学生在真实情境中感受知识和技能学习的重要性，并且在实践中逐渐形成“工匠精神”。

(3) 形成实践文化

环境和氛围对学生产生的影响十分深远，良好的学习环境和学习氛围可以使学生较快养成“工匠精神”，因此，高职院校在发展中要逐渐形成实践文化，让学生在丰富的实践生活中养成“工匠精神”。首先，高校要加强学风建设，根据时代发展形势不断丰富学风内容，将求实、创新及求真等思想内容融入学风中，发挥学风对学生的感染作用，促进学生“工匠精神”的培育与发展。其次，要不断完善高职院校制度文化建设。制度是一切工作顺利进行的重要保障，没有制度就没有约束，对于高职院校培育学生“工匠精神”来说也是如此，高职院校在日常管理工作中要完善制度文化建设，将成功企业的管理制度和管理文化纳入院校管理制度中，一方面帮助学生了解企业制度和文化，同时也能够帮助学生更加适应未来企业发展需要。

4. 以校企合作、产教融合为根基，打通“工匠精神”的培育通道

校企合作、产教融合是当前时代发展的趋势，我国高职院校要融入时代发展趋势，加强与企业的深度合作，打造“工匠精神”的培育通道。首先，高校在开展工作中要积极与企业沟通，了解企业对人才的需求，企业也要积极向高校反馈对人才的看法，这样可以为高职院校人才培养工作提供指导，提升高职院校人才培养的针对性，同时也解决了企业对人才的需求。其次，企业要为高职院校学生提供实训实践的机会，让学生有锻炼的机会，在锻炼中学生能够感受到岗位对人才在技术和能力上的要求，为学生以后的学习提供指导，使学生不断调整学习方式，自觉培育“工匠精神”。最后，高职院校在学生进入企业之前要对学生进行系统化的培训,让学生了解企业的生产流程及对工艺的要求,促进学生更加从容地应对在企业工作中遇到的问题,提升适应岗位的能力。

三、结语

高职院校需要提升服务能力,同时需要政府的主导,鼓励各方参与职业教育,形成重视职业技能的氛围。制定切实可行的"工匠精神"培养方案及制度,打造"工匠之师",为大学生具备时代所需要的"工匠精神"提供基础保证,满足经济社会发展对人才的需求。

参考文献

[1] 郑大发.什么是新时代的"工匠精神"[N].人民政协报,2018-08-30(2).

[2] 李进."工匠精神"的当代价值及培养路径研究[J].中国职业技术教育,2016(27):27-30.

[3] 张义俊,陈蒙.文化育人视野下高职"工匠精神"培育的困顿、成因与破解路径[J].职业技术教育,2019(25):24-28.

[4] 肖坤.新经济背景下培养"工匠精神"的路径与探索——顺德职业技术学院的经验[J].高教探索,2019(5):84-88.

[5] 刘章棋.基于"工匠精神"高职专业人才培养模式探究[J].科技资讯,2020(29):165-166.

专业课“课程思政”实践路径探讨

——以“水化学理论与应用”课程为例

◎ 刘爱荣　关小红　吴德礼　张伟贤

摘　要　课程思政是我国高校立德树人的重要举措，在专业课教学中不能没有“德”育，不能没有思想政治内容。课程思政的内涵中包括工匠精神与文化自信的教育，以增强学生的专业认同感、社会责任感和民族自豪感。本文以“水化学理论与应用”课程为例，进行了课程思政实践路径探讨，主要包括课程思政立足点及必要性、具体探索方式、考核与评价等内容，以实现课程思政的育人目标。

关键词　课程思政　水化学理论与应用　实践路径

中共十八大以来，党中央高度重视高校思想政治教育工作，全面构建高校思政工作体系，紧紧抓住高校立德树人、铸魂育人根本任务，提出了一系列新理念、新思想、新战略、新举措。中共教育部党组印发的《高校思想政治工作质量提升工程实施纲要》中指出“高等学校人才培养是育人和育才相统一的过程。建设高水平人才培养体系，必须将思想政治工作体系贯通其中，必须抓好课程思政建设”。课程思政是一种新的教育理念，使各门课程与思政课并肩同行，为学生健康成长提供价值引领和精神滋养，是培养全方位人才的必要选择[1]。大学生是建设新时代中国特色社会主义的主体力量，高校培养出的新时代青年学生，需拥护党的领导，政治立场坚定，并决心为中华民族伟大复兴而奋斗。由此看来，各高校理工专业课“课程思政”的融入不仅仅是对党中央和习近平总书记指示的要求的落实，也是高校人才培养的需要。

环境学科在早期侧重于自然科学及工程技术两大方面，随着社会发展及人类思想进步，其已然成为一门包含经济学、法学等在内的综合类学科，旨在培养紧跟国家环保经济发

作者简介　刘爱荣，同济大学环境科学与工程学院，副教授，博士。
关小红，同济大学环境科学与工程学院，教授，博士。
吴德礼，同济大学环境科学与工程学院，教授，博士。
张伟贤，同济大学环境科学与工程学院，教授，博士。

展的主力军,为绿色建设添砖加瓦[2]。2019 年 8 月,中共中央办公厅、国务院办公厅印发了《关于深化新时代学校思想政治理论课改革创新的若干意见》,提出要"建成一批课程思政示范高校,推出一批课程思政示范课程,选树一批课程思政教学名师和团队,建设一批高校课程思政教学研究示范中心"。如何实施课程思政,成为高等教育界关注的焦点。"水化学理论与应用"作为环境领域的一门专业课,将思政融入课堂,有利于提升学生对坚持生态文明建设的理解,是本门课程改革发展的重要内容。

一、课程思政教育的立足点及必要性

大学生的培养,离不开思想政治教育的引领。当前我们的社会处于一个稍显浮躁的状态,能静下心来把一件事做到完美、精益求精的人越来越少,而"差不多就行"逐渐成为一种普遍的处事态度。在此大背景下,工匠精神作为我国优秀民族精神的重要组成部分,它的培育与文化知识的传授同等重要。我们可以从六个维度对"工匠精神"加以界定,即专注、标准、精准、创新、完美、人本。古人云:"失之毫厘,谬以千里",部分硕士研究生甚至是博士研究生做事不够严谨认真,往往只求大概而忽视细微,从而与真理失之交臂。在专业领域方面,"水是万物之源",水质的优劣关系到世间万物的生存。因此,在水污染治理与评价等过程中,更需要专业人员严谨的态度及求实的精神,在深刻理解我国环境保护相关政策及要求的基础上开展相关工作。工匠精神体现为恪尽职守的无私奉献、矢志不渝的专业经验、脚踏实地地追求卓越三大方面[3],将工匠精神融入高校思政课程刻不容缓。

文化自信是一个民族对其文化的高度认同与持有的坚定信心,是对其自身文化的充分肯定,它的发展关系到一个国家的国运文脉,是一个国家顺利发展、实现富强的根本力量。在生态文明建设的目标下,强调文化自信不仅揭示了我国生态文明建设背后的文化基因,同时也指出了建设美丽中国、构建人类命运共同体的前进道路。随着科学技术的发展,我国环境领域涌现出一批又一批优秀的科研工作者,他们开创了多个"世界首次",乃至成为全球领军人物。随着"绿水青山就是金山银山"的提出,水源保护地等相关的一系列建设均展现出生态文明建设的中国自信。习近平总书记要求我们科研工作者把论文写在祖国大地上,然而当前我们的研究有时候却偏离了国情,盲目跟踪西方国家的研究热点,忽视了我们所面临的最紧迫问题。新时代的大学生是实现中国梦的生力军,挖掘我国在水化学理论与应用领域所取得的成就以培养文化自信的同时,要引导学生结合国情来解决我国面临的难题。

课程思政的内涵中包括工匠精神与文化自信的教育,围绕这两点对水化学理论与应用专业课程教学大纲及内容进行再设计将对我校思政教育及研究生的培养产生巨大的推动作用。

二、课程改革目标

“水化学理论与应用”作为一门专业课，主要面向对象为环境科学与工程领域的博士研究生，旨在培养环境科学、环境工程及市政工程等方向的全方位应用型人才。本课程开展思政教育探索，致力于将严谨求实、精益求精的工匠精神与脚踏实地、服务国家重大需求的文化自信融入研究生日常教学，进一步提升和改善本专业学科的育人成效。通过学习本门课程，学生不仅能收获专业领域知识，还会在思政内容潜移默化的影响下，拥有爱国主义情怀和民族自豪感，养成严谨扎实的态度，成为新时代优秀青年。

三、专业知识与思政教育的结合方式探索

专业课程思想政治教育的关键与难点在于将思政教育与课程内容、专业特点等合理且巧妙地结合[4]。与社科类课程不同，各理工专业教育课程需要立足学科特色和优势，结合不同课程特点、思维方法和价值理念，把课程思政元素与课程教学有机融合。

本课程在原教学大纲基础上，深入挖掘专业知识本身蕴含的价值倾向、家国情怀等，从国情教育及主流价值观熏陶两个维度开展课程思政，注重由近及远、由表及里、引人入胜地引导学生理解社会制度的历史性变革和国家取得的历史性成就，把家国情怀自然渗入本课程的方方面面，实现润物无声的效果。具体来说，从以下四个方面展开。

1. 完善教学大纲及教案

充分梳理教学大纲知识要点，结合思政方面的内容，找出专业知识与思政内容相融合的切入点，进行新内容的插入和整合。丰富课程内容，注入新鲜血液的同时提高趣味性。如结合同济大学工科专业特点，把“严谨、求实、团结、创新”的校训及“富强、民主、文明、和谐、自由、平等、公正、法治、爱国、敬业、诚信、友善”的社会主义核心价值观等思政内容融入专业内容讲授，达到立德树人的根本目标，培养学生的思辨能力及严谨求实的工匠精神。教师在课堂上应指出“水化学理论与应用”作为一门专业课程，是未来相关实验开展及原理探究的基础，需要同学们以严谨认真的态度对待。同时课后及时向学生传递环境领域相关时事热点，增加其专业知识，使其树立良好的职业认同感和使命感，达到培育专业自信的目的。

2. 改革课程教案

本课程教案主要以电子幻灯片为主，板书为辅。在将工匠精神、文化自信和社会主义核心价值观等内容融合进教学大纲后，详细梳理教学思路，合理调整充实教学内容及电子幻灯片教案。同时在此基础上增加一些相关图片、视频等其他素材，以便更好地融入和学习。

3. 创新教学方法

借助当前迅速发展的网络平台，实现互动式、案例式、研讨式、现场式教学等多平台结合的教学途径，改变过去学生被动式学习的情况，建立新型教学体系，以“引领式”模式引发学生的深度思考。通过启发式讨论教学等，如以“碳中和下的水环境”等为主题进行开放式讨论，引导学生关心国家和党中央的时事政策，培养学生强烈的专业融入感和青年担当感，主动思考，敢于献策，以提升学生的综合能力。

4. 总结典型案例

对于工科课程，工程实例是非常典型的案例，也是最适于融入职业精神和职业素养的知识点。在课程建设的过程中，结合一些工程实例，从不同的角度介绍社会主义核心价值观。如同济大学环境科学与工程学院老一代科学家高廷耀教授负责的东深供水工程的改善升级，不仅在科学技术上填补了大型源水生物处理技术的应用研究和技术开发的空白，同时反映出同济大学环境人扎根祖国大地，利用所学知识科研报国，激发青年学子的责任心。

四、课程考核与评价

用多元评价体现课程效果。由于长期以来唯数量化的评价导向，对专业课程的评价主要侧重于采用考试考核的方法，就专业论专业，评价标准单一。本课程拟根据教育部关于清理“五唯”的各项要求，回归教育的本质和初心，完善课程评价体系，为推进课程思政营造良好的制度环境。具体来说，从课程思政评价的本身而言，需要将学生的认知、情感、价值观等内容纳入其中，体现评价的人文性、多元性。因此，逐步将客观量化评价与主观效度检验结合起来，综合采用结果评价、过程评价、动态评价等方式，制定出更为精细和系统的评价指标，充分及时反映学生成长成才情况，反映课程中知识传授与价值引领的结合程度，以科学评价提升教学效果。

五、特色与创新

结合同济大学思政工作的情况，如何结合同济大学工科院校的背景将教育综合改革不断推向深入，进而在培养德智体美劳全面发展的社会主义建设者和接班人中践行初心使命是我们每个专业课教师所应思考的问题。“水化学理论与应用”课程思政的融入，合理利用现代教学资源及科技教学手段，是对建立符合我校特点的课程思政教学体系的探索。同时，课程思政的融入，可以拓展完善学生成长与培养成效的评价体系，全面提升培养高素质人才的质量。

古人云“师者，所以传道受业解惑也”，“传道”是第一位的，立德树人是教育的根本任务。在专业课教学中不能没有“德”育,不能没有思想政治内容。课程思政不是简单、直接地把思政课的部分内容搬到专业课教学中,而是“因势利导、顺势而为”地自然融入。它要求课堂教学变讲解“死”的知识为讲解“活”的知识,要求教师在学情分析、任务设置、考核评价等教学各环节上精雕细琢以彻底激活学生,同时在知识传授与能力培养中润物无声地融入价值塑造[5]。“水化学理论与应用”作为一门理工专业课,思政的融入为其注入了更加丰富的内涵底蕴,为高素质人才的培养增添了不可或缺的力量。

参考文献

[1] 刘鹤,石瑛,金祥雷.课程思政建设的理性内涵与实施路径[J].中国大学教学,2019(3):59-62.

[2] 赵爽,张雨婷,杨伟华.谈“双碳”目标下高职环境专业课程思政建设[J].辽宁高职学报,2022,24(1):64-67,93.

[3] 王文喆,王玉娥.工匠精神融入高校思政课的现实途径[J].重庆电力高等专科学校学报,2021,26(6):42-44.

[4] 王辉,姜晓,曲振平.高校研究生专业课程思政教学的探索与改革——以环境反应过程原位在线分析技术课程为例[J].高教学刊,2021,7(29):136-139.

[5] 李蕉,方霁.课程思政中的“思政”:内核、路径与意蕴[J].思想教育研究,2021(11):108-113.

同济教育档案

《国立同济大学校歌》考

◎ 章华明　张桁嘉

摘　要　大学基本上都有校歌，校歌也是大学的标志性符号之一。对广大师生、校友来说，校歌对大学的意义很大程度上是仪式上的、情感上的，其存在感远高于普及率。同济大学百余年历史上有3种不同版本的校歌。考证《国立同济大学校歌》创作过程尤其是创作时间及词曲作者，在破解历史谜团的同时，揭示其深刻内涵尤其是爱国情怀，有助于提升学校文化品位，推进教育史研究和文化育人工程，这对其他大学也有一定的参考、借鉴价值。

关键词　国立同济大学校歌　教育史研究　文化育人工程　易韦斋　萧友梅

1898年，康有为在奏呈光绪帝《请开学校折》中建议开设乐歌课。1907年，清政府颁布《女子师范学堂章程》，正式将音乐列为必修科目。当时学堂开设的乐歌课或是为学堂歌唱创编的歌曲统称为"学堂乐歌"。包括沈心工、曾志忞、李叔同、萧友梅等音乐教育家积极投身其中，陆续编辑出版了数十册各类歌集，收录学堂乐歌千余首。随着学堂乐歌活动的推进，许多学校为了展示自身特点和形象创作了校歌，校歌就此诞生。1938年，国民政府教育部曾专门就校歌一事向部属院校发出训令，称："音乐一科，为陶冶青年儿童身心之主要科目，自古列为六艺之一。……各学校应将所编校歌，呈送本部，以备查核。仍未编制校歌的学校，必须抓紧编制，并限期呈报。"①几个月后，国民政府教育部再次从学校环境与历史、抗日战争爆发以来"精神训练"之需要等角度，敦促"全国公私立学校限期呈报校训校歌。"②从此，校歌便在全国范围内普及起来。

今天的大学基本上都有校歌。但校园内外师生和校友会唱校歌的却不多，虽然他们都知道校歌的存在，都很关心校歌的歌词和旋律究竟是怎样的。又无一例外，逢五逢十大庆，

作者简介　章华明，同济大学校史馆馆长，研究馆员。
张桁嘉，同济大学学生处副主任科员，讲师。

① 熊秉衡，熊秉群. 父亲熊庆来[M]. 昆明：云南教育出版社，2015：306.
② 全国公私立学校限期呈报校训校歌[N]. 新闻报，1938-09-22(2).

校方总要借合唱团之力,或临时培训部分文艺骨干,让他们在关键时刻和重要场合唱响校歌。所以,校歌对大学的意义很大程度上是仪式上的、情感上的。这种现象也说明,创作一首广大师生和校友都喜欢传唱的校歌是多么不易!

同济大学百余年历史上有过 3 种不同版本的校歌,包括两种版本的《国立同济大学校歌》及 1987 年 80 周年校庆期间推出的《同济之歌》。同济大学现在采用的校歌正是第三种版本《同济之歌》。2017 年,在上海音乐学院“留声岁月——上音与中国早期的大学校歌”论坛上,笔者应邀就《国立同济大学校歌》的沿革和内涵,与国内部分高校同仁进行了交流。以此为基础,笔者试图通过对《国立同济大学校歌》创作时间及词曲作者的初步考证,抛砖引玉,希望高等教育史界都来关注、研究校歌等学校标志性符号,进而推进教育史研究和文化育人工程。

一、《国立同济大学校歌》的相关文献记载

目前,相关出版物中关于《国立同济大学校歌》的记载主要包括:

1930 年版《国立同济大学(十八年度校况简表)》及《国立同济大学一览》都收录了两段版《国立同济大学校歌》,但未注明创作时间及词曲作者[①],这是迄今为止发现的关于《国立同济大学校歌》的最早记载。此外,《国立同济大学校附中毕业纪念刊》(1931)[②]、《国立同济大学概览》(1934)都收录了该两段版校歌,同样未注明创作时间及词曲作者。[③] 1937 年《国立同济大学三十周年纪念日刊》注明“典礼秩序”第十项是“唱校歌”,但却未收入校歌词曲。[④]

1987 年,由时任同济大学副校长翁智远主编、同济史研究专家屠听泉具体负责的《同济大学史第一卷(1907—1949)》第一版将 1937 年版《国立同济大学校歌》收入附录,注明该校歌由易韦斋(1874—1941)作词、萧友梅(1884—1940)作曲。[⑤] 这也是中华人民共和国成立以来,同济大学首次将《国立同济大学校歌》纳入正史。2007 年,翁智远、屠听泉联合主编的《同济大学史第一卷(1907—1949)》第二版继续将《国立同济大学校歌》收入附录,并注明:“1927 年制定校歌时,有第一段‘学工’、第二段‘学医’;1937 年增加第三段‘学理’,由易韦斋作词、萧友梅作曲。”[⑥]

2000 年出版的《中国校歌大系(第 2 集)》收录了 1937 年版《国立同济大学校歌》,同样

① 同济大学秘书处.《国立同济大学(十八年度校况简表)》,1930;同济大学秘书处.《国立同济大学一览(1930)》,上海市档案馆馆藏档案,档案号:Y8-1-305.

② 国立同济大学附中民国廿年级毕业纪念刊筹备委员会.《国立同济大学校附中毕业纪念刊》,1931:13.

③ 《国立同济大学概览(1934)》,同济大学档案馆馆藏档案,档案号:2-ZT-XS16-13.0001.

④ 国立同济大学.《国立同济大学三十周年纪念日刊》,1937:1.

⑤ 翁智远,屠听泉.同济大学史第1卷(1907—1949)[M].2版.上海:同济大学出版社,2007:175.

⑥ 翁智远,屠听泉.同济大学史第1卷(1907—1949)[M].2版.上海:同济大学出版社,2007:175.

注明由易韦斋作词、萧友梅作曲。2008 年，由时任同济大学党委副书记陆敏恂主编的《同济大学校史馆(1907—2007)》称："《国立同济大学校歌》由易韦斋作词、萧友梅作曲，原为两段，1937 年成立理学院后，又增加了'格物穷理'一段。"①2011 年，时任同济大学党委常务副书记兼副校长、时任中共上海市委组织部副部长周祖翼在其著作《却顾所来径——大学与山水之间》中论及两种版本的《国立同济大学校歌》时，无论是时间还是词曲作者，都和《同济大学史第一卷(1907—1949)》第二版保持一致。② 2012 年，同济 105 周年校庆期间，同济大学原党委书记周家伦主编的《同济大学百年卓越工程教育图史》收入了两段版的《国立同济大学校歌》，指出其创作于 1930 年，但未注明其词曲作者。③ 但这里的"1930 年"属孤证，作者亦未提供出处，因此本文不予采信。2015 年，由同济大学关心下一代工作委员会常务副主任金正基主编的《同济的故事》收录了屠听泉《一首意蕴深远的校歌》一文。文章指出："1927 年 8 月，国民政府正式将同济列为国立大学，任命张仲苏(1879—?)为校长。……特创作了《国立同济大学校歌》。校歌由易韦斋作词、萧友梅作曲。"④华中科技大学同济医学院的主体源于 1950 年代同济医学院的整体内迁。2012 年，时任华中科技大学党委宣传部部长李智、副部长胡艳华主编的《华中科技大学纪事》称："本年，《国立同济大学校歌》问世，校歌以学医、学工为主题，由易韦斋作词、萧友梅作曲。"⑤此处"本年"指的是 1927 年，但编者也未提供具体依据。笔者认为，这是编者采信了《同济大学史第一卷(1907—1949)》第二版相关表述的缘故。此外，《国立同济大学校歌》的相关记载还见于李景文、马小泉主编的《民国教育史料丛刊(937)高等教育：高等教育史》⑥、上海市历史博物馆编《都会遗踪(第八辑)》⑦、上海社科院历史所马军编纂的《近代中国高校校歌选》⑧，上海市杨浦区文化局、档案局编《杨浦百年史话》，以及王天纲主编的《中国校歌歌词集》等。

遗憾的是，作为最具权威的同济校方作品，《同济大学史第一卷(1907—1949)》第一、二版未能注明《国立同济大学校歌》的原始出处，其他的相关表述都没有提供直接的档案史料来源，更不足为凭。这也是笔者意欲从历史学角度对《国立同济大学校歌》进行考证的最主要动因。纵向分析，1934 年之前的同济出版物没有收入 1937 年 3 段版《国立同济大学校歌》，显然是符合时间逻辑的。但为什么 1987 年《同济大学史第一卷(1907—1949)》第一版附录中收录的只有 1937 年 3 段版《国立同济大学校歌》，2007 年《同济大学史第一卷(1907—1949)》第二版才注明《国立同济大学校歌》有两种版本？这个问题是否说明，在

① 原文误作：萧友梅作词、易韦斋作曲，已纠正. 陆敏恂. 同济大学校史馆(1907—2007)[M]. 上海：同济大学出版社，2008:29.

② 周祖翼. 却顾所来径——大学与山水之间 [M]. 上海：同济大学出版社，2011:66 - 67.

③ 周家伦. 同济大学百年卓越工程教育图史[M]. 上海：同济大学出版社，2012:56.

④ 屠听泉. 一首意义深远的校歌[M]//金正基. 同济的故事. 上海：同济大学出版社. 2015:271.

⑤ 李智，胡艳华. 华中科技大学纪事[M]. 武汉：华中科技大学出版社，2012:18.

⑥ 李景文，马小泉. 民国教育史料丛刊(937)高等教育[M]. 郑州：大象出版社，2015:34.

⑦ 上海市历史博物馆. 都会遗踪第 8 辑[M]. 上海：学林出版社，2012:22.

⑧ 马军. 近代中国高校校歌选[M]. 上海：上海社会科学院出版社，2006:14.

1984 年教育部颁布《关于编写校史的通知》后，和国内其他大学一样，同济大学的校史研究工作刚刚起步，基础还比较薄弱，还未来得及对《国立同济大学校歌》进行深入研究？此外，这些关于《国立同济大学校歌》的记载，都是在 20 世纪 80 年代之后，为什么即便是关于同济师生在云南昆明、四川李庄这样战时相对平安的地区的记载，也未提及在校庆日吟唱校歌？难道是因为“老校歌问世以后就处于兵荒马乱时代，学校也历经磨难，估计也没有多少人在唱这首校歌”，还是因为“到了上世纪 40 年代，同济又新增了中文、哲学、法律等人文学科，因歌词内容已经脱离现实，《国立同济大学校歌》已很难为其时学校所聘任的一批人文学者及学生们所认同”[①]？1985 年 12 月，同济 1940 年代初校友高时浏[②]就同济校歌的作者和创作时间致信同济校史编写组时亦称：“校歌前两段为易韦斋词、萧友梅曲，创作年代为 1927 年。我是今年 5 月校庆时魏老先生[③]告诉我后去查的……至于第三段(指关于理科的部分)何人所作则不详。[④] 遗憾的是，高时浏并未在信中注明他查到的具体档案文件名及档案号，笔者无法按图索骥，予以核实。实际上，笔者三番五次查询的结果是“查无此档”，此说也只能暂时搁置。联系我国高等教育发展的历史，尤其是大学文化建设及教育史研究实际，综合推断，两种版本的《国立同济大学校歌》应该不是空穴来风，而是真实存在的，但具体产生时间及词曲作者仍有待进一步考证、核实。

二、《国立同济大学校歌》的诞生时间及沿革

笔者分析，上述文献关于“《国立同济大学校歌》诞生于 1927 年”的一致性，和相关责任者推断同济在 1927 年被列为南京国民政府首批国立大学之一，并举办了 20 周年校庆，而当时同济的确也只有医、工两科有直接关联。

同济始创于 1907 年。尽管经历坎坷，更数次迁校，诸多档案在战后从四川李庄“复员”上海途中沉入长江，但深入挖掘其馆藏仍有零星发现。笔者查询到的关于同济校歌的相关记录就有：

1928 年 5 月 20 日，时任国立同济大学校长张仲苏发出通知：“兹定于本星期一、二、三、四下午四时半在大礼堂练习校歌。”这是迄今为止发现的最早的关于同济校歌的档案记录。必须说明的是，同济校庆日从 1931 年起已改为 5 月 20 日。

1931 年，同济 24 周年校庆“纪念会”议程中有一项议程为“唱校歌”。[⑤]

---

① 周祖翼. 却顾所来径——大学与山水之间 [M]. 上海：同济大学出版社，2011：66.

② 高时浏(1915—2012)，福建福州人，1941 年毕业于同济大学工学院测量系，曾任武汉测绘科技大学、武汉大学教授。

③ 此处应指魏以新(1898—1986)。魏以新，湖北保康人，1920 年 3 月入同济大学德文科，同年加入社会主义青年团，毕业后在同济大学图书馆任管理员。1925 年应恽代英推荐在武昌中央军事政治学校图书馆任总管理员，大革命失败后，回同济大学任图书馆主任直至 1964 年退休。生平工于德文翻译，有多部译著问世。

④ 关于校歌的作者和创作时间，见同济大学档案馆馆藏档案，档案号：ZT－XS15－244.0002.

⑤ 同济大学纪念会记[N]. 申报，1931－05－21(10).

1932 年 5 月 14 日，25 周年校庆前夕，国立同济大学发布通知，要求“即日起到 19 日，均须于下午两时起到大操场集合，听候点名，练习国歌及校歌”。①

1947 年 5 月，湖北省立农学院在建校 7 周年前夕致函同济，“请寄校歌及章则以资借鉴”。②

除前述两种版本的《国立同济大学校歌》外，研究尚未发现中华人民共和国成立之前的其他版本的同济校歌。因此，可以断定，除 1947 年 5 月的这份档案外，同济大学档案馆馆藏档案中关于“校歌”的相关记载就是前述 1930 年《国立同济大学一览》及 1934 年《国立同济大学概览》中的《国立同济大学校歌》。那么，《国立同济大学校歌》究竟诞生于何时呢？是否诞生于 1927 年呢？

受第一次世界大战的直接影响，同济于 1917 年 3 月被迫从上海市中心迁址市郊宝山，留德学者阮尚介(1890—1960)成为同济历史上首任华人校长(1917—1927)。根据上海大学音乐系王勇教授的研究，萧友梅于 1913 年进入德国莱比锡皇家音乐学院(莱比锡国立音乐学院前身)钢琴专业(1913 年 3 月 27 日至 1915 年 7 月 30 日)学习的同时，还就读于莱比锡大学哲学院(1913 年 4 月 17 日至 1916 年夏)，最终以音乐学论文取得莱比锡大学博士学位。③ 从时间上看，萧友梅和阮尚介赴德留学时间及在上海工作的时间都有交集。他们还都是中国科学社的成员，其中阮尚介的编号是 423，萧友梅的编号是 644。④ 这就不难断定，他们两人不仅熟识，而且还保持一定的联系，甚至有可能讨论过为同济创作校歌的事。1927 年 8 月，同济被国民政府纳入国立大学序列，称“国立同济大学”。此前不久，因为时局动荡、爱国学生运动频繁，尤其受“誓约书”事件影响，阮尚介已被迫辞职。因蔡元培的举荐，张仲苏成为阮尚介的接班人，任国立同济大学首任校长(1927—1929)。

张仲苏和萧友梅是德国莱比锡大学校友。张仲苏是河北清苑人，早年就读于京师大学堂，1905 年由京师大学堂选派留学德国，1906—1911 年进入莱比锡大学攻读法科。1912 年回国后历任教育部佥事、京师学务局局长、直隶省教育厅厅长等职。必须指出的是，南京国民政府任命张仲苏为国立同济大学校长是在 1927 年 8 月 29 日，同年 9 月 1 日张仲苏到同济就职后，南京政府委派维持委员暂行主持同济校政的过渡期才告结束。⑤ 在莱比锡大学共同的留学经历，显然为萧友梅在张仲苏执掌下的同济创作《国立同济大学校歌》埋下了伏笔。值得关注的是，1933 年，由张仲苏的继任者、从同济校长(1929—1932)转任湖南大学校长的胡庶华作词、萧友梅作曲的《湖南大学校歌》面世。胡庶华于 1913 年赴德，曾留学于柏林矿科大学、柏林工业大学，1922 年回国。毋庸置疑，他和萧友梅等留德同学也一直保持着

① 国立同济大学布告，同济大学档案馆馆藏档案，档案号：1－LS－546.0008.

② 函索校歌及章则函，同济大学档案馆馆藏档案，档案号：1－LS－180.0003. 湖北省立农学院为今华中农业大学前身。

③ 王勇：萧友梅在莱比锡的留学生涯[M]//冯长春. 近现代广东音乐家研究. 广州：暨南大学出版社，2012：70－73.

④ 张剑. 赛先生在中国[M]//中国科学社研究. 上海：上海科学技术出版社，2018：790－792.

⑤ 李乐曾. 德国对华政策中的同济大学(1907—1941)[M]. 上海：同济大学出版社，2007：144－145.

联系。换言之,《国立同济大学校歌》和萧友梅之间的关系也可从《湖南大学校歌》的词曲作者得到间接印证。

综上,我们可推定《国立同济大学校歌》诞生在同济建校 20 周年前后,也可能就是在 20 周年庆典期间。那么,同济建校 20 周年庆典到底是在哪一年举行的呢? 难道不是理论上的 1927 年吗? 1930 年代毕业于同济的朱振德教授回忆说是在 1927 年。他说:"1927 年我进吴淞同济附中读书,还是少年,啥也不懂,啥也不会。那年同济举行 20 周年大庆,特别隆重,又逢大学被批准为"国立",但是纪念会上的报告,我听不懂,文娱晚会上的京剧,什么《空城计》《玉堂春》,我也看不懂。①但据同济校友赵炎和的回忆,原定 1927 年 5 月 18 日举行的纪念建校 20 周年大会迟至 1928 年 6 月 26 日才举行,当时主持纪念大会的正是张仲苏。②赵炎和的回忆和 1928 年 5 月 27 日《时报》中的新闻《同济大学庆祝二十周年》中"张校长主席(持)""全体学生唱校歌"③的报道基本吻合,只不过"6 月 26 日"应为"5 月 26 日"之误。另据《时报》1928 年 5 月 29 日报道:"昨为国立同济大学二十周年纪念会,除展览学校设备及成绩外,并有摄影展会。"④此外,《新闻报》也有相关报道。⑤

进一步研究发现,1928 年 5 月 14 日,同济曾发出通知,称"本校二十周年纪念会本定于 5 月 19 日、20 日两日举行,因诸事尚待预备,特行展期,准于 5 月 26 日、27 日两日举行"。⑥ 5 月 21 日,同济还致函同在吴淞的邻居中国公学、江苏大学医学院,商借 50 只长凳、椅子。5 月 22 日,中国公学即回函同济,称"来函商借长凳 50 只,自当从命。望即遣人来敝校搬运"。⑦值得关注的是,江苏大学医学院(即原上海第一医科大学,今复旦大学上海医学院)创建于 1927 年 7 月,原名"第四中山大学医学院",1928 年 2 月改名"江苏大学医学院"。"同济致函江苏大学医学院商借长凳与椅子"一事证明同济不可能是在 1927 年举办的"本校二十周年纪念会"。5 月 22 日,同济向德籍人士柏德发出邀请,希望他能够出席 26 日上午举行的同济建校 20 周年纪念会,并代为邀请其他德籍友好人士出席。⑧同日,同济还致函沪杭铁路车务处,称"学校在 5 月 26 日、27 日两日举行 20 周年纪念会,每日散会时间均在晚间 12 时,且上海宾客众多,希望在吴淞站增开淞沪段临时列车"。⑨与此同时,同济还向蔡元培、杨杏佛、胡适、吴稚辉发出书面邀请,希望他们出席 26 日上午 10 时举行的同济建校

---

① 朱振德. 缅怀同济往事[M]//金正基. 同济的故事. 上海:同济大学出版社,2015:12. 朱振德,1937 年毕业于同济大学土木系,曾任同济大学教授、土建结构系主任。

② 赵彦和. 回忆母校同济大学[M]//上海市政协文史资料委员会. 上海文史资料存稿汇编(10),科教文卫[M]. 上海:上海古籍出版社,2001:91. 赵炎和于 1924 年考入同济大学德文科,2 年后升入工预科,3 年后再升入机械工程本科,1931 年毕业。

③ 同济大学庆祝二十周年[N]. 时报,1928-05-27(8).

④ 记同济摄影展览会[N]. 时报,1928-05-29(7). 此处"昨"表达不准确。

⑤ 同济大学将开廿周年纪念会[N]. 新闻报,1928-05-24(12).

⑥ 关于二十周年延期举办的布告,同济大学档案馆馆藏档案,档案号:1-LS-749.0004.

⑦ 中国公学给同济大学的回信,同济大学档案馆馆藏档案,档案号:1-LS-748.0010.

⑧ 邀请柏德出席本校 20 周年纪念会函,同济大学档案馆馆藏档案,档案号:1-LS-749.0010.

⑨ 致沪杭铁路车务处函,同济大学档案馆馆藏档案,档案号:1-LS-749.0011.

20 周年纪念会,并发表演讲。[①]《新闻报》也曾对此作出报道,称大学院长蔡孑民将"躬亲致辞"。[②] 显然,因时局动荡、学校前途未卜等因素,原本应于 1927 年举办的同济建校 20 周年庆典推迟到了 1928 年。

同济建校 20 周年庆典的举办时间还可从 1928 年 9 月蔡元培为《国立同济大学二十周年纪念刊》所作序言中得到印证。因事务缠身,蔡元培不仅派代表出席了同济建校 20 周年庆典,还欣然为《国立同济大学二十周年纪念刊》作序。蔡元培在该序言中写道:"去岁,国民革命军既抵上海,留德同学张仲苏先生来长斯校,对于应兴应革之事,悉心擘画,以备施行。越一年,而值斯校成立二十年之纪念会。开会以后,发行纪念册,以表示继往开来之志愿。"[③]该序言再度证实同济建校 20 周年庆典的确是推迟到了 1928 年。就在本文行将定稿之际,笔者欣喜地发现了同济大学档案馆馆藏档案中的《廿周年纪念会事前筹备事项》。据该档案,同济明确廿周年纪念会前需要办结 12 件事,具体包括:一、印入场券,二、制徽章,三、与路局接洽挂专车,四、催作乐歌,五、印简章,六、同济路设路灯,七、修理校河,八、制校旗等。"催作乐歌"赫然在列,并注明已经"办就"。虽然该档案比较简洁,没有说明同济校歌的词曲作者,落款处也没有标明具体时间,但显然是在 20 周年校庆前夕。既然前述档案史料都"异口同声",此处"廿周年纪念会"当在 1928 年无疑。

至此,我们完全可以得出结论:《国立同济大学校歌》是在纪念建校 20 周年之际即 1928 年 5 月诞生的。随后出版的《国立同济大学二十周年纪念册》为何没有收录《国立同济大学校歌》,或许是因为编者重视度不够高,抑或是疏漏所致。事实正是如此。

1929 年,国民政府公布《中华民国教育宗旨及其实施方针》,同年夏颁行的《大学组织法》《大学规程》则规定:大学改科为学院,凡具备 3 个学院才可称为大学,否则为独立学院。依此规定,同济在 1930 年首先将医、工两科分别改组为医学院和工学院,并开始筹设理学院。1936 年,同济时任校长翁之龙在校友、时任国民政府交通部长朱家骅的协助下,邀请留英学者王葆仁加盟同济,主持理学院的筹建工作。[④] 1937 年,同济理学院正式成立,下设生物系与化学系,王葆仁任首任院长兼化学系主任。理学院成立后,同济又请来易韦斋(或者请易韦斋指导),"量体裁衣",增加了第三段歌词,强调"格物穷理"的重要性,《国立同济大学校歌》就此定型。从具体时间看,1937 年版《国立同济大学校歌》应诞生于抗日战争全面爆发、同济因校舍毁于战火不得不整体西迁之前。这也是该版校歌未能在师生中传唱,更未见诸相关纪念刊或回忆文章的重要原因之一。

---

① 致各演讲员函,同济大学档案馆馆藏档案,档案号:1-LS-749.0005.

② 同济大学将开廿周年纪念会[N].新闻报,1928-05-24(12).

③ 蔡元培.国立同济大学二十周年纪念册序言,同济大学档案馆馆藏档案,档案号:2-ZT-XS16-7.

④ 中国台湾"中央研究院"近代史研究所档案,档案号:301-01-09-133-036.

三、《国立同济大学校歌》的词曲作者及其精神内涵

如前述，笔者认为《国立同济大学校歌》由易韦斋作词、萧友梅作曲的观点，最早见诸1987年《同济大学史第一卷(1907—1949)》第一版，此后其他文献皆与此保持一致，别无其他。因为遍寻档案无果，且不注明校歌词曲作者的现象不唯同济，比如和同济关系非常密切的同德医专校歌只有歌词，别无其他[①]，本文拟对易韦斋、萧友梅合作创作《国立同济大学校歌》的逻辑进行考证、核实。

早在1921年，萧友梅就曾为胡适创作的《平民学校校歌》谱曲。[②] 此外，萧友梅还编有5部声乐作品集：《今乐初集》《新歌初集》及3册《新学制唱歌教科书》。这5部作品集，都是为学生而写。《今乐初集》于1922年10月出版，是为中等以上学校(高中)唱歌课编写，词曲均为原创。此歌集还收录了1921年7月开始通行，由萧友梅作曲、北洋政府确定的国歌《卿云歌》。《新歌初集》1923年8月初版，是为中学和中学以上学校(高等学校)唱歌课编写，与《今乐初集》一样，词曲亦为原创。3册《新学制唱歌教科书》分别在1924年5月、10月、12月出版，是为初级中学(初中)唱歌课编写，其歌曲内容关注美育教育，与学生的品德操行有直接关系。这5本歌曲集，集中表现了萧友梅的创作风格，反映出那个时代的曲风曲貌，是我国最早出版的作曲家个人作品专集，也是研究我国20世纪20年代歌曲创作的较有价值的读本。[③]

此外，萧友梅还创作了大量校歌类声乐作品、教学用歌曲及大量校歌。萧友梅侄女萧淑娴回忆，萧友梅为北京及各省的大中学校都写过校歌。[④] 有研究认为，萧友梅创作的各级学校校歌，为数不下数百首之多，散布全国。[⑤] 其中大学校歌就有：《国立女子大学校歌》(作于1925年10月至1928年秋间)、《北京中国大学校歌》(1927)及《北京中国大学十周年成立纪念歌》(1927)、《国立音乐院院歌》(1929年9月之前)[⑥]、《安徽大学校歌》(1933)[⑦]、《湖南大学校歌》(1933)、《北洋大学校歌》(1935)[⑧]、《交通大学校歌》(1940)[⑨]等。中学校歌中的上海市立吴淞初级中学校歌(萧友梅曲、陈柱尊词)还被上海私立和衷中学沿用。[⑩]

从时间上分析，上述作品的创作时间正是1920年萧友梅从欧洲归来、在北京大学附设

---

① 同德医专年刊筹备会.《同德年刊》,1930:18.

② 张宝明.《新青年》百年典藏(3)语言文学卷[M].郑州:河南文艺出版社,2019:582.

③ 广东省文学艺术界联合会,广东省文艺批评家协会.广东文艺批评文选第2辑[M].广州:花城出版社,2013:198.

④ 萧淑娴.萧淑娴作品集[M].北京:中央音乐学院学报社,1992:159.

⑤ 戴鹏海,黄旭东.萧友梅纪念文集[M].上海:上海音乐出版社,1993:12.

⑥ 陈聆群,洛秦.萧友梅全集第2卷音乐作品卷[M].上海:上海音乐学院出版社,2007:525-573.

⑦ 叶文成.品读安徽[M]//歌曲里的安徽.合肥:黄山书社,2018:160.

⑧ 王杰.天津大学志综合卷[M].天津:天津大学出版社,2015:8-9.

⑨ 谷玉梅,李啸.西安交通大学百年音乐文化史[M].西安:西安交通大学出版社,2013:194-196.

⑩ 萧友梅,陈柱尊.校歌(沿用前上海市立吴淞初级中学校歌)[J].和衷学生期刊,1939(1):4.

音乐传习所和北京国立艺术专门学校音乐系任教之后。北京各大学音乐系被北洋军阀勒令取消后，萧友梅于1927年初转赴上海，协助蔡元培筹建我国第一所音乐学校——国立音乐院(今上海音乐学院前身)，1927年底开始主持校政。显然，至少从1927年始至1940年病逝这段时间内，萧友梅的大部分时间都是在上海度过的，这就为1928年前后他和易韦斋合作创作《国立同济大学校歌》提供了时间上的佐证。德国当代学者海因利希·盖格尔在研究萧友梅时也指出："身为作曲家，萧友梅获得某些知名度，在上海为同济写了校歌。"①这也是笔者到目前为止能够收集到的为数不多的认为萧友梅系同济校歌作曲者的又一"旁证"。

虽然社会上流传的《国立同济大学校歌》歌谱注明"易韦斋作词"，但能证明易韦斋和《国立同济大学校歌》关系的直接证据仍遍寻无果。易韦斋作词，词律考究，富于韵味，在当时文坛享有很高声誉。易韦斋和萧友梅是老搭档，他们一个作词，一个作曲，合作过多首歌曲。在萧友梅作曲的近百首歌曲中，易韦斋作词的占了大部分，其中影响较大的有《问》《晨歌》《踏歌》《星空》等。萧友梅、易韦斋合作的《新学制唱歌教科书》，时间跨度为1924年5月至1932年5月，该书由商务印书馆出版发行。② 此外，《国立音专校歌》亦由萧友梅、易韦斋合作诞生于1929年。1934年1月，萧友梅、易韦斋、黄自等主编的《音乐杂志》季刊在上海创刊，由上海良友图书公司发行，3人还将合影刊登在《音乐杂志》创刊号上。③ 青主(原名廖尚果)甚至公开撰文，要"请易韦斋先生包办填歌填曲"。④ 中央音乐学院梁茂春教授认为，易韦斋在20世纪20年代曾协助萧友梅办北大音乐传习所，写了许多歌词由萧友梅谱曲，流传甚广。⑤ 这样的合作经历和作品的存在，让我们有理由相信《国立同济大学校歌》由他们合作完成不是空穴来风。

为什么萧友梅总是选择和易韦斋合作呢？易韦斋是广东鹤山人，民国初年和萧友梅同时出任南京临时大总统府秘书，当时的秘书长是胡汉民。1912年3月，萧友梅、易韦斋还和唐绍仪、孙中山、胡汉民等在南京临时大总统府合影留念。⑥ 萧友梅在北平生活期间，和易韦斋对新文化产生共鸣，并因此结下了很深的情谊。萧友梅自己也有很深的文学修养，他非常赏识易韦斋的才华，对歌词的选用有自己的原则。也就是说，萧友梅是按照自己的标准选择歌词及词作者易韦斋的。另一方面，萧友梅是新音乐、新文化的倡导者，易韦斋积极地写新词，他们都有大胆创新精神。萧淑娴在《回忆我的叔父萧友梅》中说："易先生写歌词，叔父谱曲并写钢琴伴奏，每写好二三首，则从西郊回到城里，要我们姑、侄给他们试唱。他的几本歌集，大部分是利用暑假时期合作写成的。"可见，萧友梅和易韦斋二人的性格和

---

① 海因利希·盖格尔. 枝繁叶茂西方古典音乐在中国[M]. 刘经树，译. 北京：中央音乐学院出版社，2013：20.
② 刘英杰. 中国教育大事典1840—1949[M]. 杭州：浙江教育出版社，2001：433.
③ 《音乐杂志》，1934年第1期。
④ 青主. 请易韦斋先生包办填歌填曲[J]. 音乐教育，1934(5)：17－19.
⑤ 梁茂春. 音乐史的边角中国现当代音乐史研究的一个视角[M]. 上海：上海音乐学院出版社，2015：178.
⑥ 榎本泰子. 乐人之都——上海西洋音乐在近代中国的发轫[M]. 彭谨，译. 上海：上海音乐出版社，2003：48.

审美有许多相似之处,所以才频频合作。[1] 总之,我们可以得出结论:《国立同济大学校歌》由易韦斋、萧友梅两人合作推出,合乎逻辑,也在情理之中。

从歌词内容看,中国的大学校歌从无到有,既"写实"又"载道",以期达到"化人"目的,无一不体现着早期知识分子的责任担当和文化自觉。同济的前身德文医学堂首届董事会由中德双方人士组成,18 名成员中有 8 名华人董事。在 1907 年 10 月 1 日的开学典礼上,华人董事代表朱葆三在贺词中强调医学教育的极端重要性,提出"医院能救人于一时,学堂能救人于后世"。[2] 1917 年华人接办学校后,首任华人校长阮尚介主张:"厚国聚民,莫先乎工。而医者人命之所系,又所以长养此工力者也。"[3]1918 年,北洋政府教育部次长袁希涛视察同济时对学生们提出殷切期望:"中国之大患,曰贫曰弱。救弱莫若医,救贫莫若工。务望诸君,各求深造,以养成将来救国之人才。"[4]1919 年,同济常务校董沈恩孚和《新教育》月刊主编蒋梦麟共同提出的一个以"养成健全人格,发展共和精神"为教育宗旨的提案在第一次教育调查会上获得通过。其中,"健全人格"指:一、私德为立身之本,公德为服务社会国家之本;二、人生所必需之知识技能;三、强健活泼之体格;四、优美和乐之感情。[5] 1920 年,同济主持训育工作的学监主任赵正平发表《我同济校友对于改造与建设之使命》,主张改造中国社会,使其解除大病——"贫",赶上新世界:第一,增加社会生产能力而扩张经济组织;第二,发展水陆交通以打破部落生活;第三,改良都市生活,以树立文化中心。同济工、医校友任重道远,分别肩负促进生产力发展、发展交通、改筑都市三大使命。[6] 而一战期间面临停办危机,被迫从市区迁址郊区吴淞的窘迫遭遇,更是同济师生心头之痛,他们的爱国、报国之情再度被激发——尽管同济是由中德双方合作创办,并由德国人主导,但从立校开始,有识之士及同济师生就对"科教救国"寄予良好愿望。正因如此,面对当时中国贫穷落后、深受列强侵略压迫的现状,结合同济当时设有医、工两科的实际,1928 年版《国立同济大学校歌》的歌词分成两段,大力倡导"提携、扶持我中华国民"。其中第一段是关于工科的,主要内容就是倡导学工,振兴工艺。歌词如下:

好一片中华大地,不振兴工艺真可惜,真可惜。同有耳目,同有手足,同有心思才力,不做工负了好教育。勤劳,诚毅,提携我中华国民。同舟共济,同舟共济,振兴工艺。

第二段是关于医科的,崇尚学医,健康身体。歌词如下:

好一片中华大地,不健康身体真可惜,真可惜。同有心腹,同有肌肉,同有起居饮食,不学医负了好教育。慈爱,仁义,扶持我中华国民。同舟共济,同舟共济,健康身体。

和同时期诸多知名大学校歌风格接近,1928 年版《国立同济大学校歌》歌词朴实无华,

---

① 程秀芳,邹新华.《南飞之雁语》为何没有广泛流传[J].大众文艺,2013(1):145-146.

② 德文医学堂行开学礼[N].申报,1907-10-02(19).

③ 阮尚介.《同济》创刊号之《发刊词》,1918-09-01.

④ 李智,胡艳华.华中科技大学纪事[M].武汉:华中科技大学出版社,2012:10.

⑤ 朱有瓛.中国近代学制史料第 3 辑(上)[M].上海:华东师范大学出版社,1990:106-107.

⑥ 翁智远,屠听泉.同济大学史第 1 卷(1907—1949)[M].上海:同济大学出版社,2007:48.

直抒胸臆。“提携、扶持”中华国民，同舟共济、振兴工艺、健康身体，体现了同济的办学初衷，反映了掌校者的办学理念和以爱国主义为核心的民族精神。在《却顾所来径——大学与山水之间》中，周祖翼指出，“同济老校歌歌词的内容朴实无华，既反映了老一代同济人‘医以济人，工以济世，格物穷理’的抱负，也很好地反映了同济的学科演变历程”。① 值得关注的是，“医”是同济大家庭的“长子”，至于校歌中先“工”后“医”，或与受限于校舍面积等因素，“工”先于“医”被认定先期达到“大学”水平有关。

1937年，因为成立了理学院，《国立同济大学校歌》增加的第三段歌词强调“格物穷理”，崇尚科学。歌词如下：

好一片中华大地，不格物穷理真可惜，真可惜。同有头脑，同有智慧，同有星辰空气，不学理负了好教育。明彻，清晰，训练我中华国民。同舟共济，同舟共济，格物穷理。②

总之，《国立同济大学校歌》歌词内容紧扣3个学科(学院)，把“读书”和“救国”联系在一起，反映了其时同济师生及有识之士“工业救国”“医学救国”“科学救国”的理念和情怀。显然，“救国”催生“迫切”。这个时期有识之士对专业知识及技能的价值乃至对读书目的的理解，比今之国人更为直接而迫切。

四、今日《同济之歌》

20世纪50年代，经过院系调整，名噪一时的同济文艺工作团开始创作具有同济特色和时代特征的歌曲。1954年11月，以同济学生文艺骨干为主，同济学生会和复旦学生会合作，推出了《歌选》创刊号；1957年10月，同济合唱团推出《同济歌选》。1959年春，同济文艺工作团改组为同济学生文工团。此后，他们创作、演出了《同济人之歌》《同济同济看今朝》，交响乐《同济颂》、弦乐《春天来到了同济园》等一批歌颂同济、歌颂新中国的歌曲、乐曲。1963年初，同济学生会还推出了由同济学生文工团骨干编辑的《同济歌选》。③ 但这些《歌选》中都没有出现《国立同济大学校歌》。

改革开放伊始，整个社会有一股风气，就是拨乱反正，振奋精神，尽快从被耽搁的“文革”十年中走出来，实现“四个现代化”。同济师生员工也意气风发，积极推进由时任校长李国豪首倡的“两个转变”④，在各个岗位上为同济的建设与发展贡献着自己的力量。那时的同济校园生机勃勃，春意盎然。1985年4月，同济在组织召开共青团第十次代表大会、第二十二次学生代表大会召开之际，编辑了《歌曲选》。但直到此时，《国立同济大学校歌》还是

① 周祖翼. 却顾所来径——大学与山水之间［M］. 上海：同济大学出版社，2011：66.

② 介子平. 格致文库民国文事［M］. 太原：北岳文艺出版社，2015：50－51.

③ 同济大学学生会. 同济歌选［M］. 上海：商务印书馆，1963.

④ “两个转变”其实是“两个恢复”，即“恢复对德联系和以德语为教学内容的转变”“由土木为主的单科性大学向以理工为主的多科性大学转变”。之所以如此，主要是受限并为了适应改革开放之初的形势。

无人提及，也未见相关传唱记载。即便有人想起，也肯定认为原有的校歌已经适应不了“热火朝天”的新的形势需要。所以，从 1940 年代后期开始，同济事实上一直处于“无校歌”状态。

1985 年 9 月 10 日是中华人民共和国第一个教师节。1986 年，上海市教育工会首次下发关于组织庆祝教师节歌咏比赛的通知。经过研究，学校党委认为同济在文娱方面人才济济，有能力“量身定做”，创作一首表达当代同济人心声的歌，一首属于同济人自己的歌。大家提出，歌的主题应该是歌颂同济精神、校风及教育工作者光荣神圣的职责，歌名为《同济之歌》；要围绕“同舟共济”，将校训“严谨、求实、团结、创新”①融入其中，以表达同济人“与祖国同行，以科教济世”的情怀。由 1950—1960 年代留校工作的学生文工团骨干（他们都是笔者比较熟悉、敬重的老干部、老教授）集体创作的第一稿曲谱出来后，同济教工合唱团部分成员就开始试唱、修改，再试唱、再修改。学校还邀请了上海歌剧院张济生、王之湘两位艺术家来校指导②。经过反复推敲，由“集体词曲、陆在易整理”③的《同济之歌》诞生了。歌中唱道：

同济啊，同济，同舟共济，航行征途中，我们齐心协力……迎风踏浪，奋力划桨，向着那崭新的未来世纪，同济，同舟共济。④

1986 年 9 月，百余名手持彩花，身着整齐、鲜艳服装的教工合唱队及小乐队出现在教师节歌咏比赛现场，唱响《同济之歌》，赢得了全场热烈的掌声和评委们的高度赞赏。几天后，《同济之歌》在学校庆祝教师节大会上再度唱响，受到了全校师生的广泛关注和普遍好评。

作为一所历史悠久的大学，1987 年 5 月，同济大学迎来 80 周年校庆。这是改革开放后的同济大学第一个大庆。为此，学校召开专题会议，集中讨论了校歌、校标等问题，决定选择一首能为广大师生和校友普遍接受的歌曲作为校歌，并在 80 周年校庆典礼上正式推出。经过讨论，《同济之歌》最终被确定为校歌，并在 80 周年校庆当日、在庆典大会正式开始前，由同济大学教工合唱团正式唱响。与此形成鲜明对比的是，作为向建校 80 周年的献礼作品，收录了 1937 年版《国立同济大学校歌》的《同济大学史第一卷（1907—1949）》第一版由同济大学出版社正式出版，书中注明《国立同济大学校歌》由易韦斋作词、萧友梅作曲——显然，《国立同济大学校歌》是被当作“史料”处理了。此后，每次全校性演出，包括教工和大学生歌咏比赛、教工艺术团活动等，《同济之歌》都作为必唱曲目，其知名度越来越高，影响力也越来越大。为了便于广大师生演唱，学校又在多声部合唱谱的基础上，编写了一个简唱

① 2014 年 5 月，教育部核准《同济大学章程》，章程第一章第十条规定：同济大学的校训是“同舟共济”，校风是“严谨、求实、团结、创新”。

② 方如华. 同济校歌是由当年的文工团员集体创作的[M]//章华明，刘家骅. 致青春同济大学学生文工团（1952—1970）. 上海：同济大学出版社，2016：359.

③ 《中国校歌大系》编辑委员会. 中国校歌大系[M]. 北京：大众文艺出版社，2000：103.

④ 方如华，同济校歌是由当年的文工团员集体创作的[M]//章华明，刘家骅. 致青春 同济大学学生文工团（1952—1970）. 上海：同济大学出版社，2016：356 - 360.

谱,还录制了师生合唱的校歌MTV。① 2007年5月,同济大学迎来建校100周年庆典。上海人民广播电台记者事先得到消息,赶到学校,找到了徐吉浣、李安娜、余安东、季学李等当年的学生文工团骨干,采访了校歌的创作过程,后又邀请他们去电台座谈,请他们到录音室演唱《同济之歌》。百年校庆当日,上海人民广播电台播放了采访录音,作为献给同济大学建校百年的礼物。2014年5月,经过教育部核准的《同济大学章程》第六章第八十一条明确规定:同济大学的校歌是《同济之歌》。

五、余论

作为校园文化的重要元素之一,校歌的历史感非常重要。但"历史感"受限于特定时代,因而也是有"时代感"的。具体来说,校歌的创作过程受限于具体的创作人及其所处的时代——被后来人视作校歌创作的历史和时代背景。校歌不仅要反映"诞生之时"这个特定的时代,更要体现"诞生之前"的校史,并承载"诞生之后"的历史,接受面向未来的考验。概言之,校歌的核心是既要"重教",又要"重史",更要有爱国情怀,充分体现社会主义核心价值观,惟其如此,才能体现"尊重历史,继往开来"。② 这就要求创作者(包括掌校者)在创作校歌时要立足教育本身,不忘教育初心,以"精神永流传"为核心,追求思想境界与文化价值,以保持校歌在精神文化层面的定力。惟其如此,校歌才可能常唱常新,不会因为"过时"而被当作鸡肋,甚至被遗弃。一所大学,如果因为校内外形势、环境的变化,就对校歌加以修改或重新创作校歌,校歌就不是"同一首歌"了——也就不成其为"校歌"了。现实生活中,因为习惯了歌颂、赞美,有的校歌竟然成了"颂歌",变成了"颂校歌"。这样的校歌缺乏内涵和生命力,当然就很难在师生和校友中流传开来。

笔者认为,20世纪40年代中期,同济从四川李庄"复员"上海后,《国立同济大学校歌》没能在同济师生中流传,也未见相关档案文献记载,关键原因不是周祖翼前述之推断,而是同济师生已经分裂成两大阵营;民主、自由成为主旋律,进步歌曲时常响起,他们哪里还想得起学校曾经有过的校歌。即便想起,即便找到,他们也不太会传唱。这时候他们唱的是《坐牢怕什么》《逼上梁山》《到延安去》等具有革命色彩、战斗精神的歌曲。正因如此,1947年7月,时任国民政府教育部部长朱家骅发布命令,要求取缔"煽动变乱之童谣歌曲"。③

同济3个不同版本的校歌分别诞生于学校历史上的3个特殊时期,带有浓厚的时代特色和痕迹,是对同济百余年历史的基本勾勒和重点刻画,已然成为同济历史文化的重要组成部分。因为1937年版是对1928年版的补充和完善,所以,整体而言,同济校歌实际上只有两个版本,即1937年版《国立同济大学校歌》及1987年版《同济之歌》。相对于《同济之

① 教育部思想政治工作司组.百所高校校训、校徽、校歌汇编[M].北京:中国人民大学出版社,2014:102.

② 西安交通大学.校歌[EB/OL].(2015-02-05)[2021-12-29].http://www.xjtu.edu.cn/info/1024/1006.htm.

③ 饬取缔煽动变乱之童谣歌曲由,同济大学档案馆馆藏档案,档案号:1-LS-33.0006.

歌》而言,《国立同济大学校歌》诞生于同济国立之时,经历了抗日战争、解放战争和中华人民共和国成立,历史和精神兼具。何况,"1937"在中国近现代史上是个特殊的符号,1937 年版《国立同济大学校歌》能带给歌者很多思考空间乃至精神上的激励。2013 年 9 月,周祖翼在同济大学嘉定校区济人楼给研究生新生党员上党课时,介绍了学校的历史,还在现场播放了《同济之歌》MTV 和《国立同济大学校歌》的合唱录音。周祖翼满怀深情又不无遗憾地说,创作新校歌的时候,21 世纪似乎还很遥远。转眼间,新世纪早已来到,同济园内流传的还是这首《同济之歌》。歌词有不少那个时代的理想色彩,但没有老校歌那么写实。百年校庆这么好的一个机会,没有能够重新征集校歌,多少是一种遗憾。但既然认定《同济之歌》是校歌,那就应该在校园里大声地唱,反复地唱,使其旋律深深印在每一个同济人的脑海。①

正是基于上述原因,今天的同济校园内,主张恢复《国立同济大学校歌》者不乏其人。他们认为,无论哪种版本的校歌,其歌词都是固化的,都不能完全反映今日同济的学科建设、人才培养等实况,更无法"总揽"学校未来之发展。但校歌是学校文化精髓的集中体现,是学校优良传统与办学特色的象征,校歌最应该倡导的就是精神,同济大学理当恢复 1937 年版《国立同济大学校歌》。

作为近邻的复旦大学的校歌创作于建校 20 周年之际,即 1925 年,由刘大白作词、丰子恺作曲。有意思的是,20 世纪 80 年代,继同济大学之后,复旦大学也组织力量重新创作了校歌。但就在 2004 年底,在紧锣密鼓筹办百年校庆之际,复旦大学顺应民意,决定停用新校歌,恢复使用老校歌。消息传出,复旦师生欢欣鼓舞,好评如潮。类似的还有:2005 年 4 月,西安交通大学决定启用由萧友梅作曲、诞生于抗日战争时期的《交通大学校歌》以纪念反法西斯战争与抗日战争胜利 60 周年、建校 110 周年。目前,围绕构建高质量教育体系,同济正在积极开展教育思想大讨论,本文也算是笔者结合本职工作提交的一份研究报告,供学校领导决策参考。必须指出的是,笔者不谙音律,无法从音乐艺术角度对《国立同济大学校歌》加以阐释、展开研究,还望专业领域专家学者批评指正!

① 周祖翼. 却顾所来径——大学与山水之间 [M]. 上海:同济大学出版社,2011:67.

陈从周馆藏档案研究

◎ 周黎萍　林　松

摘　要　本文以同济大学档案馆馆藏陈从周相关30余卷百余份珍贵档案为研究对象，分五个阶段六个类别进行分析，以兰台之史钩沉往事，结合档案分析陈从周在同济大学任教不同历史时期所表现出的不屈精神和非凡抱负及在各方面取得的卓越成就，敬缅陈从周为国家科学、教育、文化进步与城市园林规划发展而奋斗的一生。

关键词　陈从周　档案　研究

图1　陈从周教授(摄于1979年)

2018年5月，陈从周(图1)入选首批“上海社科大师”，这是先生在故去18载之后，以其卓著的学术成就和伟大的人格魅力为111年同济树立的又一座不朽丰碑。斯人已去，风范长存，先生之于学术界和文化界，是硕儒，一生钟情古迹，遍寻园踪，他殚见洽闻，满腹经纶，被称为“现代园林之父”，也是精通诗词书画曲艺的艺术大师；先生之于同济，教书育人，楷为人模，开创同济园林学流，桃李芬芳誉满海内外。2022年是陈从周先生诞辰104周年，作为学校历史的研究者，我们研究整理了学校档案馆馆藏档案中关于先生的档案资料，希望能以兰台之史钩沉往事，以敬缅先生为国家科学、教育、文化进步与城市园林规划发展而奋斗并取得重大成就的一生。

作者简介　周黎萍，同济大学校史馆，文槜堂主任，图书馆员(中级)，同济大学人文学院中文系硕士研究生。
林　松，同济大学校史馆，正处级馆员。

一、馆藏档案概况

陈从周自 1952 年调入同济至 2000 年逝世，在学校工作长达数十载，在学校档案馆留下了一些珍贵的档案。据研究整理，陈从周档案成卷的有 30 余卷(含图片)，共百余份档案。这些档案，除见于专为先生设立的陈从周人物档案外，分散于行政、党群、出版、人事、声像、实物、捐赠等各类档案卷宗之中。

这些档案，从时间上看，主要集中在下列五个历史阶段，第一阶段是 1960 年前后几年的学术研究与思想批判时期；第二阶段是 1976 年 10 月以后的政治平反与思想解放时期；第三阶段是 1985 年前后即先生在各方面取得丰硕成果，参与社会工作的活跃时期；第四阶段是 1990 年退休返聘以来取得荣誉和从事社会活动等的时期；第五阶段是 2000 年先生逝世以后后来者追思与怀念先生，出版各种纪念书籍和刊物、发表文章的时期。这些档案，从内容上看，可以分为六类，第一类是关于陈从周先生的园林理论，设计、规划、建造和图片的档案(图 2)；第二类是专著、校报、学报期刊等有关出版物类档案；第三类是社会工作和活动形成的档案(图 3)；第四类是在学校教学、科研和教书育人中产生的档案(图 4，图 5)；第五类是学校收藏的其书画作品(图 6)；第六类是各类纪念文集、画集和纪念性文章的档案。这些档案，有些出自先生手笔，有些出自别人的评价，有些甚至只是公务活动中的请示、报告及填写的各种表格，虽形式各异，却也不失真实。相对于陈从周丰盈厚重的一生来说，这些馆藏档案也许并不能完整地再现先生为人、为学、为师的抱负与情志，但我们希望从另一种角度，在馆藏档案中选取部分史料来反映先生在学校不同历史时期所表现出来的不屈精神和非凡抱负及在各方面所取得的卓越成就，来品味先生与学校同舟同行、济人济世的兰台记忆。

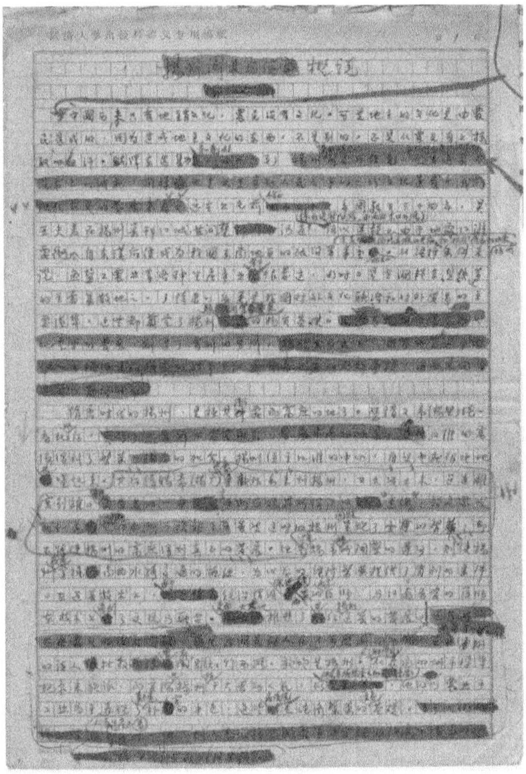

图 2　陈从周手稿

二、时代洪流中的坚守

学校档案馆馆藏档案中关于陈从周的最早记载始于 1952 年。在全国范围内的院系调整中,全国十余所高校的土木、建筑学科迁入同济,同济除土木、建筑学科以外的学科全部迁出。学校确立了以土木、建筑为主的大学格局。同济建筑系正是在这样的背景下成立的。陈从周在中华人民共和国成立初期,在之江大学、圣约翰大学等校任职,负责建筑史教学,1952 年随院系调整并入同济,负责建筑历史课程的教学,并担任建筑历史教学小组主任。在当时同济名师云集、兼容并包的学风影响下,陈从周迎来了自己学术生涯的第一个多产期,除教学外,1953—1958 年,陈从周共出版 4 本专著,发表 7 篇学术文章,在校内外引起很大反响,1956 年被评为副教授,在全国建筑园林规划领域已经享有盛誉。

1957 年,全国开始“反右”“整风”运动。1957 年年底至 1958 年,同济校园的“双反运动”(即“反浪费反保守”运动)在建筑系引发了被师生们戏称为“第一次火烧‘文远楼’”的批判运动,一批才华横溢、脚踏实地的学术带头人,如冯纪忠、谭垣、金经昌、陈从周等都成了“白专”人物,受到了严肃的批判斗争并被撤销职务,即所谓的“拔白旗”。

图 3　1956 年支持伊拉克游行(左五为陈从周)

图 4　陈从周设计的三好坞

一份 1958 年的档案《陈从周学术思想批评提要》(以下简称《提要》)便是在这样的背景下出现的,此时陈从周是建筑工程系民用建筑及历史教研组副教授,是同济建筑历史与建筑园林方面的代表人物。1958 年 12 月,在教育革命辩论总结后,建工系将陈从周作为典型,通过组织专人搜集材料、召开集中批判大会、发表大字报等方式对陈从周进行讨论和批判,《提要》可以说是针对陈从周的这场全系性大批判的一个阶段性“成果”,带有强烈的政治烙印和时代伤痕。《提要》先对陈从周的个人经历和学术成果进行了分析,列出了陈从周在中华人民共和国成立后关于江南园林和古建筑考察的相关成果,包括《苏州园林》《中国建筑史参考图》《装修集录》《漏窗》及《中国建筑史》等书、讲稿,和《常熟园林》《绍兴宋桥》等 8 篇文章,《提要》通过分析认为“他的这些东西,论学术意义并不很大,论学术观点却相当严重”，即“维护和宣扬建筑中封建没落阶级的思想感情，腐蚀青年学生；厚古薄今，颂古非今；反动的阶级观点；资本主义的学术研究方法”。

《提要》作为特定时代的特殊产物，从当时政治需要的立场出发，批判陈从周作为“封建没落阶级思想感情的宣扬者和维护者”，与南工刘敦桢、清华梁思成，刘致平、赵正之等同流合污，认为“他是在同济建筑系中的一面复古主义的大旗”，“他的精心杰作，而且在国内也有一定影响的苏州园林可以说是宣传这种感情（即封建没落阶级的思想感情）最彻底最具有代表的一种”，批评陈从周“相当长时期和顽固地保留着没落阶级的爱好和颓废生活，种花养鸟考古刻字，磨葫芦，植盆景”，指责他“对建筑史上的‘破坏旧制’确实切齿痛恨，对今人所建尽量降低其价值，一动旧规大加痛责”，批评他沿袭与营造学社如出一辙的研究方法“事物堆砌并列，开中药铺，缺乏内在的分析研究，繁琐的毫无意义的考证；抓孤例；学术工作脱离实际，站冷门”①等。

图5　1955年陈从周带领学生在苏州园林进行古建筑测绘

现在看来，这些观点与论断既失公正，又过于偏颇，从客观来说，其批判之处皆是陈从周在学术方面的特点和创新之处。但哪怕在当时那样一个特殊的时代，学校也并非没有意识到这种错误。1961年《关于对陈从周教授的安排使用和合作共事关系问题的材料》针对陈从周的错误批判进行了反思，认为“党内一部分同志对他缺乏正确的，全面的估计，在政治思想上嫌他落后，在业务专长上把他估计得过低”。“58年底的学术思想批判中，把他在学术思想上的问题和生活作风上的问题混淆起来，界限不清，在批判的方式上也存在简单粗暴的问题”②。

但无论如何，对于一位正值盛年，正欲在学术上大展拳脚的学者而言，此种思想上与学术上的双重批判的打击无疑是巨大的。面对这些打击，一向自信恬淡的陈从周也被迫做出了一些改变，同一教研组的罗小未回忆“自学术批判后，他讲课时硬套马列主义观点，近一年来，对材料与观点的联系比较好”③，但他仍然保持着自己耿直敢言的个性，并未屈服于时

① 陈从周学术思想批判提要（初稿），同济大学档案馆馆藏档案，档案号：2－1958－DW－43.0017。

② 关于对陈从周教授的安排使用和合作共事关系问题的材料，同济大学档案馆馆藏档案，档案号：2－1961－XZ－68.0009。

③ 关于对陈从周教授的安排使用和合作共事关系问题的材料，同济大学档案馆馆藏档案，档案号：2－1961－DW－37.0022。

代的不公正,在1960年的课程改革中,陈从周就曾公开表示:“前面你们揪牢我,现在你们又要揪牢我。现在我晚上急得连觉也睡不着,我要培养青年师资,还要到外面工作,忙得很厉害,可能备课少了些,但领导上对我一点也不原谅,现在又拿我作麻雀来解剖,要把我当罪魁祸首了”“项目这样多,我只有靠晚上开夜车来完成,要吃不消时,就叫我老婆给我打针,然后再干”。[①] 俨然是“蒸不烂,煮不熟,锤不扁,炒不爆,响当当一粒铜豌豆”。

从这些解密的档案中我们可以看到,虽然陈从周被冠以追逐个人名利思想之“罪名”而受到冲击,遭遇坎坷,但他并没有灰心,仍以坚韧不拔的爱业、敬业精神继续努力进行研究,在高度紧张的环境中于1962年编著完成了《扬州园林》一书。甚至在后来的“文化大革命”遭受“戴高帽子、抹三花脸、游街、罚跪”等折磨,“但先生也有一套对付的办法,他相信中国哲学:柔能克刚。于是接受批判、改造之余,每天回到已压缩到极限的‘蜗室’,在昏暗的灯下写起蝇头小楷”[②],正是在这样极其艰苦的条件下,陈从周写出了40余万字的《梓室余墨》,充分表现出了一个知识分子面对苦难与不公的隐忍与坚守。

三、科学春天里的一代宗师

图6 1983年陈从周画的送给时任西德总统的画

1976年10月“四人帮”被粉碎,陈从周得到解放,多年的积累和才思得以井喷,迎来了其学术生涯的又一个春天。1978年,陈从周集其几十年在中国古代园林方面研究成果之大成,发表了《说园》的第一篇,引起了强烈反响。此后,《说园》[③]连发五篇,融文史哲艺与园林建筑于一炉,全面系统讲述和总结了中国园林的理论,受到国内外学者的高度赞誉,纷纷出版英、日、德、法、意等各国译本。除为本科生、研究生主讲中国建筑史、园林史、中国营造法、造园学等课程,1982年同济大学建筑学专业中国古园林方向开始招收硕士生,陈从周为硕士生导师之一,1986年城市规划和建筑历史与理论专业增补陈从周为博士生导师。此外,他还担任中国园林学会顾问、中国建筑学会建筑史学术委员会副主任、上海市文物保管委员会委员、中国美术家协会会员、上海作家协会会员、日本造园学会会员、美

① 同济简报:陈从周在课程革新中的思想动态,同济大学档案馆馆藏档案,档案号:2-1960-DW-37.0005。

② 路秉杰《好人好事常相忆》,同济大学建筑与城市规划学院编,陈从周纪念文集,上海科学技术出版社,2002年5月第1版,第191页。

③ 《说园》,同济大学档案馆馆藏档案,档案号:2-2007-CB14-210。

国贝聿铭建筑师事务所顾问、中国台湾《造林期刊》顾问等职，对中国古代建筑和园林做了大量鉴定与维修工作。

此外，陈从周为中国园林走向世界写下了浓墨重彩的一笔。1982 年陈从周以苏州园林为蓝本的“明轩”在美国大都会博物馆建成，其担任工程顾问，获得重大成功。1986 年秋，陈从周应邀赴日参加日本建筑学会成立百年庆典，受到日本学界的隆重欢迎。在陈从周亲笔起草的《陈从周、路秉杰参加日本建筑学会百年庆典亚洲建筑交流会总结》报告中，他对 1986 年出访日本的情况进行了详细介绍，谈到了师徒二人在日本学界受到的礼遇与热情接待。“这次赴日参加国际学术讨论会，适逢拙著《说园》一书的日译本 9 月 5 日在东京正式发行，因此愈发显得热闹了一些。”“会后，东京环境线新简报发了专门报道，日本园林杂志也发表了专门报道，著名园林家龙居竹之介还专门写了长篇评论，多次引用和高度评价了陈从周的‘主人’说。日本最大建筑杂志——新建筑也发了新闻，对我的‘静观，动观’说表示了极大兴趣。……总之，通过这次出席国际会议，参观访问，扩大了我国，我校影响，对于发扬、光大我国园林文化事业具有重大意义。”①

陈从周教授不仅是一名园林专家，也是一名诗人、画家与文化名家。他与贝聿铭、叶圣陶等关系密切。1985 年 4 月，现代作家、教育家叶圣陶赠诗陈从周：“从周胸中富成竹，高竿细篠并脱俗，墨笔乘兴一气挥，着纸便是睢园绿”，表达了他对陈从周园林艺术的高度赞赏②。世界著名建筑设计大师贝聿铭与陈从周可谓“一生知己”。陈从周爱听昆曲，由昆曲把他引进曲境、诗境，再入园林，所以他像酷爱中国园林一样酷爱昆曲，与国内老一辈的京昆大师、名角，如梅兰芳、俞振飞、沈传芷、张传芳、郑传鉴、华传红等，以及稍后一辈的名角华文漪、梁谷音、岳美缇等都交游甚厚(图 7)。他在学校校报上发表了多篇有关昆剧与园林关系的文章。

图 7　1986 年上海昆剧团演出后陈从周等上台祝贺

图 8　1987 年杨浦区人大代表陈从周演讲

① 关于陈从周参加日本建筑学会成立 100 周年庆典及学术交流活动的报告，同济大学档案馆馆藏档案，档案号：2－1986－XZ－74.0010。

② 《同济大学报》，1985 年 4 月 5 日第 4 版。

大师有大爱，陈从周同时还是一名社会活动家，1989 年他当选上海市第七届政协委员和上海市政府参事。他曾两次作为杨浦区人大代表，做人民代表期间，起到了选民与政府之间的桥梁作用，充分发挥了一个学者讲真话、心系群众、关心生活的职责(图 8)。他提出《杨浦区绿化》案，被区政府采纳，杨浦区成了全国绿化先进单位；《同济大学校门前丁字形马路口设红绿灯》案，被政府采纳，安装了红绿灯，减少和避免了伤亡，保护了人民的生命安全；提出《恢复大饼、油条，豆浆生意》案，提倡小吃多样化，适应各层次经济收入的人民的需要，提出《彰武路棚铺拆迁与绿化带》案①。

2000 年 3 月 15 日，陈从周于同济新村寓所逝世，他将生命的最后时刻与同济相连，在档案馆留下了一份死亡档案，为他波澜壮阔的一生画上了一个圆满的句号。学校馆藏的这些档案，将先生伟大而坚实的历史足迹封存于时空中，阅微，见新，博大，精深，成为同济人永远的景仰与怀思。

兰台寻踪，念念不忘，谨以此文致敬陈从周先生，以慰藉先生在天之灵。

① 陈从周同志情况介绍，同济大学档案馆馆藏档案，档案号：2－1990－XZ－10.0014。

高校统战工作

新时代高校基层统战工作质量提升研究

◎安　娜　王　宁　江　静　沈　秋

摘　要　高校基层统战工作是高校统战工作的基础，是建立高校大统战工作格局的支撑。新时代高校统战工作肩负新使命，持续推进统战工作重心下移、提高基层统战工作质量，成为高校提升统战工作质量的着力点和突破点。以同济大学为例展开基层统战工作现状调查研究显示，基层党组织存在统战工作力量不够强、开展统战工作意识薄弱、大统战工作格局对基层党组织的覆盖深度不够等工作难点和困境。本文结合工作实践，探索高校基层统战工作机制，一是健全队伍建设机制，配齐配强力量；二是健全工作落实机制，明确职责范围；三是健全协同推进机制，落实重点任务；四是健全绩效考核机制，促进履职担当。

关键词　高校基层　统战工作　质量提升

新修订的《中国共产党统一战线工作条例》(以下简称《条例》)要求各级党委充分认识做好新时代统一战线工作的重要性，切实履行做好统一战线工作的主体责任，这为高校发挥统一战线重要法宝作用、扎实推进新时代高校统战工作高质量发展提供了理论指导和行动指南。高校基层统战工作是高校统战工作的基础，是建立高校大统战工作格局的支撑。高校基层党组织，本文主要是指二级党组织，是党在高校全部工作和战斗力的基础，是贯彻落实党的统一战线理论、方针、政策的关键环节，是高校统战工作决策部署能否落到实处、见到实效的重要因素。因此，持续推进统战工作重心下移，提高基层统战工作质量，是新时代高校统战工作的着力点和突破点。

作者简介　安娜，同济大学党委统战部常务副部长，副研究员，博士。
王宁，同济大学党委统战部主任科员，讲师，博士。
江静，同济大学党委统战部副部长，讲师，博士。
沈秋，同济大学党委统战部副主任科员，硕士。

一、提升高校基层统战工作质量的时代蕴意

1. 新时代高校统战工作肩负新使命

党的十九届六中全会通过的《中共中央关于党的百年奋斗重大成就和历史经验的决议》，把“坚持统一战线”作为党百年奋斗十条历史经验之一，与习近平总书记在庆祝中国共产党成立100周年重要讲话中强调“以史为鉴、开创未来，必须加强中华儿女大团结”一脉相承，深刻揭示了统一战线是中国共产党凝聚人心、汇聚力量的政治优势和战略方针，是党克敌制胜、执政兴国的重要法宝，是全面建设社会主义现代化国家、实现中华民族伟大复兴的重要法宝。

步入新时代，我们党所处的历史方位、所面临的内外形势、所肩负的使命任务发生了重大变化，尤其是面对严峻复杂的国际形势和艰巨复杂的改革发展稳定任务，我们要深刻认识新时代统一战线在党和国家事业发展全局中的重要地位作用，深刻认识越是形势复杂、任务艰巨，越要把统一战线这个重要法宝掌握好、运用好。高校肩负培养创新人才、推动科技创新、服务经济社会发展、文化传承创新等重要使命，需要最广泛地凝聚智慧和力量。高校党外知识分子密集，会聚了一大批具有科技专业优势、德才兼备的民主党派和无党派专家学者，他们不但承担着人才培养、科学研究、社会服务的一般功能，同时还兼具参政议政、民主监督的政治使命，是党和国家人才队伍的重要组成部分，是推动中国特色社会主义事业的重要力量。因此，高校统一战线要坚决扛起新时代统战工作新使命，引导广大党外知识分子服务中心大局、主动担当作为，汇聚起实现中华民族伟大复兴的磅礴伟力。

2. 加强基层统战工作是高校提升统战工作质量的着力点

高校始终坚持党管人才原则，具有开展人才工作的思想政治优势、组织优势和密切联系群众优势。高校的党外知识分子聚集在基层，直接受基层党组织的领导。因此，高校基层党组织成为党外知识分子工作的前沿力量，在高校统战工作中发挥了基础性、战略性作用。《条例》强调，基层党委对本单位统战工作负主体责任，基层党委书记是本单位统战工作第一责任人。必须下大力气尽快解决，切实推动统战工作在基层沉下去、实起来。因此，提升基层统战工作水平，不断释放基层统战工作的活力，将直接影响高校统战工作的全局，是推进高校统战工作创新发展的着力点。

高校党外知识分子具有数量多、学历高、视野广的特点，基层党组织只有树立强烈的人才意识，善于发现人才、培养人才、集聚人才、服务人才，鼓励和支持他们投身知识和科技创新，为他们搭建平台、争取资源，才能更好地激发他们干事创业的热情。高校党外知识分子是党外代表人士的重要来源，党外代表人士队伍建设的发现和培养环节关键靠基层党组织发挥作用，基层党组织领导要有识才的慧眼、用才的气魄、爱才的感情、聚才的方法，有意识地把一部分优秀人才留在党外，为他们人尽其才、才尽其用创造良好的条件，才能涌现出越

来越多的党外代表人士在学校、区域、国家层面发挥更大的作用,进一步发挥中国共产党领导的多党合作和政治协商制度优势。党外知识分子的成长需要基层党组织的关注和关心,基层党组织与党外知识分子联系最为密切,在日常工作和生活交流中,在思想引领和排忧解难中,在维护、实现具体利益和政治诉求中,赢得党外知识分子的信任,才能更好地鼓励他们立足岗位建功立业、围绕大局建言献策,在参与社会实践中受教育、作贡献,在个人成长和事业发展中增进政治认同。

二、高校基层统战工作现状调研情况

1. 调研方法与抽样设计

本文以同济大学为例展开基层统战工作现状调查研究,调研对象为同济大学二级党委,调研方法主要采用问卷调研法和访谈法。2022 年 4 月至 5 月,向同济大学 43 个二级党委的党委书记和统战委员发放“基层党委统战工作调研”问卷,收集相关数据并予以统计分析,覆盖率达到 100%。

本次调查共回收校内问卷 62 份,其中有效问卷 62 份,问卷有效率为 100%,统计软件后台分析答卷人行为数据得到调研结果参考信度为 0.91,即调研数据真实可信,具有参考价值。参与调研的对象中,身份为基层党委书记的有 25 人,占样本量的 40.32%;身份为基层党委统战委员的有 28 人,占样本量的 45.16%;身份为党委组织员或其他党委工作人员的有 11 人,占样本量的 17.74%。其中有两人为党委书记兼任统战委员,因此样本总量为 64 人次。

2. 高校基层统战工作现状调研情况

“基层党委统战工作调研”问卷分为三个部分, 共 12 个问题,从基层党组织统战工作队伍组成、基层党组织统战工作意识、基层党组织统战工作提升方法三个方面进行调研。

同济大学自 2020 年规范基层党组织统战委员队伍建设,明确由党委委员担任统战委员。统计数据显示,参与调研的对象所在党委的统战委员中,有 17.74%在所在单位担任处级干部;38.71%担任副处级干部;担任科级干部的统战委员占比 14.52%;有 29.03%的统战委员不担任任何党政职务。也就是仍有 14.52%的二级党委由非党委委员担任,另有 29.03%二级党委由不担任党政实职的党委委员担任,或是建筑设计院等直属单位未设置处级岗位的情况。

统战部在日常工作和访谈中了解到,有些二级党委除设统战委员分管统战工作外,还安排了专门工作人员协助开展统战工作,基层统战工作队伍的人员数量和稳定性对统战工作有一定提升作用。本次调查结果显示,40.32%的二级党委有明确固定人员来协助工作;58.06%的二级党委尚未明确统战工作专门工作人员。

三、高校基层统战工作难点与困境

1. 基层党组织统战工作力量不够强

基层党组织的统战委员、统战工作人员大部分都是兼职人员，尤其是统战委员基本上由党组织书记或副书记兼任。基层党组织工作是“上面千条线，下面一根针”，党组织书记要把方向、统全局，确实是任务重、担子沉，关心和部署统战工作的精力有限，时常分身乏术。经调研，党组织副书记兼统战委员的情况较多，但他们往往还分管学生工作、宣传工作、安全工作等“急难险重”的基层工作，本职工作繁重，日常事务性工作稍多就会冲击统战工作，抓统战工作力不从心、疲于应战。还有一些基层党组织统战委员由专业教师兼任，协调基层和落实统战工作的能力非常有限。通过调研了解到，目前各高校虽然加强了基层统战工作力度，但是基层党组织统战工作缺少量化考核制度，尚未将基层党组织的统战工作纳入基层党委及领导班子考核指标体系，对基层党组织和统战委员的工作检查和督促相对较少，这种“宽松”的工作环境，导致基层统战干部很容易放松和懈怠，把统战工作抛在脑后。

调研数据显示，64.52%的基层将加强和改进统一战线工作的重要思想纳入党委中心组学习内容，53.23%的基层开展了《中国共产党统一战线工作条例》专题学习。在调研中了解到，基层党组织适应新时代统战工作自觉性、主动性不够强，对政策理论，特别是中国共产党统一战线的基本理论知识、方针政策系统性掌握得不好，理解得不够深刻，没有广度和深度，只停留在一般水平；对新的理论知识、新的政策信息获取得不及时、理解得不到位，对有关会议和领导讲话精神领会、把握得不全面、不具体，只做简单了解，不求深、不求透。统战工作是政策性很强的工作，如果能力素质或者对理论政策的学习理解和把握的情况不能满足高校统战工作的要求，那么高校的一些统战工作就不会得到很好的落实。

2. 基层党组织开展统战工作意识薄弱

目前，统战工作“说起来重要，干起来次要，忙起来不要”的尴尬局面在有些高校基层仍然存在。调研结果显示，79.03%的基层将统战工作纳入党委会或党政联席会的重要议事日程，77.42%的基层党委年度工作计划、工作总结中涉及统战工作内容，41.94%的基层党委每学期开展统战工作专题研究，64.52%的基层将党外干部培养纳入基层党委总体计划，还有4.84%的党委未进行上述任何工作。这些具体的基层统战工作开展情况从侧面反映出基层党组织对统战工作的定位不够清晰，认为统战工作职责在学校层面及民主党派层面，开展统战工作的意识薄弱。

具体来看，基层党组织统战工作意识薄弱有三个具体表现。一是基层统战工作缺少总体规划，工作思路不是很清晰，工作目标不是很明确，所以制定党委年度工作计划时不知道怎么安排统战工作，到了年底也不知如何总结。二是缺乏工作经验，不清楚统战工作做什么、怎么做，用一般的群众工作取代了统战工作，体现不出党外知识分子的特殊身份，也就很难发挥他们的独特优势，导致基层没有统战工作氛围。三是学校党委让做什么就做什么，没有充分融入基层党委工作体系，更谈不上开拓性、创造性，导致工作开展得很勉强、统战对象参与得也很被动，影响了统战工作的可持续发展。

3. 大统战工作格局对基层党组织的覆盖深度不够

近年来，高校党委坚持完善大统战工作格局，形成党委统一领导、统战部牵头负责、组织部与统战部联席会商、各有关部门密切配合、协同推进的工作体系，通过健全组织机制、分解任务清单、压实工作责任，带动全校形成各司其职、协同配合的工作格局。但是这个过程中，多强调学校党委发挥谋划全局、统筹各方的统领作用，并没有完全厘清基层党组织的角色定位和职责划分。这也是目前很多高校普遍存在统一战线工作向基层延伸、向基层覆盖不足，对基层统战工作的着力点存在认识模糊、思路不清、职责不明的问题根源。

通过调研了解，目前高校普遍对基层党组织开展统战工作指导、培训、宣传的面不够广，结合不同单位的特点开展分类指导不足，并且以会议或文件进行程序式的工作部署，导致基层党组织对新时代统一战线工作的指导思想和主要任务理解不透，对统战工作的新形势和新任务认识不足，对党外知识分子围绕党的中心工作发挥独特优势的重视不够，学校统战工作存在一定程度的“上热、中温、下冷”的问题。高校虽然明确了基层党组织负责人是统战工作的第一责任人，并梳理了统战委员岗位职责，但对基层党组织统战工作的评价和考核机制有待健全和完善，对基层统战工作指标很少，尤其是考虑到统战工作是做人的工作，所以没有硬性指标，导致基层党组织书记产生了统战工作平时可管可不管，有检查时应付一下就可以了事的错误想法。高校党委针对基层的工作制度确实存在不规范的问题，通过监督和激励两种方式推动基层党组织发挥好统战工作主体作用的成效不明显。例如高校党建工作激励机制中，“争先创优”或其他评比表彰工作有关奖项的设置，往往忽视统战工作队伍和统战成员，大多高校尚未设立“统战工作先进个人”“统战工作先进集体”等奖项，也不利于调动基层统战工作的积极性。

除了学校党委与基层党组织的职责有待明晰，民主党派与基层党组织开展工作也时常出现不协调的现象。调研中发现，不少基层存在党派成员发展不合理的问题，表现在如果这个基层的行政领导在民主党派组织中担任重要职务，那么这个基层单位的成员趋向于发展成为该领导所在党派的成员，形成了扎堆现象。另外存在着哪个党派的主要领导强势，哪个党派发展的力度就大，把一些本该别的党派发展的对象吸引过去，造成了党派之间发展不平衡和相互之间存在矛盾。[1]民主党派组织发展还与基层党组织发展中共党员存在冲突，原本纳入基层党组织视野的优秀群众，不知何时就被民主党派发展，打乱了基层党组织的人才培养计划，使基层党组织苦不堪言。

四、实践中探索高校基层统战工作机制

1. **健全队伍建设机制，配齐配强力量**

新修订《条例》对统战干部提出了明确要求。高校应建立一支从党委统战部到基层党委密切协作的统战工作队伍，贯彻落实《中共中央统战部、中共教育部党组关于加强新形势下高校统一战线工作的意见》，完善统战部门机构建设和岗位设置，配强统战工作力量，选拔政治坚定、业务精通、作风过硬的同志充实统战干部队伍。针对基层统战工作，要明确各基层党组织由书记负责统战工作，设置统战委员，在校党委统战部的指导下，全面协助落实学校党委对基层统战工作的部署和要求。

理论是行动的先导，只有理论认识到位了，思想才能统一，行动才能够自觉。强化统战工作培训力度，可以促进基层统战干部更好地了解各项统战政策，更好地把握党的统一战线的法宝作用和地位。[2] 党委统战部要加强对基层党组织统战委员的工作指导和业务培训，通过颁布《基层党组织统战委员职责》，明确统战委员的具体工作职责。每学期组织基层党组织统战委员培训，一方面提升统战委员身份认同感和岗位使命感，增强其业务能力，另一方面及时了解各单位统一战线情况，推动学校统一战线政策的贯彻落实。加强对基层党组织书记和统战委员的系统培训，以及对基层统战工作的分类调研和分类指导，从理论知识、工作方法等多个方面提升基层党组织开展统战工作的意识和能力。除了学习培训，建议定期研讨交流，通过召开基层统战工作沙龙、工作论坛等方式，及时总结交流各基层单位开展统战工作的经验，促进各基层相互学习、共同提高。此外，建议搭建统战工作理论和实践研究平台，将统一战线理论研究列入党建研究课题，每年总结考核、验收，表彰和推广优秀理论成果。开展“基层党组织统战工作特色示范项目创建”工作，通过项目化的方式带动和支持基层党组织种好统战工作“责任田”，打通学校统战工作“最后一公里”。

2. **健全工作落实机制，明确职责范围**

健全学校党委统战部指导下基层党组织负责统战工作的工作落实机制，是保障习近平总书记关于加强和改进统一战线工作的重要思想在基层落细落小落实的基础，也是提升高校统战工作科学化、规范化、制度化水平的必然要求。目前，大部分高校统一战线工作指导文件都提及了基层统战工作的要求和职责，但仅限于表述主体责任或介绍工作范围，没有对基层统战工作下达具体化、细节性的工作任务，具体操作层面的指导文件较少。这对于工作条线繁多、工作任务繁重的基层党组织来说，普遍存在不知道如何下手的困难。

同济大学党委统战部根据《条例》及中央、上海市有关文件精神，编撰了《同济大学基层统战工作手册》，除了介绍了统一战线工作的指导思想、主要任务、工作原则、工作范围等基本概念，还有针对性地阐述了基层党组织统一战线的工作定位和工作职责。参考《条例》所列统战工作块面，逐一介绍基层党组织开展民主党派和无党派工作、党外知识分子工作、民

族工作、港澳台统一战线工作、海外统一战线和侨务工作、党外代表人士工作的主要任务是什么，学校现状是怎样的，具体工作如何开展。通过编撰基层统战工作手册，达到了让基层党组织根据一本手册就能全面了解统战工作、落实各项主体责任的目的，这本化繁为简、重点突出、注重实效的统战工作手册成为各基层党组织开展统战工作的"红宝书"。

制度的稳定性和长期性能够管根本、管长远，基层落实统战工作职责的关键在于制度。建立完善相关制度，才能确保基层统战活动的经常性、长远性和有效性。通过调研发现，目前基层统战工作制度建设不容乐观，工作随意性大的现象还比较突出。基层党组织应结合实际，建立健全《党员领导干部与党外人士联谊交友制度》《院系统战代表人士座谈会制度》和《重大事项征求党外代表人士意见制度》等制度，使基层统战工作制度化、规范化、长效化。

3. 健全协同推进机制，落实重点任务

基层统战工作涉及方方面面，一部分工作是由基层党组织结合本单位实际情况全面负责、长期开展的，如党外知识分子思想政治工作、党外代表人士联系交友等工作；还有一部分重点工作是由基层党组织配合，按照学校的统一部署逐步推进的，如无党派人士认定、党外干部发现和培养等工作。健全协同推进重点工作的有效机制，是保障统战工作重点任务取得成效的关键环节，也是实现基层党组织对统战工作从"认识不足"到"精心谋划"转变的突破点。

高校党委要坚持重心下移、资源下沉，使基层党组织有资源有能力为广大统战对象服务、为师生群众服务。学校要树立统战工作"一盘棋"意识，形成党委书记亲自抓、分管领导直接抓、组织部和统战部与基层党组织共同抓、相关部门配合抓的"四个抓"工作局面。要明确基层统战工作内容和职责、建立统战工作指导指标体系、提出具体工作要求，使基层党组织开展统战工作有方向、有目标、有措施、有抓手，成为建立大统战工作格局的推手。校党委坚持落实统战工作"四个纳入"机制，持续发挥统战工作"三个会议制度"（统战工作领导小组会，民族和宗教工作领导小组会，组织部、统战部联席会）的优势，细化成员单位职责，明确项目任务，定期交流研讨，压实工作责任，强化协同配合，确保基层统战各项工作部署落实见效。统战部充分发挥牵头协调、联系上下的纽带作用，加强对基层党委统战工作的指导，扎实做好对基层党组织各项工作的督导检查，推进保障各项任务落实落地。党委组织部、党委宣传部、党委教师工作部（人事处）、党委学（研）工部、党委保卫部等统战工作领导小组成员单位分别承担相应统战工作职责，给予基层党组织指导并提供支持。

基层党组织要健全党外人才工作体系，建立党外人士信息库、提案信息库、档案库，强化学校党委、统战部门与党外人士所属基层单位共同培养、教育、使用党外人士的责任，加强对党外人士的培养与使用，科学有效地发挥他们的积极作用。要通过建立信息网络体系，加强统战部门与党外人士所属单位的信息交流互动，及时了解掌握党外人士思想动态，为党委汇集和研判党外人士的各方面情况提供条件。

4. 健全绩效考核机制,促进履职担当

科学的考核评价机制,既可以发挥“指挥棒”“风向标”作用,实现有效的宏观指导,还可以促进基层结合本单位工作基础及优势,形成“特色”“亮点”,调动具体工作的积极性、创造性。通过开展基层党组织绩效考核评价,促进基层党组织履职尽责,从制度上保障导向鲜明,注重系统思维,聚焦务实管用,是推动基层党组织统战工作的良性互动机制。高校应当根据“严格要求、鼓励创新、突出实效”的原则,将基层党组织统战工作绩效纳入学校基层党组织党建工作考核指标,由党委统战部合理地制定考核指标细则,年终对照考核指标进行检查打分,有利于基层党组织对照考核指标,实现“年初有计划、年中有落实、年底有成效”。对基层党组织书记和基层党组织开展绩效考核的目的是更好地推动工作,为规范基层统战工作服务,为有效开展统战工作提供制度保证。

在具体的基层党组织统战工作考核评价中应注意把握三条原则。一是定性与定量评价相结合。通过分解量化工作指标的方法,全面评价各项具体工作,增强评价结果的客观性。单纯定量评价可能导致评价结果的片面性,因为统战工作还存在很多“软”性指标,将两种方法结合起来,加强综合评价,评价的结果会更科学。二是规范性与可行性相结合。在工作考评中,既要建章立制,建立长效机制,又要切实可行,防止陷入“为评而评”的应付局面。评价指标要具有可操作性,避免过于琐碎,难以付诸实施。应适当浓缩评估内容,简化评估程序,尽量避免干扰院系日常工作。三是整体性和差异性相结合。评价指标体系应注意点面结合,体现广泛性和特殊性,既要注重全面整体推进统战工作贯彻落实,但也不能忽视院系之间统战成员的类别、人数、学科和资源环境等条件的差异。此外,具体指标上,既要考虑统战成员的贡献力,又要强调基层党组织的基础性工作;既要考虑统战成员参政建言的成效,又要强调其在校内本职工作的业绩。[2]

参考文献

[1] 樊笃涛,樊南希.加强和改进基层统战工作研究——以陕西高校统战工作为例[J].江苏省社会主义学院学报,2017(6):30-34.

[2] 栾绍兴.新形势下加强高校院系统战工作研究[J].山东省社会主义学院学报,2019(2):53-60.

新发展阶段高校统战工作新方法研究

◎沈 秋 安 娜 江 静 王 宁

摘 要 本文对标对表《中国共产党统一战线工作条例》的最新要求，分析了目前高校统战工作常用的工作方法：沟通交流方式及相关政策的宣传教育方式；党外知识分子参政议政的方式；党外干部队伍建设方式。进入新发展阶段，高校提高政治站位、提升党外人士培训效能、创新宣传方法，在统战工作方法方面进行了探索。

关键词 新发展阶段 高校统战工作 方法

党的十九届四中全会明确提出：推进国家治理体系和治理能力现代化建设，要创新行政管理和服务方式。本文对标对表《中国共产党统一战线工作条例》的最新要求，创新统战工作思路，以期在工作领域更广泛、工作对象更复杂、工作任务更繁重的新阶段找到更具实效性的工作方法。调研工作历时三个月，以同济大学党外人士、已退休统战工作者为调研对象，了解目前统战工作的方法与成效，提出相应的工作新方法。

一、高校统战工作常用工作内容方法

1. **沟通交流方式及相关政策的宣传教育方式**

各高校基本建立了校情通报会制度，为党外知识分子了解学校事业发展提供渠道。双月座谈会制度，每次选取一个或两个学校事业发展的重点或师生关注的热点，进行情况通报并征求意见。走访慰问方式，统战干部经常走访统战成员，特别是利用重大节日，到统战成员家中、工作岗位上实地走访，联谊交友。

2. **党外知识分子参政议政的方式**

各高校通常定期举行党外人士征求意见会、情况通报会，党外人士可通过会议形式提

作者简介 沈秋，同济大学党委统战部副主任科员，硕士。
安娜，同济大学党委统战部常务副部长，副研究员，博士。
江静，同济大学党委统战部副部长，讲师，博士。
王宁，同济大学党委统战部主任科员，讲师，博士。

出意见建议；党委统战部也为党外人士建言献策提供了重要平台；各高校大多建立了校领导联系党外人士机制，校领导一对一与党外代表人士结对子，能够快速反映党外人士提出的意见建议；此外，党外人士还可通过人大、政协等渠道反映意见，积极参政议政。[1]

3. 党外干部队伍建设方式

协同组织部门将党外干部、党外后备干部的选拔、培育、培训工作纳入全校干部总体规划日程。定期组织党外干部赴党校、社会主义学院、校外统战基地开展培训与实践教学活动。建立党外干部的挂职交流与岗位轮换制度，寻求校外挂职机会，全方位锻炼党外人士。

二、高校统战工作的新机遇、新方法

新时代高校统战工作是党统战工作的重要基础，受社会经济深刻变化的影响，高校党外知识分子也出现新的特征，年轻化、价值多元化和复杂化对统战工作产生了诸多影响。作为高校教师，党外知识分子具有较高的思想政治素养，拥护中国共产党的领导，热爱教育事业，关注学校事业发展及教育改革体制，具有较强的历史使命感和社会责任感。进入新发展阶段，本文在提高政治站位、提升党外人士培训效能、创新宣传方法方面对统战工作方法进行了探索。

1. 提高政治站位，继续全面加强党对统战工作的领导

提高政治站位，继续全面加强党对统战工作的领导是探索统战工作新方法所要坚持的基本原则。《中国共产党统一战线工作条例工作原则》第一条为“坚持中国共产党的领导”。各级党委(党组)主要负责人为本地区本部门本单位统一战线工作第一责任人。构建坚强的领导机制，筑牢大统战格局统一战线是我们党的三大法宝之一，在党的历史上发挥了极其重要的作用，统战工作是党的一项极其重要的工作，是各级党组织“一把手”工程，党组织负责人要高度重视统战工作，切实做好“四个带头”。习近平总书记强调：“要坚持党委统一领导，统战部牵头协调，有关方面各负其责的大统战工作格局，形成工作合力。”高等学校是统战对象较为集中的场所，学校党委要切实担负起统战工作的重担，落实主体责任；强化工作保障，提供必要的资金及活动场所支持。同济大学一直以来划拨专款，为统战人士的队伍建设和活动提供资金支持。2021 年，同济大学统战部落实党外人士空间保障，打造学习阵地、活动阵地、服务阵地。党委统战部集中精力解决各党派团体无固定活动和工作阵地的困难，建设“2+1+X”模式“统战之家”，打造凝心聚力“阵地工程”，即建设 2 个“同心会客厅”，1 个“同心办公中心”和多个主题“同心活动室”。党委统战部协调一间办公室和一间会议室，建设一大一小两个“同心会客厅”，实现深化联谊交友、举办主题沙龙、展示统战风采三大功能；为满足民主党派和统战团体对实体办公场地的需求，协调相邻多间办公室，建设“同心办公中心”，实现建言献策直通车、统战理论研究坊、组织建设交流间三大功能；出面协调、各党派团体具体落实，发挥党派团体成员资源优势，逐步建立一批“同心活动室”，解

决统战成员缺少固定活动场所和集中展示空间的切实问题，增进了统战成员的归属感和认同感。截至 2022 年 3 月，已建成活动室 5 个，在建活动室 2 个，功能覆盖理论学习、组织建设、学科交流、联谊交友、文化传承等多个主题。这些统战阵地在创新工作平台、丰富活动内涵、凝聚智慧力量等方面取得了良好成效。活动室建成以来，各个民主党派、统战团体举办的活动丰富多彩、各具特色。各级党组织充分意识到统战工作的重要意义，将其纳入工作职责、目标任务和考核内容，建立专门的工作体系，设置相应的统战委员和职责分工。

2. 提升党外人士教育培训效能

一是完善内容供给。围绕新时期党的建设总要求，锚定中心大局，紧盯党外人士需求，开发既有学校特色、又有借鉴意义的学习内容。紧抓重大会议召开、重要活动节点，同步跟进党外人士学习贯彻落实措施，增进政治共识；二是整合资源，用活组织、宣传、文旅等资源，把优质思想政治粮食送到党外人士身边。充分用好社会主义学院、红旗渠干部学院等培训基地，有针对性地对党外人士进行轮训。同济大学多次举办培训活动，培训班不仅安排了党史、统一战线史、同济大学“十四五”规划等党外人士喜闻乐见的课程，还开辟了临港校区现场教学、遵义会议会址现场参观等“第二课堂”。通过培训，党派团体代表人士交流了党派团体工作经验，增进了彼此友谊与合作，引导统一战线成员发挥统战优势、服务学校中心大局。

3. 宣传方法创新

统战宣传工作是统战部门的基础性工作，宣传工作的范围越广、宣传的成效越高，则统战工作的覆盖面越大。习近平总书记在党的十九大报告中指出，新时期统战工作要加强同党外知识分子的联系，广纳人才参与中国现代化建设，因此统战宣传工作应当牢牢把握政治和政策底线、与主题活动的开展齐头并进、巩固统一战线的基础。有关高校党外知识分子的宣传工作创新可以从社会主义核心价值观入手，结合文化进行统战宣传工作中文化载体的创新，通过高校的日常建设工作与统一战线工作的融合，逐步拓展统战工作的同心圆半径，对广大群体进行价值观的引导和影响。宣传方法上，除了利用网站、邮箱、微信公众号等媒介手段，座谈会通报、实地走访慰问等联谊交友形式，还可以运用新媒体手段，强化典型人物示范引导，着力宣传岗位建功、建言献策、社会服务等方面的典型人物，切实讲好统战故事[2]。

参考文献

[1] 刘晓俏. 高校党外知识分子参政议政影响因素分析[J]. 陕西社会主义学院学报，2020(3):23 - 40.
[2] 陈晓红，贺函，江明生. 新时代党外知识分子统战工作思路创新研究[J]. 贵州社会主义学院学报，2018(4):45 - 50.

高校港澳台籍教师职业发展的主动引领和精准服务

◎ 刘　春　安　娜　陶明霞　厉凌哲

摘　要　高校港澳台籍教师对国家和中华民族的认同感目前处于一个焦虑期，他们既受到泛化思想的影响，又因耳濡目染祖国的强大和人民的幸福而被触动。如何从港澳台籍教师职业发展的主动引领入手，有针对性开展思政融入，探索高效主动精准服务模式，是摆在高校港澳台工作面前的问题和挑战。为此，本文在对同济大学在职或兼职港澳台籍教师充分调研的基础上，从教学、科研、生活三个维度深入分析其需求、问题和瓶颈，介绍高校主动引领和精准服务港澳台籍教师职业发展的一些实践，探索和总结了经验以引导这批教师和内地(大陆)融为一体，把港澳台籍教师更好地融入驱同化管理，增强港澳台籍教师的民族自豪感和文化自信。

关键词　高校　港澳台籍教师　职业发展

一、前言

习近平总书记对港澳台工作明确指出："要增强港澳台工作的紧迫感，继续保持与港澳台高校的联系和交流，坚持'不能停、不能断、不能少'的原则，维护港澳台交流的基本格局。"与此同时，随着我国高等教育交流的对外开放和社会的高质量发展，越来越多的港澳台籍教师会选择来内地(大陆)高校交流和工作。如何把港澳台籍教师更好地融入驱同化管理，增强港澳台籍教师的民族自豪感和文化自信，是目前摆在高校港澳台统战工作面前的问题和挑战[1]。

作者简介　刘春，同济大学研究生院，副院长，教授，博士。
安娜，同济大学党委统战部常务副部长，副研究员，博士。
陶明霞，同济大学港澳台事务办公室，主任科员，硕士。
厉凌哲，同济大学港澳台事务办公室，科员，硕士。

在上海市统战调研课题的支持下，同济大学认真贯彻执行中央对港澳台地区工作方针和政策，落实国家战略部署，着眼助力学校“双一流”建设，积极与港澳台籍教师开展交流与调研，同时搭建与港澳台高校交流合作平台，做好各项对港澳台教育交流工作。本文在对同济大学在职或兼职的港澳台籍教师调研的基础上，从教学、科研、生活三个维度深入分析需求、问题和瓶颈，并适当延伸，与港澳台高校现任教师开展对比分析，以得到高校主动引领和精准服务港澳台籍教师职业发展的一些经验。

二、港澳台籍教师职业发展调研

本次调研工作在同济大学党委的直接领导下，在党委统战部的指导下开展，通过纵横两条主线开展调研工作。

1. 纵向调研

(1) 学校港澳台事务办公室牵头，组织教学、科研、招生、财务和设备等多个与港澳台籍教师相关的职能部门，了解他们对于行政的需求。

(2) 主要将开展座谈和一对一的交流的形式相结合，并且有重点地就主要的议题开展开放式的交流。

2. 横向调研

(1) 以学院为主，通过学院层面了解港澳台籍教师的教学、科研和生活需求，在年度综合绩效考评时，重点予以关注。

(2) 学院组织进行人文交流，适当开展思政的引入。

(3) 学生的访谈，与和港澳台籍教师相关的学生进行座谈，从侧面了解港澳台籍教师的思想动向。

三、港澳台籍教师职业发展多维分析

1. 港澳台籍教师国家和中华民族认同感

党的十九大报告指出：“坚定文化自信，推动社会主义文化繁荣兴盛。”在对港澳台籍教师的调研和与港澳台籍教师交流中，需要尊重文化差异，聚焦文化认同的思想共识。港澳地区在历史上分别遭受了英国、葡萄牙的殖民统治，回归后，外国文化与本地文化并存的多元文化现象，使得港澳青年对中华文化日渐陌生，但对中国传统文化有很大的兴趣和期盼[2]。为此，需要提炼传统文化精髓，筑牢文化认同的价值支撑。港澳文化与内地文化的差异是在长期的历史发展中形成的差异，认真梳理传统文化的历史脉络，汲取其中的精华部分，有助于缩小文化差异、扩大文化共识、形成文化合力，进一步强化港澳青年的文化认同感。同时需要建立长效机制，完善文化认同的多方保障。为此，在文化认同教育过程中，要明确港澳台籍教师的行为标准和规范，明确有所为和有所不为，用行为规范来约束其日常举止。

2. **港澳台籍教师民族自信和自豪的源头**

港澳台籍教师对于民族的自信和自豪，主要来自对文化的认同，文化是民族的血脉。“文化自信，是更基础、更广泛、更深厚的自信。在5 000多年文明发展中孕育的中华优秀传统文化，在党和人民伟大斗争中孕育的革命文化和社会主义先进文化，积淀着中华民族最深层的精神追求，代表着中华民族独特的精神标识。”与此同时，通过与港澳台籍教师的交流发现，他们对民族的自豪感还来自中国科技的进步与发展，科技实力的增强，提升了民族复兴的自豪感。

3. **港澳台籍教师职业发展的定位和期盼**

港澳台籍教师的角色首先是一种职业。教育行业和农工商一样，从业者首先要有相关的技能，还要有不断学习行业技能以求取得自身职业发展的态度。正像商人的本性是追求更多利益，教师的天职就是教育出更多更好的学生，这是一种职业上的成就感，也是衡量一个教师是否成功的关键因素。与此同时，随着全球化进程的推进，国家对教育的重视程度越来越高，教师作为学校使命实现过程中重要的中间环节，非常希望理解学校使命并拓宽自己的职业发展路径，认为自身职业发展对于学校长远发展及使命实现而言是不可或缺的部分。所以需要给港澳台籍教师提供适当的职业发展资源及平台，一方面保证师资质量的稳定或者提升，一方面吸引更多优秀的港澳台籍教师加入学校文化建设的团队。

4. **港澳台籍教师对社会发展治理的理解**

推进社会治理现代化，是完善和发展中国特色社会主义制度、推进国家治理体系和治理能力现代化的重要内容。港澳台籍教师身处内地(大陆)的发展浪潮中，能直接体验到生活的便捷度和幸福指数的提升，同时，引导港澳台籍教师从价值维度、制度维度、主体维度、文化维度认识和理解社会发展治理，有利于科学把握习近平总书记关于社会治理重要论述的思想内涵、实践逻辑和基本要求。也能使港澳台籍教师理解共建共治共享的社会治理制度，有利于打造人人有责、人人尽责、人人享有的社会治理共同体，使港澳台籍教师深刻领会社会治理现代化水平的提升，也理解全社会在保持和谐稳定的同时更加充满生机活力的真正源泉。

5. **港澳台籍教师对一流高校建设的支撑**

高校作为国家创新人才培养的重要载体，其任务之一是加强创新人才的培养以推动中国教育的发展、科学技术的进步和经济文化的繁荣，使我国成为真正的创新型国家。而培养和造就创新型工程科技人才，是增强我国自主创新能力，促进我国经济转型升级、全面提升国家竞争力的必由之路。提出使港澳台籍教师通过“科学与技术的结合”“多学科的交叉融合”“学科与产业的联合”“国际合作的深度聚合”的“四合”提升，融入内地(大陆)的科技计划体系中，共同科技创新，支撑人才培养，努力提升学校工程科技研究原创能力，以推进一流大学和一流学科建设，更好地服务国家和地方经济发展。

6. 港澳台籍教师对周边环境影响和引领

增进港澳台籍教师之间的交流沟通，搭建起信息交流的渠道和平台，可以使港澳台籍教师从中了解内地（大陆）政策等信息，对于有兴趣来内地（大陆）发展的港澳台籍教师也将很有帮助。如今有许多港澳台籍年轻学者、精英人才看好内地（大陆）的发展，愿意来内地（大陆）工作，海峡两岸暨香港、澳门融合发展的平台也可以促进港澳台籍教师与内地（大陆）教师交流经验，尤其在教学、科研方面，提供了一个可以跨越学校去探讨的环境。他们希望在就职高校或城市，能找到工作和生活的归属感，找到家的感觉。工作之余大家可以聊聊天，拉拉家常，特别是在新冠疫情期间，他们暂时回不了港澳台的家，但有个这样的地方可以相聚、畅谈，也能感受到温暖和舒适，从而在生活上影响周边的环境和人。

四、高校港澳台籍教师职业发展的引领和服务

1. 策划港澳台籍师生的国情教育新模式

随着内地（大陆）高等教育交流的对外开放和社会高质量的发展，越来越多的港澳台籍学生选择来内地（大陆）学习和交流。如何对港澳台籍师生开展针对性的国情教育，增强港澳台籍师生的民族自豪感和文化自信，成为许多高校在制定培养方案时重点考虑的问题，也是港澳台籍师生教育过程亟须思考的问题。为此，把中国科技取得的进步与社会的发展联系起来，与师生一起讨论科技的生产力、文化能力，以及和中国人文文化的关系，从新的视角尝试建立有特色的国情教育课程体系。为此，同济大学于 2021 年开设了“中国科技与社会”国情教育课程群，提供了在校港澳台籍师生国情教育的课程建设思路和实践成效，以期激励港澳台籍学生的专业学习，使其建立中华民族伟大复兴的使命感，共同服务和支撑国家现代化的发展。

此外，同济大学新开设“中国文化”和“中国历史”两门针对在读港澳台籍学生的国情教育课程，同时配套实践与考察环节，通过对传统文化、近现代史、城市发展建设、社区治理、非物质文化遗产等方面的考察与实践，强化体验，全方位浸润，增强在校港澳台籍学生对祖国优秀传统文化的认识，对历史发展脉络的认知，对城市改革发展的了解，对国家、对中华民族的认同，引导港澳台籍学生以实现中华民族伟大复兴为己任，将个人成长成才更好地融入国家发展大局，真正成为建设祖国和民族复兴的后备军和生力军。该项工作已经纳入校级“三全育人”整体工作中，并已获批教育部专项资助，于 2021 年春季学期正式开课。

2. 为港澳台籍师生的科学研究提供精准服务

加强与港澳台地区大学和科研机构的合作，围绕国家重大战略需求和国际科技前沿，共同开展科研谋划，落实港澳台间的科技合作计划项目。与港澳台地区大学合作，积极筹划成立驻沪研究院平台，共同围绕长三角一体化发展战略，做好科技成果的转化和应用。

重点关注港澳台籍教师的发展,组织他们开展对国家科研体系改革和同济大学科研管理政策的解读,在国家自然科学基金集中期申报过程中,主动提供一对一的辅导,鼓励港澳台籍教师申报人才类项目,提升他们对趋同化管理的共识,通过他们影响港澳台籍学生,在润物细无声中开展对港澳台籍师生的思想引导。同时推进港澳台联合培养博士生计划,联合研究生院加强高层次人才的交流,围绕香江计划等对港计划,配合博士后管理办公室做好博士后的招收和推荐工作。做好在校港澳台籍教师的科研管理辅导,做好科研申报、立项和过程管理的培训。

此外,积极与教育部港澳台办、上海市港澳办、台办及与兄弟院校开展合作,做好与港澳台的日常人文交流与沟通,落实对港澳台的系列人文交流活动。开展对港澳台的科技安全与文化研究工作,提前做好合作预判,与同济大学的优势学科做好对接,积极推动人文交流基础上的科研合作和科研共识。

3. 提升港澳台交流的信息化水平

新冠疫情催生了教育交流合作的新模式,也推动了全球公共教育现代化的数字转型,“线上”融合“线下”的学生对外教育交流也需要一个高效的管理平台进行全流程管理。众多高校在双一流建设中非常强调人才培养过程中的对外交流,为此在国际大环境下培养学生主动学习和借鉴最新科学技术的能力已经成为对外教育交流的重要内容,也是提升学生培养质量的重要手段之一。目前高校对港澳台教育交流项目的日常业务和管理工作涉及内容杂、部门关联多,所以还主要以人工梳理和操作为主,缺少一个有效的管理信息系统进行登记、审批、备案和分析等操作,目前的管理水平相对较低,不能及时追溯和分析相关数据,导致许多交流项目的规划很难适应新冠疫情的变化,使得相关的港澳台教育交流工作无序和被动,这也是目前高校信息化工作的一个盲点。为此,针对港澳台籍交流学生日常生活需求和业务管理流程,调研并给出了高校对外教育交流管理信息系统的功能设计及系统主要功能逻辑关系,并在同济大学进行了实践。

五、结语

(1) 港澳台籍教师对国家和中华民族的认同感目前处于一个焦虑期,他们既受到泛化思想的影响,又因耳濡目染祖国的强大和人民的幸福而被触动,所以高校需要采用有针对性的思政引领模式,引导这批教师和内地(大陆)融为一体。

(2) 当前港澳台籍教师职业发展过程中对内地(大陆)的相关政策了解不充分,高校港澳台部门需要对接职业发展服务的资源,从教学和科研入手提供精准的服务支撑,逐步引导他们进入共同发展的框架中。

(3) 当前港澳台籍教师对于社会高质量发展的内涵有兴趣但没有渠道,尤其对“人民城市人民建,人民城市为人民”的表述没有适当机会得到深刻理解和体会,需要以数字化转型发展为契机加以引导。

(4) 当前港澳台籍教师需要理解中国科技的进步与社会发展之间的关系,理解科技与生产力、科技与文化、科技与人文的关系,让港澳台籍教师把对学科的热爱,融入社会的发展和民族的复兴中。

参考文献

[1] 邓轶聪. 新形势下高校港澳台学生国情教育实践与探索[J]. 教育教学论坛,2021(5):105-108.
[2] 段皎琳,潘桂玲. 新形势下台湾青少年对中华文化态度的分析[J]. 青年探索,2012(4):27-30.

高校统战团体凝聚力和活跃度提升研究

◎王 宁 安 娜 江 静 沈 秋

摘　要　高校统战团体是高校统战部门做好统战工作的重要依托和桥梁纽带。本文首先系统研究梳理高校统战团体的责任使命和独特作用，为发挥统战团体作用明确了目标方向。对标对表中央统战工作会议精神等上位法，结合工作实践和访谈调研，研究高校统战团体普遍存在的薄弱环节，包括高校统战团体整体发展不平衡、统战团体自身建设相对薄弱、学校的资源和支持与统战团体成员的需求不能完全匹配三个方面。在此基础上，结合全国兄弟高校开展统战团体建设的案例和经验，从工作体系与统一战线格局、组织建设与树立榜样典型、服务保障与激发内生动力三大维度切入，探索形成有针对性、有价值、可操作的工作路径。

关键词　高校统战　统战团体　凝聚力　活跃度

统战团体是指统一战线中的人民团体，是一个特殊的范畴。它因鲜明的统战性与其他人民团体有本质区别：一是这些团体中的成员绝大多数是统一战线成员或与统一战线有密切联系的各界人士，二是这些团体的宗旨和活动与统一战线和统战工作密切相关。统战团体作为统一战线的重要组成部分，在统战工作中占据着不可替代的地位，发挥了重要的作用，是巩固和发展最广泛爱国统一战线的有效途径。高校统战团体则是高校统战部门做好统战工作的重要依托和桥梁纽带。正确认识高校统战团体的地位和作用，以有效的形式把这些团体组织起来，引导其更好地为高校和经济社会发展服务，已成为高校统战工作的一个重要课题。[1]

作者简介　王宁，同济大学党委统战部主任科员，讲师，博士。
安娜，同济大学党委统战部常务副部长，副研究员，博士。
江静，同济大学党委统战部副部长，讲师，博士。
沈秋，同济大学党委统战部副主任科员，硕士。

一、高校统战团体责任和使命

对标对表党中央对统战工作尤其是高校统战工作的决策部署和对统战团体建设的政策法规，结合高校统战工作实际，对高校统战团体予以正确的定位，这是提升统战团体工作科学化、规范化水平的前提和保障。一方面，统战团体的定位赋予统战团体责任和使命；另一方面，不同统战团体具有独特的优势，能够在高校发挥不同的作用，对这些功能的深入挖掘和全面梳理是有针对性地开展统战团体建设的基础。

1. 归国华侨联合会

高校侨联是由本校归侨、侨眷组成的全校性群众团体，是学校凝聚本校归侨、侨眷和海外侨胞的桥梁和纽带。侨联成员中蕴藏着雄厚的教学、科研力量，并且拥有着广泛的国际人脉关系网，是高校人才建设中不可或缺的人力资源库，在国际学术界和文化界有着重要的影响力。因此，借助归侨的这一优势，一方面可以为国内高校输入异域学术文化中的新鲜血液，充分与国际接轨；另一方面还可以借助更多、更有效的渠道发出自己的声音，输出高校的影响力，推动人类命运共同体建设。因此高校需要发挥联系广大归侨、侨眷和海外侨胞的桥梁纽带作用，开展引智引才工作，这对高校持续扩大引进专家规模，提升重大引智项目效用，加快高精尖缺人才引进都起到促进作用。归国华侨联合会应坚持凝聚侨心、汇集侨智、发挥侨力，搭好平台、打造品牌、创新思路，广泛动员归侨、侨眷为学校建设发展献计献策，积极为学校引进海外人才和智力服务，促进海外侨胞与学校开展合作交流，为学校事业发展作出贡献。

2. 欧美同学会

高校欧美同学会是归国留学人员自愿组成的高知性、群众性、统战性群众团体，是高校联系广大留学人员的桥梁纽带和助手，其以“联络、凝聚、服务、奉献”为宗旨，发挥了“留学报国人才库、建言献策智囊团、民间外交生力军”的作用，是高校广大留学人员之家。欧美同学会中的成员大部分有海外留学经历且具有较高学历，欧美同学会应发挥党联系广大留学人员的桥梁纽带作用，推动留学人员与学生交流，推动高校内的留学人员发挥专业优势，围绕国家经济社会发展中心工作和重点、难点问题谏言，为党和政府决策提供智力支持。归国留学人员的另一大优势在于其留学经历会让他们对外国文化有着充分的了解和自身的见解，这一优势有助于推进国内师生与国外来华的外籍教师、留学生之间的交流。因此欧美同学会需要积极开展民间外交工作，鼓励引导留学人员当好中外友好交流的使者，服务国家总体外交大局，促进中外交流合作和友好交往，为共建“一带一路”、构建人类命运共同体贡献力量。加强同海外留学人员和留学人员团体联系，开展科技、经济、文化、教育、卫生等领域的交流与合作，组织和推动海外留学人员与高校增进联系，支持、反哺母校发展。

3. 中青年知识分子联谊会

高校中青年知联会成员以本校党外中青年知识分子代表人士为主，是具有统战性、知识性、民间性的群众联谊团体。知联会成员大多是各学科领域的佼佼者，是学校发展的生力军，能够为学校科学、持续发展出谋划策、贡献智慧和力量。同时，在意识形态领域，知联会成员具有更强的民主意识和批评精神，参政议政意愿比较强烈，关心国家政治生活、社会公益事业、学校发展建设，既是"人才库"，也是"智囊团"，能够充分发挥党外知识分子的作用，对学校"双一流"建设起到促进作用。知联会可以积极发挥学校党委联系广大党外知识分子、无党派人士的桥梁和纽带作用，关心和促进党外知识分子成长，为教师成才搭建良好的平台，加强本校党外知识分子的交流与合作，为学校青年知识分子提供学术合作、学科交叉、联谊交友的平台，激发党外知识分子在学校事业发展中的积极作用，为全面建成小康社会和构建社会主义和谐社会服务。同时，发挥党外人士蓄水池的作用，为民主党派提供新鲜血液，加大对党外干部的发现、培养力度，使知联会成为培育党外人士的重要阵地。

4. 少数民族联合会

高校少数民族联合会是由学校少数民族教职工自愿组成的群众性团体，充分发挥学校党委联系少数民族教职工的桥梁和纽带作用，加强交流，增进友谊，促进民族团结。民族联能够团结、带领学校少数民族教职员工围绕学校中心工作开展民族工作，推动构筑学校少数民族共有精神家园，促进各民族师生员工交往交流交融，做好学校宣传、贯彻、落实民族宗教政策的参谋和助手，不断为学校民族团结进步事业添砖加瓦。民族联的优势在于开展增进民族情谊、丰富文化生活的各类联谊活动，发挥少数民族师生的互动、引领作用，为少数民族师生服务，团结全校少数民族师生积极投身于国家和上海市的经济社会发展，投身于学校的"双一流"建设。同时，民族联凝聚了一大批活跃在科研、教学、管理岗位上的少数民族教师，邀请他们参与少数民族学生活动，能够更贴近少数民族学生的心理，拉近师生距离，促进全校少数民族教职工与少数民族学生和谐共进。

二、高校统战团体工作存在的问题

统一战线是党的事业取得胜利的重要法宝，2015 年召开的中央统战工作会议具有里程碑式的意义，加强了党对统战工作的集中统一领导，高校也陆续出台相关落实文件，全面加强了民主党派和统战团体工作。但相较于民主党派工作，统战团体成立较晚，工作基础较为薄弱，普遍存在一些薄弱环节。通过对同济大学等高校统战团体工作的调查分析，发现目前高校统战工作存在以下三方面的问题。

1. 高校统战团体整体发展不平衡

高校统战团体整体发展不平衡主要体现在两方面：一是统战团体市级组织对高校统战团体的支持和指导力度差别很大。市政府侨办、市侨联工作体系较为完整，市级层面活动和资源较多，对校侨联的支持和指导力度较大，市级和校级层面互动较多，激活了校侨联的组织活力，如2014年市政府侨办在同济大学举行上海市部分高校海外校友会工作现场交流会，2018年市侨联系统法律知识竞赛复赛(第四场)在同济大学举行，2019年校侨联参加市侨联主办的“侨与中国梦——我和我的祖国”诵读大赛并晋级决赛，等等。同样，上海市欧美同学会也有较为完整的体系，组织较为活跃，对欧美同学会同济大学分会的带动作用明显，如2018年校欧美同学会参加上海市欧美同学会国内院校分会座谈会。而知联会、民族联市级层面指导力度较弱，两个团体活跃度相对较低。二是发展水平不平衡。有些统战团体建设相对规范，并在活动中形成了品牌与特色，产生了很好的影响。如同济大学知联会打造“知联会，我的家”品牌，努力当好党外中青年教师与学校党委之间的桥梁纽带，开展多次座谈交流活动，加强会员的集体荣誉感和归属感。而有一些统战团体则因缺乏影响力和凝聚力，没有发挥其作为统战性团体的应有作用。

2. 统战团体自身建设相对薄弱

对国内各兄弟高校统战部门的访谈结果显示，高校统战团体独立开展工作的意识不够强，对统战部门的依附性较强，多是在统战部门的带领和要求下开展活动，自身缺少规划和安排，难以按自己的章程积极独立地工作。统战团体建立的宗旨是团结统一战线成员为高校的科学发展和地方经济建设服务，每个团体所联系的群体都有不可替代的优势，但由于缺乏有效的抓手和载体，统战团体的优势和团体成员的优势都没有得到充分的体现和彰显，很多团体缺乏生机和活力，在学校里“默默无闻”。为此，一些高校出台相关工作指导文件，如华南理工大学出台《中共华南理工大学委员会关于加强侨联工作的意见》，加强学校党委对侨联工作的领导，帮助侨联做好自身组织建设。但是大部分高校均未出台类似的针对统战团体工作的指导文件，很多统战团体处于被动状态，甚至干脆“趴着不动”，成为高校统战部门开展工作的难点。

3. 学校的资源和支持与统战团体成员的需求不能完全匹配

经访谈了解，统战团体成员大多是高级知识分子群体，尤其是欧美同学会和侨联的很多成员都是有留学背景的和引进回国的海外高层次人才，他们在所在单位参加理论学习、学术研讨的平台和机会很多，所以统战团体开展传统的座谈会和培训会对成员的吸引力相对较弱。统战团体成员参加团体组织的初衷是找寻志同道合的朋友、快速融入新的工作环境或者适应国内文化、获取更广泛的信息及寻求学术领域合作的机会。在紧张的工作环境中，他们寻求一些轻松和活泼的活动平台。为此，面向同济大学统战成员开展调研，有效填写问卷191人次，其中关于凝聚力和活跃度的调研结果显示：经常组织活动的类别(可多选)中，习近平讲话精神学习研讨会占73.3%，参政议政座谈会占65.45%，学术讲座、研讨会占54.97%，实地调研、参观考察占66.49%，亲子活动占5.76%，艺术欣赏占16.75%，节庆日团拜会占5.71%。参加调研人员表示对以下类型活动最感兴趣(可多选)：习近平讲话精神学习研讨会占40.31%，参政议政座谈会占51.83%，学术讲座、研讨会占64.4%，实地调研、参观考察占79.06%，亲子活动占12.04%，艺术欣赏占37%，节庆日团拜会占10.99%。由此可见，学校目前的活动平台与统战团体成员的需求还存在一定偏差。

三、提升高校统战团体凝聚力和活跃度的对策建议

在前期理论研究和调研分析的基础上，结合全国兄弟高校开展统战团体建设的案例和经验，深刻把握提升高校统战团体凝聚力和活跃度的一般规律，从工作体系与统一战线格局、组织建设与树立榜样典型、服务保障与激发内生动力三大维度切入，对统战团体建设提出对策建议，以期形成一套有针对性、有价值、可操作的工作路径，积极推进理论政策、方式方法和体制机制创新。

1. 强化党的领导，找准统战团体角色定位

统战工作定位，事关统战工作在中心大局中扮演什么角色、处于什么位置、为党干什么的基本问题。高校统战团体是党委联系各个特殊身份教师群体的桥梁和纽带，准确把握统战团体的正确定位，有利于更好地发挥统战团体的优势和作用，在围绕中心、服务大局中贡献力量。

第一，加强和完善高校党委对统战团体的领导，从队伍建设、经费保障、配套设置、激励政策等方面推动统战团体建设。与民主党派不同，党中央没有专门针对统战团体的政策文件，《中国共产党统一战线工作条例》从民族工作、宗教工作、港澳台统一战线工作、海外统一战线工作和侨务工作方面提出相关要求，高校党委除了承担起主体责任，还应将这些工作要求细化落实到高校统战团体层面，转化为面向统战团体的具体工作指导意见。

第二，加强统一战线工作大格局，统战部和相关职能部门密切配合，广泛调动各方资源，加强整体联动，破解各统战团体之间的"孤岛困境"。统战部门牵头协调统战团体工作联席会制度，实现对统战团体工作精细化、针对性指导；统战团体开展如青年教师发展、海外人才引进等相关工作，统战部与人事处、外事办等相关部门加强联动，做好信息互通、政策解读、资源支持；涉及少数民族师生工作，统战部、民族联与学生处、保卫处加强协同等。

第三，从思想政治建设、组织建设、作风建设、制度建设等方面建立健全统战团体自身建设机制，更新和完善统战团体工作的制度体系。各统战团体在国家、市级组织章程的基础上，起草、形成校级组织章程，学校党委加强过程指导，使制定章程的过程变成统一思想、凝聚共识的过程。各统战团体应以制定章程为契机，重点研讨统战团体的责任和使命，尤其是在学校事业发展中、在上海城市发展和国家社会经济发展中能够发挥什么作用，以制度形式明确组织定位和功能、规范工作内容和要求，强化身份意识，明确职责所在，提升统战团体各项工作科学化、标准化、制度化水平。

2. 强化榜样引领，树立统战成员典型标杆

中国共产党的百年历史告诉我们：做好"一根头发"的工作，可以牵动"一把头发"。与

在民主党派中开展党外代表人士队伍建设的思路不同，统战团体成员有中共党员，也有党外人士，他们的身份辨识度没有民主党派成员高，并且履职内容较为模糊、差别较大，很容易让人忽视他们作为统战团体成员的身份。因此，要提高统战团体在高校中的存在感，首先要强化统战团体成员的身份意识和对组织的归属感。

第一，提升统战团体工作“代表人士”思维。统战团体应实时关注、定期更新组织里具有代表性的人物，统战部应掌握这些代表性人物的名单，建立信息库，实行动态跟踪管理。一方面发挥“蓄水池”作用，提前培养、物色代表人士，在推荐市政府参事、文史馆馆员等“智囊团”人选时提高选人用人效能，在推荐挂职、培训等人选时，能够更快、精准匹配到合适人员。另一方面发挥“领头雁”作用，代表人士在思想政治素质、业务能力、管理能力等方面的突出表现更能感染、带动所在统战团体其他成员；挖掘、宣传代表人士在统战团体职责功能方面的贡献能够形成榜样示范作用，激发组织向心力和战斗力。

第二，面向统战团体开展评选表彰活动。从“组织建设”“建言献策”“服务社会”“宣传理论”四个方向评选一批先进集体、先进个人，通过立标杆、作表率，激励统战团体及其成员立足本职，发挥优势、争创一流，为学校改革发展和地方经济建设作出积极贡献。评选过程中，统战团体根据本组织情况申报，由学校党委统战部组织评选，一方面为统战团体组织建设提供抓手，增强组织的能动性和活跃度；另一方面促进统战团体总结、凝练工作经验，形成“统战故事”，促进代表人士成长和不断涌现，形成良好的统战氛围。

第三，指导各统战团体选好负责人。统战团体负责人使命重大、责任艰巨，工作难度也大，因此要从多个角度考察合适的负责人，切实把有责任心、有能力、有资源、广大成员公认的旗帜性人物选拔上来做带头人，增强团体的影响力。在班子成员配备上，坚持“年龄上老中青结合，代表性上能互补，工作实践中讲配合”的标准，使其真正发挥核心作用。

3. 强化服务保障，激发统战团体内生动力

统战团体工作有其特殊性，不仅要通过强有力的领导来推动工作开展，还要通过“有温度”的服务为工作有效开展提供便利。围绕新时代高校统战对象的意识形态特点和自身发展需求，创新统战团体工作模式，摒弃传统的任务式、被动式的工作方法，通过提高活动的质量，吸引更多统战对象积极主动参与，从而越来越了解、认识统战团体，增强对统战团体的归属感和认同感。

第一，交流平台建设。通过学校党委“搭台”，统战团体“唱戏”的形式，提升知联会、欧美同学会、侨联、民族联等统战团体的自身建设水平，指导和支持他们发挥组织平台的优势作用。丰富和拓展“统战各界双月座谈会”“统战工作午间沙龙”“同心论坛”等交流平台的内涵，除了及时了解团体工作进展，加强团体的工作交流，应围绕学校党的中心工作，对学校学科交叉融合向纵深发展发挥积极的推动作用。此外，要充分考虑到统战团体的特殊性，将思想引领、工作交流融入日常生活场景，如开展体育健身活动、亲子活动、传统文化活动等。

第二，统战阵地建设。高校党委应坚持问题导向，研究把握新时代统战工作的特点和规律，坚持守正创新，在推进统战工作思路理念、方式方法和体制机制创新上下功夫。高校统战团体普遍存在缺少固定办公和活动场地、活动内涵有待提升、联谊交友平台单一、成员覆盖面不够等问题，仅凭统战团体一己之力确实难以解决这些难题，高校党委应帮助统战团体积极争取资源。以同济大学为例，建设“1＋1＋X”模式“统战之家”，打造凝心聚力“阵地工程”，即建设2个“同心会客厅”，1个“同心办公中心”和多个主题“同心活动室”。党委统战部协调一间办公室和一间会议室，建设一大一小两个“同心会客厅”，实现深化联谊交友、举办主题沙龙、展示统战风采三大功能；为满足统战团体对实体办公场地的需求，协调相邻多间办公室，建设“同心办公中心”，实现建言献策直通车、统战理论研究坊、组织建设交流间三大功能；出面协调、各统战团体具体落实，逐步建立一批“同心活动室”，解决统战成员缺少固定活动场所和集中展示空间的切实问题，增进统战成员的归属感和认同感。

第三，研究平台建设。统战团体的负责人、秘书长等岗位都是教师兼职，他们在本职工作岗位上承担了科研、管理等重任，鼓励他们申报统战工作研究课题、工作项目，能够引导他们对统战工作的思考，增加在统战团体工作中投入的时间和精力。围绕统战团体的建言献策、联谊交友、服务发展、干部培养等功能，研究工作内容、活动形式、载体平台，有助于探索经验做法，为具体工作开展提供指导。

参考文献

[1] 韩静，杨晓云. 高校统战团体建设与作用发挥[J]. 湖北省社会主义学院学报，2014(2):26-29.

高校思政教育下少数民族学生铸牢中华民族共同体意识研究

◎ 谭　武　乌拉尔·赛力克

摘　要　做好民族工作事关祖国统一、边疆巩固大局，事关民族团结、社会稳定大局。习近平总书记特别关心民族地区和各族青少年工作，多次强调民族团结教育要从娃娃抓起，要教育引导各族青少年不断增进“五个认同”，铸牢各族青少年的中华民族共同体意识。做好新时代的青少年民族团结进步工作，一条鲜明的主线，就是铸牢各族青少年的中华民族共同体意识。中华民族共同体意识具有特定的科学内涵，可以从民族认同本身，以及与之密切联系的文化认同、国家认同、政治认同等方面来把握。本文分析了当今高校少数民族学生的特点及面临的困境，从加强政治引领、促进交流交融、解决现实困难、搭建发展平台四个方面提出了不断完善思政教育体系，开展铸牢中华民族共同体意识教育的对策。

关键词　中华民族共同体意识　思政教育　少数民族学生

一、中华民族共同体意识提出背景及高校民族工作内涵

铸牢中华民族共同体意识，是新时代推动党的民族工作高质量发展的核心主线。在2014年5月召开的第二次新疆工作座谈会上，习近平总书记就提出“牢固树立中华民族共同体意识”。2014年中央民族工作会议上，习近平总书记强调，加强中华民族大团结，长远和根本的是增强文化认同，建设各民族共有精神家园，积极培养中华民族共同体意识。2017年党的十九大会议上，习近平总书记正式提出“铸牢中华民族共同体意识”，并推动其写入党章。2019年全国民族团结进步表彰大会上，习近平总书记明确强调，以铸牢中华民

作者简介　谭武，同济大学学生处副处长，讲师，硕士。
乌拉尔·赛力克，同济大学学生处少数民族专职辅导员，硕士。

族共同体意识为主线做好各项工作。回顾党的百年民族工作历史，面临不同时期，党的民族工作政策总能针对当下形势做出正确决策和行动，为我国民族工作的持续良好发展奠定了长久的基础。

当下，世界面临百年未有之大变局，面对国内外严峻挑战，习近平总书记在今年召开的中央民族工作会议上再次强调，铸牢中华民族共同体意识是新时代党的民族工作的“纲”，所有工作要向此聚焦。并提出深化对我们党关于加强和改进民族工作重要思想的研究，加强现代文明教育，深入实施文明创建、公民道德建设、时代新人培育等工程，引导各族群众在思想观念、精神情趣、生活方式上向现代化迈进。面向高校，需要在思想政治教育工作层面加强对中华民族共同体意识的研究和运用，积极开展民族团结教育，铸牢各族师生中华民族共同体意识。

在全国高校思想政治工作会议上，习近平总书记强调，办好我国高等教育，必须坚持党的领导，牢牢掌握党对高校工作的领导权，使高校成为坚持党的领导的坚强阵地。党委要保证高校正确办学方向，掌握高校思想政治工作主导权，保证高校始终成为培养社会主义事业建设者和接班人的坚强阵地。各级党委要把高校思想政治工作摆在重要位置，加强领导和指引，形成党委统一领导、各部门各方面齐抓共管的工作格局。同样，在新时期民族工作中，习近平指出，加强和完善党的全面领导，是做好新时代党的民族工作的根本政治保证。总书记关于党全面领导各项工作的分析是具有科学性的阐述，高校思想政治教育工作中，铸牢中华民族共同体意识教育是事关国家安全稳定发展大局的重要政治任务，是当今党的民族工作中具有时代意义的使命工作内容。高校各级党委必须全面贯彻党的领导，积极培养新时期有担当、敢于承担中华民族伟大复兴任务的新时代大学生。铸牢中华民族共同体意识，不应只是高校工作中某一条线的工作内容，需要高校全员、各部门参与其中，提高全校师生政治思想觉悟，将铸牢中华民族共同体意识提高到国家思想战略的高度。

二、高校少数民族学生特点及面临的困境

我国高等教育院校中，普通高校和民族类高校的少数民族学生群体人数和分布存在区别。因为民族类高校的特殊性和学生组成与普通高校存在差异，两者在少数民族学生在校特点方面也存在一定区别。所以本文暂不展开民族类高校学生特点的讨论，主要讨论普通高校中的少数民族学生群体的特点问题。

高校少数民族学生较为特殊，他们大部分来自边疆民族地区，和东部沿海地区相比，存在一定的地域文化差异。一些来自民族聚居区的少数民族学生可能还存在一定的民族文化特征和心理特点，这就会使这些少数民族学生来到内地高校后，出现融入困难和适应性问题，从而影响人际交往、学习生活、未来职业生涯规划等方面。适应性问题最终也会影响

少数民族学生思想政治意识问题，为铸牢中华民族共同体意识带来阻碍。

1. 民族风俗文化差异

在不同地域、不同民族文化背景下成长的少数民族学生，在成长过程中形成了自身民族文化特征外显的为人处事作风，当与其他民族发生交往互动接触时，各民族之间的民族风俗及民族文化背景的差异性会显现出来。在内地高校中的少数民族学生成长于不同的文化环境，有些学生成长于少数民族语言文化浓厚地区，有些成长于多元文化地区。例如新疆、西藏籍少数民族学生还存在从小通过少数民族语言学习成长和从小通过汉语学习成长的不同教育文化背景。这些不同的经历导致内地高校少数民族学生在高校中的适应程度存在强弱差异。任何文化都具有一定的保守性，在某一文化体系中的人，会将该文化作为自己的文化标准去判定和衡量其他文化，这就会引起冲突。

2. 学生人际交往困难

由于少数民族大学生生长环境不同、教育背景存在差异等，很多内地高校中来自边疆地区的少数民族学生喜欢和本民族学生交流互动，久而久之形成“小团体”。形成这种特点的原因，一是民族文化差异，加上一些少数民族学生汉语水平不高，不愿意主动与其他同学交流；二是对于自身少数民族身份的不自信，存在一定的自卑感，加之社会上刻板印象的存在，害怕其他同学对自己产生误解，慢慢地与学校整体学生群体脱钩，越害怕被误解便越“缩回”本民族的交际圈，这不利于学生之间的交流交往交融。这些脱钩的少数民族学生群体，又会被其他学生误解，以为他们不愿意融入大学集体生活。无论从主动还是被动层面，这些少数民族学生群体都失去了人际交往的机会，导致他们在学校里没有归属感和认同感，产生迷茫和焦虑，严重影响他们在大学的生活和学习状态。

3. 社会适应下的就业选择困难

少数民族大学生择业会受到生活习惯和文化差异等因素的影响。少数民族大学生在就业地域与空间的选择上，更多地考虑将来的饮食生活、择偶成家、住房条件等。其中，是留在内地发展还是回到民族地区发展，是当今少数民族大学生选择的困难点。少数民族大学生在内地社会，存在一定的竞争弱势，部分少数民族大学生基础知识薄弱，加之需要一定时间进行社会文化适应，毕业季时不能很好地选择适合自己的就业机会，错失发展机会。另一方面说明，对少数民族大学生刚入学时期的生涯规划教育开展还不够完善。部分少数民族学生在入学后，感受到与内地汉族学生学业基础的差距，自身基础的薄弱，在之后的很长时间里一直疲于提高学业水平，很少从一开始就有目标有规划地开展适应性生活学习规划，这便是现在很多少数民族大学生的特点。主动适应内地生活、融入集体，需要少数民族大学生走出本民族舒适的“小团体”圈子。部分少数民族大学生存在个人主义倾向，强调个人价值、自我选择，忽视与国家、家乡发展的联系。近几年，选择离开家乡在发达城市就业的毕业生不断增加，这也造成民族地区近几年大量人才流失等问题。部分少数民族大学生将个人主义放在集体主义之上，享受着实用主义、享乐主义、利己主义带来的“个人价值”的实现,忽视了作为国家和家乡建设者的责任和担当。

4. **心理障碍及情绪问题**

少数民族学生在内地高校适应生活过程中,不但要在身体上适应,而且要在融入的过程中面对心理上的冲击。少数民族大学生在不同于本民族文化的文化环境下,会面对程度不一的文化冲突,因此在新环境下的适应和学习,需要经历一段焦虑和融入的过程。在这一过程中,少数民族大学生更容易出现心理障碍和情绪问题。

首先,部分少数民族大学生受到成长环境的影响,交际圈和生活圈较固定,与多元背景社会接触不多。性格上也较腼腆、害羞,具有较强的自尊心。在他们来到内地高校学习生活后,面对多元文化、庞大的人口数量、都市文化圈等,会出现强烈的心理冲击感,自卑感和社交恐惧情况也会变得较为严重。这部分少数民族大学生的心理情况发展会在大学阶段持续变化,具有不稳定性。

其次,在尝试生活上融入高校生活时,部分少数民族大学生会在学业问题、人际交往等问题上再次受到心理冲击。由于基础的薄弱,他们的学业进度无法跟上内地汉族同学,部分少数民族大学生也会产生深深的自卑感,最终会造成一些少数民族学生厌学和放弃、荒废学业。汉语能力差的少数民族学生不敢和汉族学生交流交往,也是造成部分少数民族学生心理问题和情绪低落的原因之一。

最后,因为一些负面事件,社会上对一些边疆民族地区产生了不良刻板印象。这一地区部分少数民族大学生在进入高校学习生活时,会产生心理障碍和自卑感,怕被其他同学误解而封闭自己,反而造成学生形成本民族小团体和抑郁的心理情绪等问题。

三、少数民族学生思政教育工作中存在的薄弱点

以同济大学为例,同济大学紧紧围绕立德树人根本任务,多措并举从教育引领、管理服务和工作保障三个方面整体推进少数民族学生教育管理服务工作,取得了一定的成效,但仍存在一些需要改进的问题。

1. **少数民族学生思想教育黏合度还需提升**

一是针对少数民族学生的专题思想教育的形式和内容缺乏系统性设计。个别少数民族的学生喜欢与本民族同学交往,形成了自己的交际圈。他们来自同一地域、有相同或相近文化背景、风俗习惯等,同学之间更容易交流、沟通与理解,造成他们与其他民族同学之间的沟通不多。学校需要在寝室、班级、学院等多层面开展相关思想教育、文体活动、交流沙龙等多民族活动,增强少数民族学生共同体意识,增进各民族学生之间的交流,让少数民族学生更快地融入集体,增强其中华民族共同体意识。

二是少数民族学生党员比例偏低,骨干学生的培养有待提升。由于存在少数民族学生成绩不达标,推优群众基础薄弱等问题,少数民族学生党员发展困难。少数民族学生骨干

队伍的建设力度还比较弱，典型示范引领作用不够。

三是通过新媒体传递思想政治教育的内容吸引力和路径贴合度有待挖掘和创新。少数民族学生网络思想政治教育引导不够，形式和内容还不够贴近学生，与学生的需求的融合度不够高。民族团结类公众号的关注度、阅读量还不够高。

2. 学业困难情况虽有改观，但问题依然严峻

一是少数民族地区教育水平与内地存在差距，少数民族学生总体学业基础较弱，学习能力和后续动力不足。部分少数民族学生在入学后，在对课程的学习、知识的理解、教材的阅读等方面能力较其他学生有一定的差距，在高等数学、大学物理、计算机编程等大学一年级的基础课程上挂科较多。二是学业困难引发部分少数民族学生的心理困惑和就业困难。学业困难使得部分少数民族学生未能在学习中重新找到自信，产生自我怀疑和厌学情绪，逐步丢失学习动力，进入恶性循环的状态，对自身身心健康产生极为不利的影响，也对毕业时的择业造成困难。

3. 部分学生职业生涯规划不够明确，求职目标不够清晰

一是部分学生缺乏职业规划，拘于片面单一的就业观念，缺少明确的职业目标。新疆、西藏籍少数民族学生大多数是从边疆地区来求学的，从小受到家庭和生活环境的影响，就业观念比较单一，希望毕业后进入事业单位等从事稳定的工作。若没有进入心仪专业，他们在入学后会处于迷茫的状态，不知如何调整职业生涯规划，缺乏奋斗目标和动力，失去核心竞争力。二是部分少数民族学生求职主动性和积极性较低，依赖性较强，常常后知后觉，错失了很多求职信息和就业机会，求职能力也有待提升。

四、完善思政教育体系，开展铸牢中华民族共同体意识教育对策

1. 加强政治引领，广泛凝聚少数民族学生坚定信念跟党走

深化理想信念教育，厚植爱党爱国情怀。积极推进“铸牢中华民族共同体意识”思想纳入学校整体思政教育体系，学懂弄懂做实“铸牢中华民族共同体意识”教育。

一是充分发挥党组织在全校铸牢中华民族共同体意识中的思想引领作用，在学校党委和各学院党委领导下积极开展中华民族共同体思想政治教育活动，建立健全交流机制，加强宣传引导，以活动为载体。要组织面向学生的理论学习课堂及相关线下思想教育活动，牢牢把握高校意识形态工作主导权，向学生讲明白讲透彻“中华民族”“中华民族共同体意识”等概念，旗帜鲜明地反对历史虚无主义歪曲历史、抹黑各民族历史等行为，坚决抵制防范错误思潮在校园里传播。

二是创新思想政治教育路径，加强网络育人阵地建设。聚焦少数民族学生发展难点，突破学生教育载体模式，优化网络育人内容供给，积极构筑少数民族学生网络育人阵地。以激发兴趣、文化共鸣、价值认同、情感联结的网络交互，丰富少数民族思想教育载体与形

式,提高学生的认可度和参与度,提升思政教育的亲和力和针对性,实现思政教育入眼入脑入心。加强网络安全教育,倡导文明上网,规范网络言行,通过网络思政教育体系引导少数民族学生自觉远离涉恐涉暴信息,抵制宗教极端思想和民族分裂思想。

三是加大少数民族学生党员发展力度,进一步强化入党启蒙教育。加强少数民族学生理想信念教育,做好少数民族骨干学生的"早发现、早培养",为我党和边疆地区培养优秀少数民族党员骨干力量。树立典型人物、宣传典型事例,强化少数民族学生党员先锋模范作用,引导学生坚定理想信念,铸牢中华民族共同体意识,听党话、感党恩、跟党走。

2. 促进交流交融,弘扬中华民族传统文化

抓住促进各族青少年交往交流交融这个基本途径。通过弘扬中华优秀传统文化,为全校师生展示中华民族一家亲的民族团结景象。围绕"中华民族一家亲,同心共筑中国梦"的总目标,全力打造民族风采展示思政第二课堂品牌活动。广泛开展各个层面、各个领域、各个类型的青少年民族团结主题交流活动,在活动中突出中华民族共同体意识的传播普及,把增强青少年的中华民族认同感作为工作核心理念,增强各族青少年的"五个认同",在道理上讲清楚、现实中看明白、行动中做到位;创新活动组织方式,把建设长期稳定的基地作为深化活动的优先选择,优化活动整体规划和机制保障,把加强跟踪培养作为活动提升的关键任务之一。

3. 解决现实困难,充分体现党对少数民族学生的关心关怀

帮助各族学子解决现实困难。要把宣传党的好政策同帮助解决各族青少年的实际困难紧密结合在一起,既要帮助青少年享受实实在在的实惠,更要使其明白惠从何来、惠在何处。要聚焦民族地区学子在学业、就业、创业方面的成长需要,尽力为他们提供有效的支持,帮助他们健康成长,为民族地区各项事业培养合格的建设者。

一是生活上认真排摸少数民族学生家庭困难情况,通过补贴路费、开放绿色通道、实施专项补助、提供勤工助学岗位等多渠道缓解学生经济压力。

二是全面提升少数民族学生综合竞争力,学业上夯实基础知识,重点开展基础公共课程辅导;部门协同,统筹资源利用朋辈辅导队伍,开展结对帮扶,助力学生学业提升;最终需要深入学生内心,激发学生自主学习动力。另一方面需要加强学生生涯规划教育,针对性地开展少数民族学生职业生涯规划教育,帮助学生转变就业观念,引导学生了解自我、准确定位,尽早树立正确的就业观和择业观,明确奋斗目标。

4. 搭建广阔平台,充分发挥少数民族学生的主观能动性

要面向各年级少数民族学生组织党史学习教育、团结教育、红色循迹等系列活动,将理论学习与参观实践相结合,包括开展参观爱国主义教育基地和相关党史类讲座等活动。通过少数民族学生爱国主义教育活动,进一步弘扬中华民族精神,从而加强少数民族学生个人与祖国之间的情感联系,最终增强对中华民族的强烈认同感。加强教育少数民族学生个人价值和自我选择与国家、家乡发展之间的联系,从思想政治教育

入手，教育引导学生关心国家大事、正确认识国家事务，防止学生在思想政治层面产生偏颇。最终通过学校组织的各类活动，发挥少数民族学生主观能动性，围绕国家统一、民族团结等核心思想，发挥个人价值，成为新时期担当民族团结、中华民族伟大复兴重任的接班人。

高校党外教师思想政治引领“三微”模式的实践与思考

◎江　静　安　娜　王　宁　沈　秋

摘　要　做好高校党外知识分子思想政治引领工作是一项重要的政治任务，对于加快一流大学建设、完成立德树人根本任务、全面建成小康社会、实现中华民族伟大复兴的中国梦意义深远。党外教师的思想政治工作，要在遵循思想政治工作一般原则和规律的前提下，探索并摸准党外教师思想政治工作的特殊规律，结合实际，有的放矢，采取更为生活化的方式，实现思想政治工作从思想灌输到思想渗透的转变，提升党外教师思想政治工作的实效性。

关键词　高校党外教师　思想政治引领　“三微”模式

高校不仅是党外知识分子汇聚的高地、也是党外人才培养和思想引领的前沿阵地。当前，在我们党带领全国人民开启全面建设社会主义现代化国家新征程、向第二个百年奋斗目标进军的进程中，做好高校党外知识分子思想政治引领工作，无论对于加快一流大学的建设、完成立德树人的根本任务，还是对于全面建成小康社会、实现中华民族伟大复兴的中国梦都是意义深远的，是一项重要的政治任务。当前，高校党外教师普遍面临着教学科研任务重、工作时间紧、个人发展难的事业压力，以及收入、房价、子女培养等方面的多重生活压力，加之党外教师群体思想活跃、价值观念多元化、组织相对松散，传统的思想政治工作模式很难做深、做实，难以对症下药达到预期效果[1]。同济大学统战部以思想政治引领为根本，以增进广大党外教师对中国共产党和中国特色社会主义的政治认同、思想认同、理论认同、情感认同为出发点，尝试符合党外教师特点、贴近党外教师实际、走进党外教师内心的思想政治引领“三微”模式，以更生活化的方式提升党外知识分子思想政治工作的温度，

作者简介　江静，同济大学党委统战部副部长，讲师，博士。
安娜，同济大学党委统战部常务副部长，副研究员，博士。
王宁，同济大学党委统战部主任科员，讲师，博士。
沈秋，同济大学党委统战部副主任科员，硕士。

从而提升党外教师思想政治工作的实效性。

党委统战部围绕民主党派、无党派人士、党外代表人士、党外青年教师、党外高层次人才、党外归国留学人员等多种身份的党外教师，分层分类，陆续以“微视频”“微访谈”“微沙龙”的“三微”方式，润物细无声地了解、关注、帮助、引导党外教师，将思想政治工作融入党外教师日常工作、学习、生活的点滴之中。

一、具体做法

1. “微视频”记录党外教师个人成长

党外教师普遍勤于教学、科研、管理工作，往往埋头于实验室、案例室、工作室，他们的工作状态、教学特色、研究成果往往只在较小的范围内被了解和熟知，由于个人缺乏时间、精力和渠道，他们的教学科研成果很难被周围更多人了解、关注和认可，特别是年轻教师，教学科研管理工作都处于起步阶段，更加缺少展示的机会和平台。结合这种现状和特点，统战部充分利用工作日的各种间隙时间，走进党外教师的办公室、实验室、案例室、工作室，以近距离拍摄微视频采访的方式，了解他们工作的环境，记录他们开展工作的情况，展示他们的教学、科研、管理工作成果。视频采访时间一般控制在 10 分钟左右，被采访老师不需要做专门的提前准备，只需保持日常工作环境，在镜头前自然介绍开展工作的主要内容和近期的工作进展，展示已经取得的教学、研究成果及对工作环境、工作团队等的设想和期望。拍摄的采访视频后期设计制作成党外青年教师的专访视频，用以宣传党外青年教师的研究领域，展示他们个人的工作成果。

2. “微访谈”关注党外教师思想成长

通过对党外教师的各类调研发现，不少党外教师，尤其是海归青年教师，大多作为引进人才直接从国外回到学校工作，很少有机会在不同岗位接受锻炼，缺乏对国情的充分感受和认识。同时，在学习背景、工作生活环境、对外合作交流，甚至是国内外敌对势力等诸多因素的影响下，不少海归青年教师内心对中国的政治制度、体制机制、施政理念、主流价值观、传统文化、宗教政策等认同感不强、信赖度不高，缺乏自信和心理归属感，有的还难以适应周围的环境和身边的同事朋友。针对党外海归青年教师中普遍存在的适应国情、校情的现实需要和被同伴群体关注、认可的心理需要，统战部开展了以党外海归青年教师为主要对象的微访谈。鉴于教师们教学科研工作量大、时间不固定，统战部利用课间、午间等工作间隙，在党外教师的办公室、实验室，公共教学楼的教师休息室等地，利用喝茶、喝咖啡的间隙，或通过相约在学校食堂共进午餐等方式进行一对一的交流，倾听党外教师内心的所思所想，了解他们在学习、工作、生活中遇到的困难，了解他们的思想状况、政治诉求。

3. “微沙龙”搭建党外教师交流平台

党外教师中有大量各学科、各领域专业能力突出的优秀人才，本身就是一个资源库，但他们往往分散于各个专业领域，分布在各个院系。统战部定期组织举办各类针对不同群体、不同需求的党外教师微沙龙。例如，针对民主党派、统战团体，举办党派团体负责人、秘书长的双月午间沙龙、活动分享沙龙，交流与分享党派、团体工作的经验、做法、个人经历与体会；针对各级人大代表、政协委员、市政府参事等党外代表人士，举办议政建言履职沙龙，交流个人履职经历，研讨议政建言的方向、经验与成效，畅谈对学校综合治理能力提升、学科发展及社会经济发展中各类问题的想法和意见建议；针对党外青年教师，举办教学科研头脑风暴沙龙，交流分享教学、科研上的设想和取得的成果，讨论学科交叉融合的实际运用等。每期沙龙邀请 2～3 名教师作 5～10 分钟的简单交流，同时，结合沙龙的主题和大家关心的内容，分别邀请财务处、科研处、本科生院、研究生院、发展规划部、学科建设部、科技成果转移转化中心等学校相关职能部门负责同志一同参与讨论，提供信息、答疑解惑。微沙龙主要利用午餐时间，以轻松、开放的形式，在共进午餐的过程中让更多的党外教师群体参与自由交流和讨论，分享观点、经验。

二、“三微”工作模式的成效

1. 以小举措见大作用

“微视频”采访摒弃了座谈会式的现场交流，节省了党外教师的时间，免去了他们奔波于会场、校区的劳累；同时，走进他们的工作室、实验室更能直观地了解他们的工作环境、工作状态、工作需求；“一对一”的采访更体现了对党外教师的尊重。在尽可能不打扰、不影响党外教师正常教学科研管理工作的情况下，这种“短时关注”和“记录式了解”拉近了与党外教师的距离，让党外教师有了更多被了解、被关注、被认可的机会，也对其他党外教师起到了很好的激励和示范作用，得到了党外教师的认可和欢迎。

2. 以小关怀促大成长

“微访谈”以随地、随时的形式与党外教师开展交流，有效利用了碎片化的时间，极少占用党外教师的教学科研时间；避免了常规集体座谈或正式谈话带来的不可避免的紧张焦虑氛围和不便、不愿、不敢谈个人真实想法的顾虑，以轻松的环境、放松的形式、真诚的对话让党外教师敞开心扉，畅所欲言他们的所思所想所虑。对于访谈中党外教师提出的实际困难，统战部主动了解情况、积极协调，帮助党外教师共同解决。不少党外教师比起以往只专注于教学科研明显更接地气、更能融入周围群体，多名党外教师主动申请加入了中国共产党或民主党派，并在党组织和党派组织中承担了大量的工作，发挥了积极的作用。

3. 以小平台构大格局

“微沙龙”的举办为民主党派、统战团体成员搭建了展示、交流、互学互促的平台；为多学科教师的交流合作搭建了交叉融合的平台；为党外代表人士议政建言搭建了掌握一手资料和信息双向传递的平台；加深了党外教师的相互了解，形成了你追我赶的浓厚氛围，提振了党外教师同心协力、团结奋进，服务国家和社会的信心。

三、“三微”工作模式的启示

思想政治工作政治性强、原则性强，但党外教师群体本身的特殊性决定了要做好他们的思想政治工作，光靠遵循思想政治工作一般原则和规律是远远不够的。“三微”工作模式的尝试充分说明了要摸准、摸透党外教师思想政治工作的特殊规律，主动适应不同党外教师群体的思想问题和实际情况，有的放矢，采取更生活化的方式，真正实现从思想灌输到思想渗透的转变，提升党外教师思想政治工作的实效性。具体需要做好“四个坚持”。

1. 坚持用好“边角料”资源开展党外教师思想政治工作

不同于党员教师的思想政治教育工作在建立在部门、系所、教研室之下的党支部日常地、定期地开展，党外教师的思想政治工作要注重平衡好思想政治工作本身系统化和工作对象分布分散、时间精力零碎之间的关系，善于挖掘并用好“边角料”资源，采取“短时、随地、碎片化”的工作模式，从细微处入手，以更生活化的方式把党外教师有限的精力和资源用在刀刃上，让思想政治工作真正走入党外教师的心里，从而切实发挥思想政治工作久久为功、绵绵用力的作用。

2. 坚持思想引导与本职工作相融合

教学、科研、管理是高校教师最主要、最基础的工作，党外教师也不例外，他们将绝大部分的时间和精力都用在了学术研究和学校管理工作上，因此，对他们开展思想政治工作必须与他们的本职工作紧密融合，在鼓励和引导党外教师服务学生、服务学校、服务社会的过程中加强思想政治工作的引领作用。

3. 坚持在解决实际问题中增进思想共识

辩证唯物主义认为，思想同实际、精神同物质本来就是辩证统一、密切相关的，许多思想问题往往是由实际问题派生出来的[2]，脱离实际的思想政治工作将一事无成。党外教师无论处于什么岗位，现实生活中或多或少都面临一些难以解决的实际困难和现实压力，这些实际问题不解决，思想上的包袱就卸不下来，困惑就会始终存在，思想政治工作也就不会具有可行性。党外教师的思想政治工作要务虚更要务实，要多做得人心、暖人心、稳人心的小事，切实解决他们在工作、生活、学习中关心的实际问题，帮助他们理顺情绪、化解矛盾，在解决实际问题的过程中增进思想共识，激发内在动力，从而达到思想政治工作的目的[3]。

4. 坚持尊重与包容

党外教师个性鲜明、思想多元、自主意识强，同时，党外教师所处的政治环境相对宽松，所受的政治约束相对较少，因此往往比一般人更敢于亮观点、提要求。因此，开展党外教师的思想政治工作要既要坚持原则又要注重尊重与包容，坚持“存大同，求小异”，既牢牢守住政治底线，又允许和鼓励党外教师发出不同的声音，表达不同的观点，在思想的碰撞中找到

“最大公约数”，画出最大“同心圆”。

参考文献

[1] 代琚，侯微，张慧欣. 创新高校党外知识分子统战工作载体的原则与方法——以沈阳建筑大学党外教师群体为例[J]. 沈阳建筑大学学报(社会科学版)，2015，17(4)：422-427.

[2] 尹燕萍. 做好高校党外知识分子思想政治工作的辩证思考[J]. 中共济南市委党校济南市行政学院济南市社会主义学院学报，2001(2)：94-96.

[3] 赵贤. 新时代做好思想政治工作须将解决思想问题与解决实际问题相结合[J]. 北京教育(德育)，2021(9)：62-66.

"同济教育研究"丛书征稿启事

"同济教育研究"丛书是由同济大学高等教育研究所主编、同济大学出版社出版的教育研究类学术性图书。

"同济教育研究"丛书宗旨是:为高等学校教育教学服务,为同济大学改革与发展服务。图书内容以教育理论和实践研究的论文为主,包括但不限于以下板块:高等教育论坛、比较教育研究、教育基本理论、课程与教学论、教育管理与政策、教育改革与发展、教育技术、思想政治教育、高等学校管理等。

"同济教育研究"丛书的特色是立足中国教育现实,着眼国际学术前沿,坚持理论联系实际,促进学科交叉融合。

欢迎同济大学各学科师生及校外专家学者踊跃投稿!

作者的来稿一般应包括以下几部分:

(1) 标题。一般不超过 20 个汉字,必要时可加副标题。若需补充与论文有关的信息,如课题来源的基金名称、课题名称、项目编号等可以以在标题右上角加页下注的方式在页面下方给出。

(2) 作者姓名。列在标题下方,作者信息(如单位,职称,职务等)可以在作者姓名右上角加页下注的方式在页面下方给出,例如:① 某某人,某大学某学院教授,副院长;② 某某人,某单位某部门,科员;等等。

(3) 摘要。以 100～300 字为宜,对文章内容进行简要概括。

(4) 关键词。3～5 个。

(5) 正文。正文中标题层级依次编号为:

一、二、三……

(一) (二) (三)……

1. 2. 3……

1) 2) 3)……

(1) (2) (3)……

① ② ③……

正文中需要特别加注的说明性文字,请用脚注(页下注),序号用圆括号加注于被引用文字的右上角。

(6) 参考文献。采用尾注(文末注),正文中需要注释处,请标出注释序号,序号用方括号加注于被引用观点、数据、资料等文字的右上角。

参考文献按在正文中出现的顺序列于文末,其中包括作者、书名/文章名、出版社(需要加城市名)/刊名、出版年份/刊发卷期、起止页码等。参考文献的标注方法执行中华人民共和国国家标准《信息与文献 参考文献著录规则》(GB/T 7714—2015)。

投稿时请将稿件的电子文本(*.doc)通过电子邮件发送至同济大学高等教育研究所"同济教育研究"丛书编辑部的专用邮箱:ter@tongji.edu.cn,请勿投送给个人。切勿一稿多投。作者如在三个月内未收到稿件采用通知,请自行处理;请作者自留底稿,本编辑部恕不退还文稿。

编辑部地址:上海市杨浦区四平路1239号衷和楼805室(同济大学高等教育研究所)。

同济大学高等教育研究所

"同济教育研究"丛书编辑部